Aprende a leer el

TAROT

ANTHONY LOUIS

Aprende a leer el

TAROT

¡Escucha lo que las cartas te dicen!

EDICIONES OBELISCO

Si este libro le ha interesado y desea que le mantengamos informado
de nuestras publicaciones, escríbanos indicándonos qué temas son de su interés
(Astrología, Autoayuda, Ciencias Ocultas, Artes Marciales, Naturismo,
Espiritualidad, Tradición...) y gustosamente le complaceremos.

Puede consultar nuestro catálogo en www.edicionesobelisco.com

Colección Magia y Ocultismo
APRENDE A LEER EL TAROT
Anthony Louis

1.ª edición: enero de 2015
3.ª edición: febrero de 2021

Traductor: *Rubiel Leyva y Edgar Rojas*
Maquetación: *Montse Martín*
Corrección: *Sara Moreno*
Diseño de cubierta: *Enrique Iborra*

© 1999, Anthony Louis
(Reservados todos los derechos)
Publicado por Llewellyn Español, Woodbury, MN55125, USA
© 2015, Ediciones Obelisco, S. L.
(Reservados los derechos para la presente edición)

Edita: Ediciones Obelisco, S. L.
Collita, 23-25. Pol. Ind. Molí de la Bastida
08191 Rubí - Barcelona - España
Tel. 93 309 85 25
E-mail: info@edicionesobelisco.com

ISBN: 978-84-16192-25-0
Depósito Legal: B-25.347-2014

Impreso en Black Print CPI Ibérica, S. L., c/ Torre Bovera, 19-25
08740 Sant Andreu de la Barca - Barcelona

Printed in Spain

Convierte la experiencia en sabiduría

Felicitaciones por elegir *Aprende a leer el tarot*. Lo encontrarás como una guía rápida y confiable para cualquier baraja de tarot.

¿Por qué aprender el tarot? Porque es un método excelente para obtener sabiduría a partir de la experiencia. El tarot, en su esencia, trata símbolos de la situación humana. Estudiándolo, conectamos nuestra situación personal con los arquetipos representados en las cartas. El tarot además ayuda a estimular nuestro yo intuitivo. Para lograr lo anterior, es importante conocer los simbolismos y significados básicos de las cartas. *Aprende a leer el tarot* ofrece descripciones para cada una de las setenta y ocho cartas e incluye la historia del tarot y seis populares tiradas o métodos de interpretación, de tal forma que el lector novicio pueda hacer una lectura rápida y confiable.

El autor aplica en el tarot un profundo entendimiento de la naturaleza del ser humano y sus conflictos psicológicos. Expertos y entusiastas del tarot encontrarán que su acercamiento junguiano a las descripciones de las cartas los trasportaran a niveles más profundos de conocimiento y trasformación personal.

¡Buena suerte en tu nuevo viaje!

A mi esposa Linda y mis hijos David y Aaron

Prefacio
Convertir la experiencia
en sabiduría

En la actualidad hay muchos libros sobre tarot, entonces ¿por qué leer este? Ante todo porque este texto presenta el tarot en un lenguaje simple y claro, con definiciones de las cartas básicas y fáciles de entender. El objetivo ha sido dejar que el tarot hable por sí mismo. El contenido de este libro está basado en literatura actual sobre el tema y el registro de muchos años de mis propias experiencias con las cartas.

Solicité a varios amigos que examinaran este texto para saber cuán fácil era de usar. Encontraron las descripciones claras y fáciles de seguir, incluso para un principiante en el mundo del tarot. Además concluyeron que las definiciones de las cartas sirven como una guía rápida y confiable para la interpretación del tarot, tanto para novatos como para personas con experiencia en esta área.

¿Por qué aprender el tarot? Principalmente porque es un excelente método para convertir la experiencia en sabiduría. En su esencia, el tarot trata símbolos arquetípicos de la situación humana, los cuales podemos relacionar con nuestras vidas y así tener un mejor entendimiento de nosotros mismos. Al estudiar el tarot, nos conectamos con la base mítica de nuestra existencia y entramos en contacto con los guías espirituales. Consultar el tarot acerca de una situación preocupante usualmente nos da una perspectiva nueva. En cada lectura preguntamos cómo se relacionan las cartas con nuestras vidas y qué hemos aprendido de la consulta.

El estudio del tarot estimula nuestra capacidad intuitiva. Debemos seleccionar una baraja que atraiga nuestra imaginación y luego aprender a asociar los diversos símbolos de las cartas con significados que formarán la base de nuestro entendimiento en este campo. Mientras más aprendamos, nuestra experiencia se sumará a esta definición básica para posteriormente ampliar nuestro conocimiento acerca de lo que el tarot puede enseñarnos. Este proceso requiere trabajo y memorización, pero con la práctica, se adquiere la suficiente destreza. En determinado momento hemos tenido la experiencia de que los símbolos sobre las cartas y sus posiciones en una tirada sugieren un significado que no aparece en los libros. Debemos poner mucha atención a tales experiencias, ya que indican que nuestra intuición ha sido estimulada y está ofreciendo una solución al problema en cuestión.

Después de estudiar en libros, nos damos cuenta de que, en una lectura particular de una persona y circunstancia específicas, las cartas significan lo que nuestra intuición y experiencia nos dicen. No hay significados absolutos o inmutables para cualquiera de las cartas. Las definiciones básicas que aquí se muestran sirven como una pauta general para tus propias definiciones. En una buena lectura, nuestra voz interior sugiere significados que tal vez nunca antes habíamos considerado. El estado de consciencia intuitiva del significado arquetípico de las cartas aparece sólo después de un período disciplinado de aprendizaje y práctica.

Si leemos para otra persona, debemos darnos a entender de la forma más clara y simple posible, evitando jerga y confusiones en el lenguaje metafísico. Si nuestros clientes nunca han oído hablar del Amanecer de Oro, la cábala, arquetipos junguianos y otros términos, no debemos confundir el asunto con ideas técnicas innecesarias. Si comprendemos el significado del método, podremos llevar nuestro entendimiento a un español sencillo. Si no entendemos lo que vemos en las cartas, debemos adivinarlo. Un lector del tarot no tiene obligación de saberlo todo, y deberá ser siempre honesto y respetuoso con el cliente. El valor de lo que decimos a través de las cartas a un cliente en particular depende de si éste encuentra nuestros comentarios adecuados para darle una mejor perspectiva a su situación. Algunas lecturas son extremadamente útiles y otras están simplemente fuera de objetivo.

Teniendo en cuenta estos consejos, estás listo para proceder con el texto y disfrutar del aprendizaje de los secretos del tarot. ¡La mejor de las suertes en tu viaje!

Capítulo 1
Una visión general del tarot

Para los que creen que la ciencia puede explicar todos los sucesos naturales a través de causa y efecto, la idea de una dimensión espiritual en el universo puede parecer inconcebible. Limitada a unas rigurosas leyes matemáticas y a una determinante visión de la realidad, la ciencia toma la habilidad intuitiva, el yo superior, o el mundo espiritual como superstición o falsa creencia. Sin embargo, el hecho de que la espiritualidad esté fuera del alcance de la ciencia, no la excluye de jugar un papel importante en la vida de las personas.

El tarot es una herramienta para despertar nuestras facultades intuitivas y ponernos en contacto con nuestro mundo interior. Es un sistema metafórico que nos lleva sobre el camino del héroe mítico, un camino de aventura y autodescubrimiento. Utilizando los símbolos arquetípicos de las cartas del tarot y su relación con los asuntos diarios de la vida, podemos explorar nuestras mitologías personales y ver más claramente la realidad de nuestra existencia.

En esencia, el tarot es un medio para la meditación, reflexión, contemplación, análisis de problemas, clarificación de decisiones, estimulación de la intuición, autoentendimiento, crecimiento espiritual y adivinación. Las cartas del tarot nos permiten explorar una dimensión del universo que de otra manera puede ser inaccesible. No son necesariamente predictivas, pero a menudo adquieren dicha característica. Siempre ofrecen una visión alternativa y una nueva perspectiva concerniente a los problemas de la vida.

La baraja del tarot consta de setenta y ocho cartas similares a las cartas de juego modernas. El tarot contiene tres tipos de cartas: los veintidós Triunfos, las cuarenta Señales y las dieciséis cartas Reales. Hay veintidós Arcanos Mayores (Secretos Mayores) o Triunfos y cincuenta y seis Arcanos Menores (Secretos Menores) compuestos por cuarenta cartas Señales y dieciséis cartas Reales o Personales. Los veintidós Triunfos de Arcanos Mayores representan, en imágenes alegóricas, el recorrido del viaje de un loco hacia el entendimiento. Los Arcanos Mayores indican situaciones y estados internos de significado profundo, personal, espiritual y arquetípico.

Las cuarenta cartas Señales incluyen cuatro palos de diez cartas cada uno (Bastos, Pentáculos, Espadas, Copas). En el simbolismo del tarot, las cartas Señales representan situaciones típicas y estados emocionales, todas las cosas de la vida diaria: nuestros sucesos y luchas, nuestra actitud, creencia y comportamiento en general.

Las dieciséis cartas Reales o Personales consisten de Reyes, Reinas, Caballeros y Pajes de cada uno de los cuatro palos. Representan nuestras relaciones; a menudo indican personas reales en nuestra vida. Adicionalmente significan aspectos de nosotros mismos: nuestros rasgos, talentos y fallos, y cómo nos relacionamos con los demás. Reyes y Reinas representan personas con autoridad, nuestros padres, ancianos, etc. Los Caballeros indican actividad, valor, energía y el deseo de estar en acción. Los Pajes sugieren niños y personas jóvenes, a menudo noticias e información.

En resumen, hay un total de setenta y ocho cartas en la baraja del tarot que consisten en:

A. los veintidós Arcanos Mayores o cartas Triunfo que representan el viaje del Loco hacia el entendimiento, y

B. los cincuenta y seis Arcanos Menores que consisten en: (1) las cuarenta cartas Señales (desde el As hasta el Diez de cada palo), y (2) las dieciséis cartas Reales (Paje, Caballero, Reina y Rey de cada palo).

Historia

Los registros históricos de la baraja del tarot datan del siglo XIV. De acuerdo al experto en el tema Arthur E. Waite, no hay historia del tarot antes de esa fecha. Algunos entusiastas afirman que se originó hace miles de años, pero no existe evidencia erudita para apoyar esta teoría.

La gente usaba las primeras barajas de tarot para juegos de cartas y apuestas. La mención más antigua de estas cartas ocurrió en el año 1332, cuando el rey Alfonso XI de

León y Castilla proclamó la prohibición de su uso. La Iglesia Católica Romana también censuró el tarot como mecanismo del demonio y se refirió a las cartas como «la Biblia del Diablo» o «el Libro de dibujos del Diablo».

El nombre «tarot» puede derivarse de la baraja italiana del siglo xiv llamada *tarocchi,* que significa «triunfos». Estas barajas consisten en setenta y ocho cartas divididas en cuatro palos más veintidós cartas de Triunfo. Fueron usadas para realizar un juego llamado *tarok.* Los franceses adecuaron a su lenguaje la palabra italiana *tarocchi* como tarot, y los fabricantes de cartas parisinos del siglo xvi se hicieron llamar *tarotiers.* En Alemania también existió un juego de cartas llamado *taroch.*

Parte de la popularidad del tarot se debe a los fascinantes dibujos de las veintidós cartas de los Arcanos Mayores. Una teoría sugiere que los Arcanos Mayores eran originalmente una forma de *ars memorativa,* un sistema de recuerdo pictórico del Renacimiento usado para enseñar a los que se iniciaban en disciplinas de ocultismo.

No había material escrito extendido hasta que Gutenberg inventó la imprenta en 1436. Las masas no aprendieron a leer y a escribir hasta mucho después de la Reforma, y la capacidad de leer y escribir no era una norma social antes del siglo xx. Con la ausencia generalizada de tal capacidad, los símbolos y dibujos del tarot, con sus referencias alegóricas a mitos e imágenes arquetípicas, captaron la imaginación popular. Como la manzana en el Jardín del Edén, la naturaleza prohibida del tarot aumentó su atractivo.

Al pasar el tiempo, las personas empezaron a usar las cartas para leer la fortuna. Las cartas de juego comenzaron a utilizarse para la adivinación en la cultura occidental con su larga historia de usar cualquier cosa que pueda ser interpretada simbólicamente para predecir el futuro. A partir del siglo XIV, los gitanos usaron el tarot para revelar la fortuna y extendieron esta práctica en sus recorridos nómadas por todo Europa.

Con el cambio del pensamiento popular por una visión científica del mundo, la adivinación adquirió mala reputación. Los escritores del tarot modernos tienden a enfocarse en el uso de las cartas para el autoentendimiento y la autorrealización. Sin embargo, la mayoría de las personas que trabajan con el tarot se dan cuenta finalmente de que las cartas tienen una extraña tendencia a indicar sucesos futuros. Ya sea que uses las cartas para adivinación, para despertar tu imaginación o para fomentar el crecimiento espiritual, estudiar el tarot es una experiencia excitante.

El Amanecer de Oro

En el siglo XIX y principios del XX, resurgió el interés por disciplinas de ocultismo, incluyendo entre otras la astrología, el tarot, los rituales mágicos, la cábala hebrea y la geomancia. El orden mágico del Amanecer de Oro fue el grupo más influyente para encabezar este movimiento. Las escrituras de los miembros del Amanecer de Oro continúan influenciando el ocultismo hasta nuestros días.

Arthur Edward Waite, un integrante de esta asociación, publicó su famoso libro, *The Pictorial Key to the Tarot,* en 1910. Waite comisionó bajo su dirección a la artista y dramaturga Pamela Coleman Smith para que creara una baraja de tarot. Usó símbolos de una variedad de filosofías ocultas para diseñar sus cartas. La baraja de Waite se ha convertido en la más popular e influyente del siglo XX.

Jung y el tarot

La correspondencia entre la distribución aleatoria de las cartas del tarot y los eventos de la vida humana es un misterio. La ciencia moderna carece de conceptos aclaratorios para tal fenómeno y prefiere afirmar que son producto de la superstición. En contraste, el psicoanalista Carl Jung (1875-1961) ofrece una explicación basada en el principio de sincronicidad, o coincidencia significativa.

En su práctica del psicoanálisis, Jung observó que los eventos en el mundo exterior a menudo correspondían simbólicamente con el estado psicológico de sus pacientes. Notó que a veces estas grandes coincidencias daban la «impresión de que hay cierto preestablecimiento en la serie de eventos que han de ocurrir». Jung argumentó que las coincidencias sincrónicas eran sucesos de improbable casualidad y que «debería haber un vínculo demostrable y reconocible entre ellos, una equivalencia». Su idea de sincronicidad concordaba con el concepto de armonía preestablecida de Leibniz (la creencia de que el universo sigue un plan divino) y con la antigua teoría griega de la correspondencia cósmica (se creía que las mismas leyes del universo se aplicaban a los asuntos humanos).

Una situación del momento

Para desarrollar sus teorías, Jung investigó los sistemas antiguos de adivinación, incluyendo el *I Ching*, el tarot y la astrología. Escribiendo acerca del sistema *I Ching*, o *Libro de cambios*, afirmó que la ciencia moderna «está basada en el principio de causalidad, que a su vez se considera una verdad axiomática. [...] Mientras las mentes occidentales buscan, clasifican y aíslan, la teoría china abarca todo, hasta el detalle más minucioso, pues todos estos componentes crean el momento observado»: Como el *I Ching* o la carta astrológica, el método del tarot es también una «situación del momento» que encierra una muestra representativa de espacio-tiempo continuo que es parte integral de una totalidad universal.

La idea de continuidad del espacio-tiempo viene desde la teoría de la relatividad de Albert Einstein. Este científico desechó la idea de que el espacio (alto, largo y ancho) y el tiempo son conceptos separados y sin relación. En lugar de eso argumentó que el espacio y el tiempo eran realmente dimensiones diferentes de un mismo universo. En otras palabras, el tiempo es un aspecto esencial del ser y no podemos describir algo que exista sin referirnos al tiempo en el cual existe. Si tú tuvieras el mismo cuerpo físico pero hubieras nacido en un período de tiempo diferente, serías una persona distinta a la que actualmente eres. Las artes de adivinación al igual que el tarot y la astrología nos ayudan a conocer la cualidad o naturaleza del tiempo bajo consideración.

Jung describió el tarot como parte de un proceso simbólico que es «una experiencia en imágenes y de imágenes». De acuerdo a él, dicho proceso comienza cuando encontramos un aliado ciego o una situación imposible. Consideró el objetivo del estudio del tarot (o de cualquier proceso simbólico) como «la iluminación o consciencia superior por medio de la cual la situación inicial se eleva a un nivel superior». Muchos expertos del tarot modernos definen el uso de las cartas como una forma de entrar en contacto con la sabiduría arquetípica del inconsciente colectivo, desde el cual podemos acceder a imágenes fundamentales que representan la condición humana.

La necesidad de fe y optimismo

Jung tuvo también en cuenta el descubrimiento del investigador de parapsicología J. B. Rhine, que formulaba que la actitud del sujeto juega un papel determinante en el éxito de los experimentos de poderes extrasensoriales.

Basado en su investigación, Rhine observó que el desarrollo de un experimento empeoraba a medida que disminuía la predisposición del individuo en prueba. Como Jung expresó, «una actitud inicial de fe y optimismo lleva a buenos resultados». Cuanto menos interés exista y mayor sea la resistencia o el escepticismo a la prueba, menor éxito se conseguirá. La observación de Rhine y Jung respecto a que la actitud positiva mejora la conciencia psíquica tiene implicaciones importantes para el uso óptimo del tarot.

La proyección psicológica y el tarot

Si el concepto de sincronicidad de Jung nos ayuda a entender el potencial adivinatorio del tarot, la teoría moderna de prueba de proyección psicológica nos ha de servir para entender su uso y así buscar autoentendimiento. La mayoría de nosotros conocemos la prueba de apercepción temática de Rorschach, donde una serie de dibujos ambiguos son presentados a una persona para luego pedirle que exprese lo que ve en las cartas. El psicólogo experto interpreta las respuestas y formula un perfil psicológico basado en sus contenidos y patrones. Las cartas del tarot funcionan de la misma forma, suministrando un estímulo ambiguo que proyecta nuestra psique. Si contemplamos nuestras proyecciones, podremos aprender mucho acerca del trabajo interno de nuestra mente.

La experta en bioquímica L. J. Shepherd, escribiendo para la revista *New Realities* (mayo-junio de 1990), explicó cómo el tarot adelantó su proceso de autoentendimiento:

Las lecturas me ayudan a hacer frente a mis problemas con un espíritu de optimismo. Me brindan puntos de vista que no había considerado y a menudo me sorprenden con una respuesta profunda a una pregunta superficial. Me liberan de la cámara de eco de mis pensamientos cíclicos y me muestran la forma de enfocarme en un asunto particular, una manera de hablar conmigo misma. Nuestro crecimiento personal, al igual que el progreso y dirección de la ciencia, se desarrolla mediante las preguntas que nos hacemos. Nuestras preguntas expresan nuestra visión, nos guían hacia el futuro, proyectan una luz en la esfera de lo desconocido.

El efecto Barnum

No todos los científicos son de mente abierta o espiritualmente guiados como L. J. Shepherd. En la revista *New Scientist* (3 de diciembre de 1988), Christopher Joyce pronosticó las consecuencias funestas en la sociedad producto del interés por las disciplinas metafísicas. Advirtió que «el daño estará hecho cuando una gran parte de la humanidad rechace el pensamiento racional y empírico, el fundamento de todas las cosas». Joyce censura lo que no entiende, y tal vez podría servirle una paráfrasis de unas palabras dichas por Jesús: ¿En qué beneficia a un hombre obtener todos los adelantos y productos materiales del mundo si pierde su alma? Joyce cita a P. T. Barnum, quien dijo, «En cada momento nace un estúpido».

El efecto Barnum es el nombre dado a nuestra tendencia a creer en perfiles de personalidad cuando son ambiguos y halagüeños, y parecen ser generados específicamente para nosotros (por ejemplo, el horóscopo en el periódico). Aunque estoy de acuerdo en que un gran número de personas incrédulas llegan al mundo, sostengo que un estudio serio del tarot convencerá al lector con mente abierta de su verdadero valor.

Investigación personal

Este libro se formó gracias a mis esfuerzos por aprender el tarot. Mientras leía diversos textos sobre el tema, observaba que diferentes autores tenían opiniones contradictorias acerca del significado de muchas de las cartas. ¿Podría tener la razón Christopher Joyce? ¿Está basado el tarot simplemente en el efecto Barnum? Después de luchar para resolver tal información contradictoria, decidí que las cartas hablaran por sí mismas. Para este fin, establecí un método para descubrir sus significados en las circunstancias de la vida diaria.

Cada mañana colocaba cinco cartas y registraba la tirada en mi libreta. Ubicaba las primeras cuatro cartas consecutivamente en las cuatro esquinas de un cuadrado y luego disponía la quinta y última carta en el centro para representar el tema central del día. Llamé a esto la distribución del «tema y sus variaciones». Cada noche examinaba los acontecimientos del día. Consideraba los sucesos en mi vida personal, mis sentimientos, y los eventos en el mundo en general para observar qué conexiones tenían con las cinco cartas colocadas en la mañana. Aquí está un diagrama esquemático de cómo distribuía las cartas:

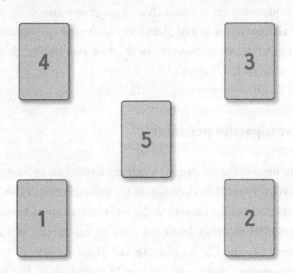

Era extraordinario ver cómo cada noche podía relacionar un evento o interacción del día con cada una de las cartas. Con base en diversos libros sobre el tarot, perfilé el significado estándar de las setenta y ocho cartas. Todas las noches agregaba algo, modificando o cambiando lo que los textos decían para ajustarse con los sentimientos y sucesos diarios reales. Por ejemplo, en el día en que la estrella de baloncesto Magic Johnson anunció que era VIH positivo, la tirada hecha en la mañana mostraba el Triunfo de la Torre, el Tres de Espadas, el Diez de Espadas, el Seis de Copas y el Ocho de Pentáculos, todas excepto la primera ubicadas al revés. Debido al predominio de Espadas con el Triunfo de la Torre, esperaba noticias relevantes acerca de enfermedad, muerte o conflictos. La ausencia de Bastos, que simbolizan surgimiento de vida, era también algo significativo.

Después de colocar diariamente las cinco cartas durante varias semanas, consultaba la tirada con menos frecuencia. Adquirí un ritmo con las cartas y aprendí a confiar en mi intuición para decidir cuándo ubicar una nueva distribución de las cinco cartas. A veces sacaba solamente una o dos cartas de la baraja. Si el momento no era el apropiado para hacer otra configuración, sacaba algunas cartas de clarificación para ampliar el significado de la distribución original. El siguiente caso ilustra esta práctica.

El jueves 19 de marzo de 1992, las siguientes cinco cartas conformaban la tirada:

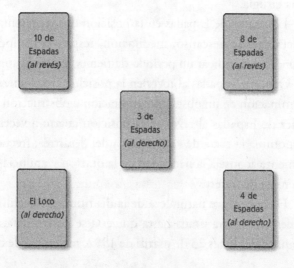

Varios aspectos de esta distribución me exaltaron. La aparición del Loco, un Arcano Mayor, en la posición uno sugería que algo importante se revelaría pronto. El Loco es un arquetipo para el inicio de un viaje personal significativo, las cartas de los Arcanos Mayores anuncian eventos importantes en nuestras vidas. Las cuatro cartas restantes eran todas del palo de Espadas. Como con la distribución anterior, la de Magic Johnson, el predominio de las Espadas sugiere temas referentes a fuerzas hostiles, estrés, tensión, conflicto, enfermedad, luchas y muerte. La carta central es el Tres de Espadas ubicada en la posición cinco, y además es llamada «la carta del ambiente tempestuoso para las emociones». Puede anunciar un período emocional difícil que a menudo involucra una pérdida; concretamente simboliza separaciones necesarias. En lo que a salud se refiere, el Tres de Espadas sugiere la necesidad de una cirugía.

El Cuatro de Espadas en la posición dos representa la necesidad de descanso, meditación, respiro o recuperación. Puede indicar un período de tiempo en un hospital. El Ocho de Espadas al revés en la posición tres sugiere la eliminación de un obstáculo, limitación u obstrucción. El Diez de Espadas al revés en la posición cuatro a veces se denomina la carta de «advertencia del desastre»; frecuentemente aconseja la necesidad de la oración y anuncia un mensaje de muerte.

Dada la grave naturaleza de la distribución, decidí no hacer una nueva tirada hasta que ésta se desarrollara. La mañana del lunes 23 de marzo de 1992, me enteré de que la esposa de un colega muy estimado había muerto el fin de semana. Luego, en la noche de ese mismo lunes, el mejor amigo de mi hijo de ocho años mostró inesperados síntomas neurológicos. Necesitaba neurocirugía de emergencia para evitar el aumento repentino de un fluido cerebroespinal mortal debido a una obstrucción en su cerebro. Mi esposa y yo somos amigos de los padres del joven, y todos estuvimos emocionalmente afectados (la indicación del Tres de Espadas).

El martes 24 de marzo de 1992, decidí sacar una carta de clarificación de la baraja. Mientras barajaba, la carta de los Enamorados cayó y quedó en posición normal (al derecho). He encontrado que cuando las cartas parecen salirse de la baraja espontáneamente, el mensaje es siempre importante. Tomé lo sucedido como una señal de fuerzas poderosas de curación; ubiqué la carta de los Enamorados abajo y saqué otra para clarificación, como era mi intención originalmente. La carta de clarificación fue el Rey de Copas, la cual representa compasión y consejo de un médico amable y dedicado.

El miércoles 25 de marzo de 1992, un examen reveló que un tumor cerebral estaba causando la obstrucción. Como soy doctor, me esmeré en ayudar a la familia del enfermo para que consiguiera el mejor cuidado médico (en la terminología del tarot, plasmé en el Rey de Copas parte de mi personalidad durante las semanas venideras). El domingo 29 de marzo, acompañé a los padres del menor a visitar a un neurocirujano para obtener una segunda opinión. Nos encontramos con él en su casa por la tarde.

Otra vez el Rey de Copas, no cobró la consulta, diciendo, «Hago este trabajo porque quiero a los niños». La cirugía fue programada para el jueves 2 de abril.

Para aliviar mi ansiedad, decidí sacar otras tres cartas de clarificación el lunes 30 de marzo. Las cartas que aparecieron fueron el Mago, el As de Pentáculos y el Juicio, todas al derecho. Dos cartas de Arcanos Mayores coincidían con la gravedad de la situación. El Mago simbolizaba el neurocirujano, que podría hacer magia moderna usando sus habilidades técnicas para eliminar el tumor cerebral. El As de Pentáculos representa un nuevo comienzo con optimismo en el campo material y buena salud. La carta del Juicio significa renacimiento o resurrección desde la muerte, el ave fénix levantándose de sus cenizas. Tomé ésta como otra carta de anuncio de buena salud. Sólo unos pocos años atrás, antes del invento de este tipo de exámenes a través de escáneres, el tumor del niño no habría sido detectado a tiempo para su adecuado tratamiento.

El martes 31 de marzo de 1992, saqué una carta de clarificación final para calmar mi preocupación antes de la cirugía. Esta vez apareció el Diez de Espadas al revés. Recuerda que esta misma carta en la misma posición estaba en la tirada original. Tomé esto como un significado de escape de la muerte y la necesidad de confiar en un poder superior. El miércoles primero de abril, la noche anterior a la cirugía, en la iglesia donde asistían la familia del joven enfermo, se llevó a cabo un servicio especial de oración. Más de cien personas asistieron a rezar por él, pensando en la necesidad de confiar en un ser superior. La cirugía fue exitosa al igual que la recuperación del niño. El sábado 4 de abril, cuatro días después de sacar el Diez de Espadas al revés, recibí la noticia de la muerte de un colega. El Diez de Espadas puede representar el escape de la muerte además de la noticia de un fallecimiento.

La cirugía tuvo efecto positivo por cerca de un año, hasta que se detectó de nuevo el problema. El niño necesitaba una segunda cirugía. El miércoles 18 de enero de 1995, fue sometido a otro examen para determinar el estado del tumor. Esa mañana me enteré del resultado de la prueba: el tumor, que entonces era inoperable, había empezado a crecer otra vez. La imagen de un corazón atravesado por tres espadas claramente representaba el estado emocional de todas las personas cercanas al enfermo.

La investigación que he hecho me ha convencido de la verdad del refrán «una imagen vale más que mil palabras». Ningún libro puede describir adecuadamente el significado de los símbolos del tarot. Cada estudiante desarrollará gradualmente un juego particular de significados y asociaciones para las cartas. Un libro como éste puede sólo mostrarle al aprendiz algunos de los caminos que otros han seguido.

Capítulo 2
Cómo distribuir
e interpretar las cartas

No hay una manera correcta o equivocada de distribuir las cartas. Muchos lectores de tarot diseñan sus propios métodos para situaciones particulares. Algunos se han vuelto populares debido a su extendida práctica o sus vínculos con otras disciplinas de ocultismo. Dos de las más populares son el método de la Cruz Céltica y el método del Horóscopo.

Cada posición de una carta en la configuración tiene un significado que te ayuda a interpretar el significado de la carta que cae en dicha ubicación. El significado de una sola carta en una lectura dependerá de muchos factores: su posición en el método o tirada, las cartas a su alrededor, la naturaleza de la pregunta y la capacidad intuitiva del lector. El arte de leer una configuración es crear una historia que entrelace y sintetice los significados de las cartas con los significados de sus posiciones. La interpretación del tarot es un proceso creativo, imaginativo e intuitivo. Los expertos del tema Mueller y Echols veían los métodos del tarot como «la expresión pictórica de la vida».

El tarot te permite activar tu potencial imaginativo. Como practicante, deberás sentirte libre para diseñar tus propios métodos de acuerdo a las necesidades. Finalmente, establecerás unas cuantas distribuciones que cumplirán los requerimientos de diversas situaciones. El principiante haría bien en comenzar con esquemas simples antes de proceder con los más complejos. Describiré varias tiradas o métodos incrementando la complejidad, pero primero quiero comentar la elección de la baraja y la distribución de las cartas.

Cómo escoger la baraja

Hay docenas de barajas de tarot en el mercado. ¿Cómo decidirás cuál usar? La elección es personal y subjetiva. Afortunadamente, la mayoría de las tiendas de artículos de la Nueva Era poseen libros sobre el tarot y diferentes barajas. Examina algunos textos y observa las cartas, selecciona una baraja que te atraiga por sus imágenes, colores, textura y cualquier cosa que te motive. Mientras progresas en tu estudio del tarot, comenzarás a ver tu baraja como algo valioso, un consejero sabio. Si te conviertes en un entusiasta, finalmente tendrás varias barajas de tarot para usar en diferentes ocasiones.

El mayor productor de barajas en los Estados Unidos es U. S. Games Systems, Inc. (170 Ludlow Street, Stamford, CT 06902). Mis dos favoritas son el tarot Universal Waite, del distribuidor que acabo de nombrar, y el tarot de Robin

Wood de Llewellyn. Me gustan dichas barajas por sus coloridas imágenes y el hecho de que todas las cartas tienen representaciones pictóricas. Algunas barajas tienen sólo marcas y no dibujos sobre las Señales. Recomiendo que los principiantes comiencen con una baraja que tenga ilustraciones en todas las cartas. Los dibujos sobre ellas ayudan a estimular la imaginación y activan la intuición.

Aprendiendo a conocer las cartas

Una vez que has escogido una baraja, necesitas conocer las cartas. Tómalas y obsérvalas. Descríbelas en voz alta. Medita sobre ellas. Escribe las descripciones de cada una en una libreta. Analiza tus propias reacciones. ¿Cuáles cartas te gustan y cuáles no? ¿Qué emociones te provocan? ¿Cómo te afectan los diversos colores presentes en cada carta? ¿Qué aspectos de la carta te llaman la atención?

Forma historias con las personas, animales, objetos y eventos que hay en las cartas. Saca dos cartas y haz historias combinando el significado y simbolismo de ambas. Asocia las imágenes presentes y mantén un registro de dichas asociaciones. Tu habilidad para leer una tirada de tarot dependerá del desarrollo de tu sensibilidad hacia cada una de las setenta y ocho cartas. Rachel Pollack se refiere a ellas como «los setenta y ocho grados de la sabiduría».

Entender las cartas es la base para reflejar los significados de los elementos discretos que componen la ilustración total de cada carta. Por ejemplo, las montañas pueden representar desafíos importantes, y las rocas y colinas retos secundarios. Los animales a menudo simbolizan nuestros instintos y la naturaleza animal de nuestros deseos. El agua es una representación universal de sentimientos y emociones. Las aves pueden indicar pensamientos y aspiraciones espirituales. Varios autores (por ejemplo Guiley, Mann, Mueller y Echols) suministran listas de símbolos y sus significados sugeridos.

En conjunto, con los símbolos discretos, los colores usados en las ilustraciones del tarot también son de vital importancia. La siguiente lista provee algunos significados simbólicos comunes de varios de ellos.

Color	Significado
Negro	El color de la noche. Muerte, oscuridad, misterio, lo oculto, destrucción, resurrección, negatividad, pecado, materialismo, ignorancia.
Azul	El color del cielo y los océanos. Espíritu, idealismo, contemplación, reflexión, emoción, el inconsciente, devoción, sentimientos, intuición.
Oro	El color del sol y del metal oro. Talento, iluminación, éxito, gloria, resplandor, lo divino.
Gris	El color de las nubes tempestuosas. Luto, dolor, tristeza, penitencia, depresión, sabiduría a partir de la experiencia, reconciliación.
Verde	El color de la vegetación. Nueva vida, esperanza, serenidad, fertilidad, crecimiento, seguridad, abundancia, salud, juventud, vitalidad.
Naranja	El color del fuego y el león. Orgullo, ego, esplendor, ambición, autoridad, decisión, vitalidad, fuerza.

Color	Significado
Morado	El color tradicional de la realeza. Poder, pompa, orgullo, justicia, entendimiento esotérico.
Rojo	El color de la sangre y el planeta Marte. Vida, fuerza, deseo, acción, vitalidad, fortaleza, energía, valor, sexo, muerte, heridas, pasión.
Plata	El color de la Luna. Misterio, reflexión, conocimiento oculto, los guías interiores, intuición femenina, emociones, vida interior, habilidad psíquica.
Blanco	El color universal. Pureza, iluminación, luz del día, alegría, felicidad, vida, verdad, entendimiento.
Amarillo	El color del Sol y de la orina. Iluminación, intelecto, cautela, voluntad, fuerza masculina.

El cuidado de tus cartas

La mayoría de las personas cuidan sus objetos valiosos. Las cartas del tarot no son la excepción. Los entusiastas en el tema tradicionalmente envuelven sus cartas en seda y las guardan en una pequeña caja, usualmente hecha de pino. Ese tratamiento simbólico crea una atmósfera óptima para su uso.

Desgraciadamente, hay muchas supersticiones acerca del correcto cuidado de las cartas. Algunos autores advierten del grave peligro existente cuando éstas absorben malas vibraciones si no son protegidas cuidadosamente de la contaminación de otras personas. Ya que veo las cartas simplemente como una herramienta que nos permite utilizar imágenes arquetípicas, considero sin sentido tales supersticiones. Si existen vibraciones negativas, vienen de muy adentro de nuestra psique y piden autorreflexión y entendimiento.

Expectativa optimista

Jung notó la importancia de una actitud de expectativa optimista como condición necesaria para el éxito de los experimentos de poderes extrasensoriales de Rhine. El lector del tarot debería cultivar un sentido de optimismo y confianza para que las cartas que aparezcan en la tirada suministren pautas importantes sobre el asunto en cuestión. A medida que el practicante del tarot adquiere experiencia, tal actitud pasa a segundo plano.

Barajar con mente tranquila

Adicionalmente a la lectura de las cartas con expectativa optimista, el practicante del tarot debe crear una atmósfera tranquila, casi sagrada, en la cual pueda distribuir las cartas con determinado método. Algunos inventan su propio ritual, como los que usan las grandes religiones, para crear dicho ambiente. Por ejemplo, un método común es orar por un guía divino antes de conducir una lectura. Objetos como velas, ropa de seda e incienso pueden ayudar a establecer una atmósfera contemplativa.

Una lectura óptima del tarot comienza cuando el lector y el consultante (persona que hace las preguntas) despejan sus mentes para permitir que la barajada de las cartas trascurra en un estado de calma y meditación. El consultante baraja las cartas mientras considera la pregunta del momento. En cierto punto durante el acto de barajada meditativa, se sentirá el deseo de detener la mezcla de las cartas. La mayoría de los lectores del tarot hacen que el consultante corte la baraja (a menudo en tres montones de izquierda a derecha, armándola de nuevo en sentido contrario). Luego el lector coloca las cartas en un método o tirada simbólico previamente escogido para la interpretación.

Cartas que se salen mientras se baraja

Durante el proceso de barajada meditativa, a menudo parece que una o más cartas saltaran fuera de la baraja, para luego caer en posición normal. Cuando esto ocurre, tales cartas son siempre significativas, y el lector deberá estudiarlas minuciosamente antes de proceder con la distribución pensada originalmente.

Por ejemplo, un hombre solicitó una lectura acerca de asuntos familiares, y mientras barajaba se cayó inesperadamente el Nueve de Pentáculos y luego el Ocho de Espadas. Este último representa una mujer solitaria rodeada por un círculo de espadas clavadas en la tierra. El Nueve de Pentáculos muestra una mujer con seguridad económica, disfrutando su jardín.

Luego el cliente describió lo presionada que se sentía su esposa por el empleo y los cuidados de su hija. Ella tenía la posibilidad de retirarse con un bono especial, pero el cliente insistía en que se mantuviera trabajando, pues estaba preocupado por la situación económica. Ahora los dos estaban seguros financieramente, pero rara vez se veían ya que tenían que trabajar en turnos diferentes para repartirse el cuidado de su hija pequeña. Ambos se sintieron solitarios y atrapados por las circunstancias. El cliente estaba arrepentido de preocuparse más por el dinero que por su familia y su felicidad matrimonial. Las dos cartas que salieron de la baraja mostraban exactamente los asuntos más preocupantes en la mente del consultante.

Una libreta de apuntes para el tarot

Mientras aprendes el tarot, es importante examinar las cartas y sus significados frecuentemente. Una manera excelente de hacerlo es tener una libreta de apuntes con las imágenes y sentimientos que asocies con cada carta. Aumentar las definiciones mientras progresas, y revisar tus primeras impresiones junto con las actuales te dará una visión más amplia de la naturaleza de las cartas.

El método de una sola carta

Ésta es probablemente la forma más simple para que los principiantes comiencen a usar el tarot. Nada podría ser más fácil. En un estado de reflexión mental, baraja las cartas y, cuando sientas que es el momento, toma la carta de encima de la baraja o sácala aleatoriamente del mazo. Anota la fecha actual y el nombre de la carta en tu libreta. Este paso es importante si quieres aprender el tarot. Repasa constantemente tus anotaciones. Te sorprenderás del progreso de tu conocimiento de los símbolos.

Antes de mirar en un libro cualquier cosa acerca del significado de la carta, estudia tú mismo las imágenes presentes en ella. ¿Qué observas en la carta? ¿Qué ideas y sentimientos te invaden? ¿Cómo describirías la carta a otra persona? ¿Qué acción se está presentando? ¿Quiénes son los personajes en la carta? ¿Qué situación están enfrentando? ¿Qué podrían estar sintiendo? ¿Te recuerda la carta un evento, sentimiento, persona concerniente a su vida? Deja fluir tu imaginación. Trata de formar una discusión con los personajes o imágenes en las cartas. ¿Qué preguntas haces? ¿Cómo te responderán? Incluso si tus ideas acerca de las cartas parecen absurdas en el momento, de todos modos regístralas, posteriormente pueden tener un significado importante.

Anota tus reflexiones acerca de la carta. Puedes desear llevarla contigo y examinarla periódicamente durante el día. ¿Qué sucesos e imágenes ocurridos durante el día están relacionados con lo que aparece en la carta? Registra esto también en tu libreta. Puedes tener un sueño o fantasía que posteriormente elabore el significado de la carta. Por consiguiente es necesario que hagas las respectivas anotaciones.

Después de registrar tus propios sueños, reflexiones y fantasías acerca de la carta, busca la delineación dada por este o cualquier otro libro sobre el tarot. ¿Cuánto difiere tu experiencia personal frente a la carta de las descripciones que hay en el texto? Nuevamente registra tus comentarios. Recuerda que tu experiencia personal con las cartas es tu primera fuente de aprendizaje. Lo escrito en este o cualquier otro libro está diseñado para estimular tus propias capacidades intuitivas. Finalmente, tu libreta de tarot se convertirá en tu más importante texto sobre el tema.

La carta de clarificación

A menudo desearás más información que la suministrada por una sola carta. Si surge una pregunta persistente de tal método, puedes sacar otra carta para clarificar la situación. Esta carta de clarificación te dará una mayor dimensión del significado de la carta inicial. De hecho, en cualquier tirada de tarot podrás siempre sacar una o más cartas para clarificar el significado de la distribución original.

El método de las Tres Cartas

Como su nombre indica, este esquema consiste en tres cartas distribuidas como sigue:

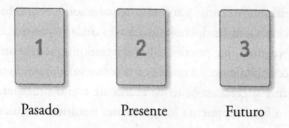

Pasado   Presente   Futuro

La primera carta mostrará algunos aspectos importantes de los eventos o sentimientos que conducen a la situación actual; la segunda clarificará su estado actual, y la última representa las posibilidades futuras del asunto bajo investigación.

El método de las Cinco Cartas

Después de barajar, distribuye cinco cartas en el siguiente orden:

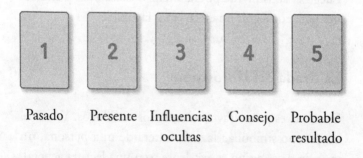

Pasado   Presente   Influencias   Consejo   Probable
                       ocultas   resultado

La primera carta (del pasado) representa las influencias que conducen a la situación actual. La segunda indica Tus ideas, sentimientos y acciones actuales sobre el asunto. La tercera carta (influencias ocultas) señala los aspectos de la pregunta que puedes haber ignorado o que operan sin tu conocimiento. La cuarta carta (consejo) a menudo ofrece una sugerencia práctica acerca de cómo proceder. La carta final representa los probables resultados siguiendo los consejos presentes en la tirada.

La carta de resultados no debe interpretarse como un determinante cambio de eventos. En las lecturas del tarot, un resultado es simplemente un curso probable de sucesos sugerido por las fuerzas influyentes en el momento de la distribución de las cartas. El consultante es libre de hacer sus propias decisiones, que pueden alterar el curso futuro de acontecimientos. Si la carta de resultados es positiva, la persona necesitará de todos modos prepararse para producir los efectos esperados. Si es negativa, el lector debe ayudar al cliente a analizar, por medio de las otras cartas del método, por qué es probable un resultado negativo. Luego el consultante podrá alterar sus acciones y elecciones para conseguir un efecto más favorable.

La tirada del Horóscopo

Éste es el esquema favorito entre los astrólogos. Ya que el horóscopo simboliza la vida entera de una persona, un método de este tipo es excelente para una lectura general. Comenzando con la primera casa del horóscopo, coloca las cartas en círculo, ubicándolas en cada una de las doce casas. Muchos lectores sitúan una última carta en el centro para indicar la unión de toda la tirada. Por otro lado, algunos prefieren empezar con una carta central que representa la pregunta principal y luego colocan las doce cartas en las doce casas del horóscopo.

A continuación tenemos un diagrama esquemático de la distribución del horóscopo:

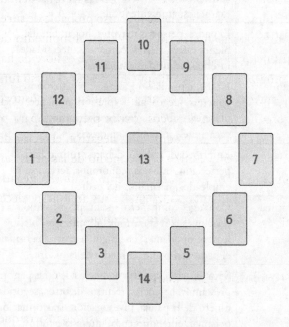

Cada carta simboliza asuntos específicos relacionados con la casa en que se encuentra. La siguiente lista describe brevemente lo que significa cada casa:

Casa	Significado
Primera	Cuerpo físico, el yo, sentido de identidad, necesidades personales, apariencia, salud, vitalidad, el comienzo de una empresa, el padre de la madre, la madre del padre.
Segunda	Dinero, ingresos, finanzas, riqueza, valores, posesiones, bienes movibles, recursos.
Tercera	Hermanos, vecinos, parientes cercanos, viajes cortos, mente consciente, escritura, educación, comunicaciones, cartas, llamadas telefónicas, exámenes, ambiente local.
Cuarta	El padre, personas mayores, hogar, familia, bienes raíces, tierras, cimientos, necesidades internas, seguridad emocional.
Quinta	Niños, especulación, riesgos, pasatiempos, apuestas, juegos, autoexpresión, romance, afecto, placeres, esfuerzos creativos, diversión, vacaciones, relaciones amorosas.
Sexta	Enfermedad, trabajo, deberes, rutina diaria, perfección, trabajos monótonos, servicios, empleados, hermanos del padre.
Séptima	Cónyuge, compañero, socios, matrimonio, relaciones con compromiso, contratos, pleitos legales, oponentes, enemigos, asesorías personales, el padre del padre, la madre de la madre.
Octava	Sexo, muerte, impuestos, dineros de otras personas, préstamos, herencias, recursos de otros, seguridad, dinero de la pareja, investigación, trasformación personal, entendimiento, intereses ocultos.
Novena	Viajes largos, religión, la ley, educación superior, filosofía, mayor nivel mental, intereses en el extranjero, publicaciones, radiodifusión, hermanos del cónyuge.

Casa	Significado
Décima	La madre, carrera, profesión, ambiciones, superiores, reputación en la comunidad, éxito, estatus, sociedad, disciplina, estructura, destino.
Undécima	Amigos, grupos, clubes, actividades sociales, consejos, objetividad, deseos y esperanzas, intereses humanitarios.
Duodécima	Soledad, confinamiento, hospitalización, retiro, sacrificio, temas ocultos, relaciones secretas, problemas psicológicos, perdición, secretos, meditación, el inconsciente, el subconsciente, hermanos de la madre.

El método de los Doce Meses

El esquema para esta configuración es idéntico al del Horóscopo. La diferencia es que la carta en la primera posición representa las influencias que afectan el mes actual, la carta de la segunda posición representa las influencias durante el mes siguiente, y así sucesivamente en toda la tirada. La carta en la posición trece significa el tema general del año venidero.

El método de la Cruz Céltica

Este esquema es el favorito entre los lectores de tarot, y es uno de los que deberías aprender a fondo. Arthur Edward Waite lo recomendó como «el mejor para obtener una respuesta a una pregunta específica». El método de la Cruz

Céltica involucra el simbolismo cristiano de hacer la señal de la cruz al distribuir las cartas.

La configuración a menudo empieza seleccionando conscientemente una carta que represente al consultante o la pregunta misma. Algunos lo omiten y simplemente distribuyen las cartas de la tirada. Yo prefiero ignorar la carta representativa para permitir que las setenta y ocho cartas de la baraja puedan aparecer en cualquiera de las diez posiciones de la Cruz Céltica.

Elección de una carta representativa. Si usas este tipo de carta, puede ser cualquiera de las que componen la baraja. Cuando es sacada de las cartas Reales, generalmente representa una persona; cualquiera de los Arcanos Mayores o símbolos podría significar una situación. Por ejemplo, la carta de la Justicia puede indicar un asunto legal, y el Diez de Pentáculos puede simbolizar una reunión familiar.

Reyes y Caballeros representan hombres, los primeros son los mayores y más maduros. Pajes y Reinas representan mujeres, siendo las últimas las mayores y más maduras. Si sabes el signo astrológico del consultante, puedes usar las siguientes correspondencias para seleccionar un significador.

Signo	Palo
Signos de Fuego (Aries, Leo, Sagitario)	Bastos
Signos de Tierra (Tauro, Virgo, Capricornio)	Pentáculos
Signos de Aire (Géminis, Libra, Acuario)	Espadas
Signos de Agua (Cáncer, Escorpión, Piscis)	Copas

Una alternativa es seleccionar una carta representativa que describa físicamente al consultante. La siguiente tabla ofrece algunas pautas para hacerlo, y obviamente eres libre de hacer excepciones de acuerdo a la situación. Por ejemplo, un hombre joven, soñador, de cabello y ojos oscuros, será idealmente representado por el Caballero de Copas. Algunos lectores del tarot simplemente dejan que los clientes saquen una carta de la baraja que consideren de mayor semejanza a ellos. La idea básica es que ésta describa la persona o asunto en examen.

Palo	Aspecto (tez)	Cabello	Ojos
Bastos	Rubio, pecoso	Amarillo, rojizo, castaño rojizo	Oscuros o claros
Copas	Rubio, medio	Castaño claro, rubio, gris	Grises, azules, brumosos
Espadas	Oliva, oscuro	Castaño, negro	Claros
Pentáculos	Moreno, cetrino	Negro	Pardos, oscuros castaño oscuro

Habiendo seleccionado la carta representativa o significador, ubícala sobre la mesa mirando hacia ti y procede a barajar el resto de las cartas. Si hay una figura de una persona en la carta, observa a qué dirección apunta dicha imagen; esto será importante para la colocación de la cuarta carta de la tirada.

Divide la baraja en tres partes y únelas de nuevo en sentido contrario, de tal forma que el último montón cortado quede arriba. A continuación tenemos un esquema del arreglo de la Cruz Céltica:

1: Situación

2: Cruzada

3: Abajo

4: Atrás

5: Potencial

6: Delante

7: El ser

8: Entorno

9: Esperanzas

10: Resultado

Carta de clarificación

(1) Toma la carta de encima de la baraja y ubícala cara arriba sobre el significador mientras dices, «Ésta es tu situación». La carta de situación revela la esencia de la pregunta, el problema, las influencias presentes, el estado actual del consultante y la atmósfera general que rodea el asunto en el momento.

(2) Toma la segunda carta y sitúala cara arriba y trasversalmente respecto a la primera carta y di, «Esto se cruza para bien o para mal». La carta cruzada muestra la naturaleza de los obstáculos u oposiciones o la ausencia de ellos, las fuerzas que pueden ayudar o

producir un efecto adverso al consultante, y qué problemas o dificultades se pueden presentar. Esta carta también mostrará conflictos, desafíos, complejos y asuntos que necesitan ser enfrentados, pero adicionalmente indicará oportunidades y recursos.

La carta cruzada es tradicionalmente leída al derecho. Una carta positiva aquí significa que hay pocos obstáculos por superar y puede señalar áreas de apoyo y oportunidades. Una negativa revelará factores que desafían, bloquean o modifican la situación. Para interpretar esta carta, pregúntate cuál es la naturaleza del problema o la ventaja que representa la carta. ¿Qué ayuda o afecta negativamente al consultante?

Rachel Pollack considera las primera dos cartas del arreglo de la Cruz Céltica como una «microcruz» que captura la esencia de todo el esquema, y yo he encontrado que esto es cierto. Por ejemplo, una vez un hombre joven me preguntó acerca de una relación. Su carta de situación fue el Arcano Mayor la Templanza y su carta cruzada fue el Dos de Espadas. El dilema del consultante era que estaba involucrado en un compromiso estable, pero había encontrado a alguien más y estaba considerando tener una nueva relación. Las primeras dos cartas de su cruz céltica representaban su situación perfectamente. La carta de La Templanza reflejaba su ideal de una unión estable, y el Dos de Espadas mostraba el conflicto que le produciría engañar a su novia.

(3) Toma la tercera carta y ubícala cara arriba debajo de las otras cartas y di, «Esto está debajo de ti». La carta de abajo muestra las influencias anteriores que afectan el asunto, experiencias pasadas, comportamientos repetitivos, motivaciones, la procedencia de la pregunta, factores internos y la raíces de la actual situación. También muestra de dónde viene el consultante.

(4) Toma la cuarta carta y sitúala cara arriba a la izquierda de la carta representativa y di, «Esto está detrás de ti» (algunos lectores la ubican al lado al cual mira el significador; si éste no apunta a ninguna dirección, la colocan a la izquierda de él). La carta de atrás o del pasado reciente puede referirse a sucesos, sentimientos, comunicaciones, situaciones o incluso sueños durante las últimas semanas (influencias que están quedando atrás en este momento). Tales acontecimientos usualmente tienen una conexión con la pregunta en consideración.

Un método alternativo para colocar la carta cuatro es decidir por adelantado que la ubicación a la izquierda o a la derecha de la carta representativa indicará la posición del pasado reciente. Después la sexta carta será colocada al lado restante, el cual representa la posición del futuro próximo.

(5) Toma la quinta carta y ubícala cara arriba encima de las otras cartas y di, «Éste es tu potencial». La carta de potencial muestra los ideales, objetivos, opciones, intenciones, medios de desarrollo, posibilidades y oportunidades del consultante. Revela resultados futuros

alternativos, nuevas direcciones y frecuentemente el mejor resultado posible. Dados los desafíos y las ventajas de la carta dos, la carta de potencial nos ayuda a ver cómo el cliente podría resolver la situación, a dónde puede guiar la pregunta y qué opciones hay disponibles para la solución. Considera la carta cinco como indicación de la dirección que debe tomar y la forma de tomar ventaja del asunto en consideración.

(6) Toma la sexta carta y cara arriba ubícala a la derecha del significador y di, «Esto está delante de ti». La carta de delante o del futuro inmediato revela circunstancias e influencias próximas a aparecer. Pueden ser nuevas personas, nuevas ideas o situaciones futuras. Esta carta muestra lo que sucederá en las próximas semanas respecto al asunto en cuestión. Estos acontecimientos requerirán atención o acción para resolver las inquietudes formuladas. La manera en que enfrente esos eventos próximos afectará el posible resultado mostrado por la carta de potencial.

Las cartas que has colocado dan la forma de una cruz. A la derecha de ella debes colocar cuatro cartas más en columna.

(7) En la base de la columna, ubica la séptima carta cara arriba y di, «Éste es tu ser». Esta carta simboliza su posición frente al asunto. Revela su estado mental, su autovisión; sus sentimientos, sus actitudes y deseos secretos, y la manera en que observa la situación actual.

(8) Arriba de la carta del ser, sitúa la octava carta cara arriba y di, «Éste es tu entorno». La carta del entorno

muestra cómo visualizan el asunto los que están a su alrededor y también sus interacciones con dichas personas en su vida. Representa las opiniones de la familia, amigos, colegas y otros involucrados en la situación. La carta ocho revela además cómo influencias externas y factores ambientales, incluyendo su residencia, podrían afectar el resultado.

(9) Por encima de la carta del entorno, ubica la novena carta cara arriba y di, «Aquí están tus expectativas, esperanzas y temores». Esta carta puede ayudarle a clarificar lo que teme y lo que espera o desea de la situación actual. Cartas positivas muestran sus deseos y esperanzas, y las negativas indican sus dudas y temores. A veces la carta en esta posición revela factores inesperados que influenciarán el resultado.

(10) Ahora, coloca la décima y última carta cara arriba en el tope de la columna mientras dices, «Esto es lo que ocurrirá». Esta carta simboliza el más probable resultado futuro —la resolución final del asunto—. Es la culminación de todas las otras cartas del método y no puede ser leída aisladamente. Deberás comparar la carta del resultado final con la carta de potencial (quinta posición) y la carta del futuro inmediato (sexta posición).

Una carta Real en la posición diez a menudo indica que el resultado depende de otra persona que llevará el asunto a su conclusión. Si es así, puedes tomar la carta Real de la décima posición y usarla como un significador para un nuevo arreglo de Cruz Céltica. Por otra parte, si una carta Real aparece en la posición del resultado final, puedes sacar una o más cartas de clarificación para ver qué hará la persona mostrada en dicha localización. Las cartas Reales tienen también significados abstractos que pueden representar el resultado final.

En resumen, el método de la Cruz Céltica responde a una secuencia lógica que ayuda a clarificar los sentimientos y motivaciones acerca del asunto en cuestión. La primera carta muestra cómo es su situación en el momento de hacer la pregunta. La segunda revela los obstáculos que enfrenta o los recursos a su disposición. La tercera indica algo que ya ha sido parte de la experiencia del sujeto anteriormente. La cuarta muestra sucesos inmediatamente anteriores que tienen que ver con la pregunta en consideración. La quinta y la sexta señalan eventos o sentimientos del pasado reciente y el futuro próximo relacionados con su pregunta. La séptima indica su propia visión mientras la octava revela cómo ven los demás el asunto. La novena muestra lo que desea o espera, y la décima resume las nueve cartas anteriores para mostrar el más probable resultado final de la situación.

Cartas al revés

Las cartas al revés tienen múltiples connotaciones y a veces son difíciles de interpretar. Algunos autores sugieren usar sólo cartas al derecho y voltear las que aparezcan al contrario en la tirada. La práctica de usar únicamente cartas en posición normal limita el número de diferentes delineaciones de las setenta y ocho cartas de la baraja, mientras que usándolas también al revés se dobla el número de interpretaciones.

Yo pienso que una carta al revés debe tener importancia aunque en ocasiones pueda ser difícil de entender su significado. De hecho, las cartas al revés llaman la atención y se requiere un esfuerzo extra para visualizarlas. La única carta que está naturalmente al contrario en el tarot es el Colgado, que puede dar una clave para el significado de las otras cartas que aparecen al revés. El Colgado nos aconseja que veamos la situación con una perspectiva diferente y a menudo más interna o espiritual. Tal vez las cartas en esta posición también nos desafían a cambiar nuestro punto de vista de sus significados en posición normal.

Algunos autores piensan que, al igual que las cartas del palo de Espadas, las cartas al revés pueden llevar a una asociación negativa. Un predominio de ellas en una lectura puede a veces indicar problemas, obstáculos, retrasos, decisiones difíciles, necesidad de esfuerzo mental, ansiedades, preocupaciones, enfermedades, estrés, malas noticias y rompimiento de relaciones –pero sólo si el contenido real de las cartas es consistente con su interpretación; recuerda que cada carta, al derecho o al revés, debe ser interpretada en el contexto de todo la tirada–.

Las cartas al revés no son necesariamente negativas. El significado arquetípico de una carta permanece igual sin importar su orientación, pero puede cambiar el sentido del significado. Una carta invertida en una tirada de tarot es similar a un planeta retrógrado en un horóscopo natal, y la energía simbolizada puede ser dirigida más al interior que al exterior.

A veces significa simplemente que el significado en posición normal es difícil de comprender o expresar. Por ejemplo, el Rey de Copas es una carta de compasión. Cuando está al revés puede referirse a un hombre que no tiene piedad (el significado negativo) o que le es difícil expresar su sensibilidad. También puede referirse a nuestra inhabilidad para apreciar la naturaleza afectuosa del hombre. La carta al derecho puede expresarse a sí misma de manera abierta mientras que al contrario podría contener un significado secreto.

Si la carta en posición normal tiene una connotación positiva, estando al revés puede indicar que las cualidades usualmente positivas están siendo llevadas a excesos. Si al derecho tiene una connotación negativa, estando invertida puede significar el final de una situación difícil.

Las cartas del tarot se expresan sólo en ilustraciones. Con las tradicionales barajas rectangulares, las cartas en la tirada pueden aparecer en posición normal o al revés. Con barajas de tarot redondas o cuadradas, las cartas en el arreglo pueden ser orientadas en un mayor número de direcciones. La mayoría de los lectores del tarot piensan que la orientación de una carta en cualquier sentido significa un aspecto de la situación del consultante.

Para entender las indicaciones del significado de las cartas invertidas, el lector debe visualizar el posible significado de las imágenes al revés. Si la carta al derecho tiene un significado preocupante, al revés puede aumentar o disminuir la intensidad del mensaje dado en posición normal. Una carta invertida puede expresar un significado opuesto al indicado al derecho.

Las cartas al revés requieren más esfuerzo para ser visualizadas y hacen que al consultante se le dificulte mucho entender la trascendencia de su situación. La dificultad al tratar de interpretar una carta invertida puede reflejar una condición prolongada o crónica. A menudo la carta en posición normal sugiere un significado objetivo y abierto, mientras que al revés indica algo oculto, subjetivo y más personal. Una carta Real invertida puede significar una persona que no es digna de confianza, lo contrario al significado en posición normal. También podría simbolizar alguien que actúa clandestinamente o expresa el lado oscuro de su personalidad.

A continuación, una lista de posibles significados de acuerdo a la posición de la carta:

Significado al derecho	Significado al revés
Aceptación	Rechazo o resistencia
Agudo	Crónico
Consciente	Inconsciente
Uso correcto	Abuso
Directo	Retrógrado
Fácil de expresar	Difícil de expresar
Fácil de entender	Difícil de entender

Significado al derecho	Significado al revés
Externo	Interno
Fe	Carencia de fe
Rápido	Despacio
En proceso	Terminado
Lógico	Intuitivo
Moderación	Exceso
Mundano	Espiritual
Expresión normal	Exagerado
Objetivo	Subjetivo
Obvio	Sutil
Un camino	El camino opuesto
Afuera	Adentro
Abierto	Cubierto, oculto
Positivo	Negativo
Presencia	Ausencia, necesidad
Proceder tranquilo	Problemático
Público	Privado
Rapidez	Demora
Real	Imaginado
Digno de confianza	Desconfiable
Libre	Cohibido
Necesitar	Retener
Yang	Yin

Como ejemplo de interpretación de una carta invertida en una tirada, tenemos el Diez de Espadas al revés en el caso del niño con el tumor cerebral (capítulo uno) que indicaba un escape de la muerte y la necesidad de confiar en un poder superior. En la misma tirada, el Ocho de Espadas al revés sugería la eliminación de algún tipo de obstáculo.

También apareció la carta de la Justicia al revés en mi meditación de la mañana del día en que se anunció el veredicto en el caso de brutalidad de la policía sobre Rodney King que produjo disturbios en Los Ángeles en 1992. El significado inverso de esta carta es la injusticia. Muchos pensaron que el fallo que declaraba inocentes a los policías no era honesto, pues los acusados habían actuado injustamente contra Rodney King. El Ocho de Pentáculos invertido (que indica fraudulencia) junto a la carta anterior mostraban el desempleo y la falta de oportunidades que acentuaron los motines en las comunidades negras de Los Ángeles.

Capítulo 3
Uniéndolo todo

En la mitología griega, Ariadna, hija del rey Minos de Creta, le dio a Teseo un bola de hilo para guiarlo a través del laberinto del Minotauro. Agradecido por el hilo que salvó su vida, Teseo se casó con Ariadna luego de escapar del laberinto. Al igual que Teseo, el lector de tarot debe seguir el hilo de Ariadna cuando esté interpretando cualquiera de los más complejos métodos. La mejor forma de aprender es practicando. El resto de este capítulo presentará tres tiradas de Cruz Céltica reales extraídos de mis apuntes. Espero que el lector asimile estos ejemplos útiles e instructivos del tarot en práctica.

Cruz Céltica, ejemplo 1

La consultante es una asistente del decano en una de las universidades del estado de New York. Es una mujer soltera cercana a los cuarenta años de edad que valora su trabajo como educadora. A causa de la crisis presupuestaria del estado, se decidió despedir varios decanos asistentes y distribuir sus funciones entre otros empleados de la universidad. Deberían ser suprimidos inmediatamente varios puestos a comienzos de mayo de 1992 y se haría un segundo recorte de personal varios meses o tal vez un año después. El 21 de abril de 1992, la cliente preguntó, «¿Perderé mi empleo este año?». Estaba preocupada por la posibilidad de perderlo dentro de unas pocas semanas.

Hicimos una tirada de Cruz Céltica. Ya que el cargo de la consultante era de decano asistente, escogimos la Reina de Bastos (orientada hacia la derecha) como significador. Esta carta representa la carrera o profesión de una mujer. Su orientación a la derecha es importante en este tipo de arreglo, pues muchos lectores sitúan la carta en tal sentido para representar tendencias futuras y a la izquierda para indicar pasado. La lectura fue la siguiente:

Ésta es su situación:	El Tres de Copas al derecho
Esto se cruza:	El Dos de Copas
Esto está debajo de ti:	El Siete de Bastos al derecho
Esto está detrás de ti:	El Rey de Pentáculos al derecho
Éste es tu potencial:	El Tres de Pentáculos al derecho
Esto está delante de ti:	La Estrella (Diecisiete) al derecho
Éste es tu ser:	El Siete de Copas al revés
Éste es tu entorno:	El Loco (Cero) al revés

Aquí están
    tus expectativas,
    esperanzas y temores:
	El Cuatro de Bastos al derecho

Esto es lo que ocurrirá:	El Juicio (Veinte) al derecho

Antes de examinar las cartas individualmente, el lector debe tener una concepción general del arreglo. Una forma de hacerlo es agrupar los diversos factores reflejados en las diez cartas. Hicimos las siguientes listas basadas en este arreglo:

3 Copas	6 Señales
2 Bastos	1 carta Real
2 Pentáculos	3 Arcanos Menores
0 Espadas	
3 Arcanos Mayores	
10 cartas en total	10 cartas en el arreglo

8 al derecho
2 al revés
10 cartas en el arreglo

Dado el obvio estado de estrés y preocupación de la consultante, la ausencia de Espadas es una característica notoria del arreglo. ¿Podría esto significar que su preocupación no es expresada por las cartas?

La abundancia de Copas sugiere que en su mente hay una relación sentimental. Los tres Arcanos Mayores reflejan lo que significa esta situación para ella; después de todo, su sustento está en juego. Estas cartas sugieren aspectos de gran importancia para el consultante y a menudo dan a entender que las fuerzas del destino juegan un papel importante en el asunto. La presencia de una sola carta Real, el Rey de Pentáculos, indica que un hombre mayor conocedor de asuntos financieros está involucrado en la pregunta (posiblemente el gobernador Mario Cuomo o el funcionario del Gobierno que planteó el despido de los decanos asistentes de la universidad).

Otro método útil es aumentar los valores numéricos de todas las cartas numeradas en la lectura y luego reducir la suma a su dígito numerológico (0-10) o número maestro (11 o 22) –*véase* el apéndice B para obtener información adicional sobre numerología–. Las cartas reales no son numeradas, así que podemos omitirlas al hacer la adición. En esta lectura, 3+2+3+7+17+7+4+0+20 es igual a 63, lo cual se reduce numerológicamente a 6+3, o sea, 9. En numerología, nueve es un número de conclusiones o terminaciones. Indica el final de un ciclo y la preparación para empezar uno nuevo. De hecho, este número se ajusta a esta lectura en lo que se refiere a la finalización de una fase de la carrera.

Individualmente tenemos que el Tres de Copas que cubre a la consultante es una carta de felicidad y celebración. Indica que ella no será incluida en el primer recorte de personal y por consiguiente habrá suficientes razones para estar alegre y celebrarlo. El cruce del Dos de Copas, una carta de compartimiento, es una señal optimista. Tal vez la crisis de empleo precipita la idea de matrimonio o estabilización, o quizá un colega irá a su asistencia.

La tercera carta es el Tres de Pentáculos, que indica trabajo cualificado y reconocimiento por la capacidad en una profesión. Como carta de potencial, el Tres de Pentáculos muestra un posible resultado positivo o lo mejor que la consultante pueda esperar. La capacidad de la consultante en su trabajo será reconocida y le favorecerá. Si es despedida, podría asegurar un nuevo trabajo donde aplique su habilidad y talento.

El Siete de Bastos está debajo de ella y muestra el fundamento de la situación e influencias pasadas. Sugiere a un hombre joven que defiende su puesto.

El Rey de Pentáculos detrás de la consultante se refiere a eventos del pasado reciente. Aquí el Rey principalmente significa un hombre mayor avaro con poder temporal que establece el proceso de despidos. Esta carta puede referirse abstractamente a la presupuesta del estado.

La Estrella, un Arcano Mayor esperanzador, se ubica delante de la consultante y denota un suceso en el futuro próximo. Esta carta es tan positiva que esta mujer puede esperar pronto buenas noticias y una valiosa ayuda. La Estrella a menudo aconseja que el cliente empiece a desarrollar un talento especial.

La carta del ser es el Siete de Copas al revés y refleja las preocupaciones e ideas negativas de la consultante acerca de los inminentes despidos. Se sugiere que su angustia por la posible pérdida de su empleo pronto puede ser algo infundado.

La carta del entorno cs el Loco invertido. El estado de New York está actuando absurdamente al despedir a los decanos asistentes. Las personas alrededor de ella piensan que está en una precaria situación.

La carta de esperanzas y expectativas es el Cuatro de Bastos al derecho. Ésta es una carta de seguridad, prosperidad y el establecimiento de bases. Claramente la consultante posee seguridad mental. El Cuatro de Bastos, junto con varias cartas de Copas en la tirada, hacen surgir la posibilidad de que el matrimonio esté en sus planes.

La carta de resultado es el Juicio (Veinte), un Arcano Mayor. El desenlace será un acontecimiento importante en su vida. Dicha carta representa renacimiento o resurrección, la entrada a una nueva fase en la existencia. La carta del Juicio en la posición del resultado es una indicación positiva. Es poco probable que ella pierda su trabajo en 1992. Incluso si efectivamente pierde su actual empleo, será un cambio favorable que le abrirá puertas y guiará a fases nuevas e importantes de su carrera. Un cambio final y positivo de su carrera es el resultado más probable.

El resultado real: aunque muchos otros empleados del estado de New York fueron despedidos, esta consultante no perdió su puesto en 1992. Fue finalmente retirada en 1994. No le afectó demasiado porque el trabajo se había vuelto insoportable. Hasta el momento de la escritura de este libro, está desarrollando una nueva carrera trabajando con mascotas, un talento especial que tenía como pasatiempo.

Cruz Céltica, ejemplo 2

Durante las campañas presidenciales de 1992 en Estados Unidos, mi amiga Rachel, una demócrata incondicional, se empezó a preocupar de que Ross Perot pudiera ser elegido presidente. Basándose en lo que había leído acerca de sus antecedentes y personalidad, creía que él sería incapaz de gobernar el país. El 13 de junio de 1992, en el momento cumbre de la popularidad de Perot, Rachel preguntó, «¿Será presidente Ross Perot?».

Para responder tal inquietud, hicimos una tirada de Cruz Céltica. Debido a que la pregunta era sobre un asunto impersonal, decidimos no usar carta representativa o significador para Rachel. Éste es el resultado:

Ésta es tu situación:	El Emperador al derecho
Esto se cruza:	El Loco
Esto está debajo de ti:	El Diablo al derecho
Esto está detrás de ti:	El Paje de Bastos al revés
Éste es tu potencial:	El Rey de Copas al derecho
Esto está delante de ti:	El Tres de Pentáculos al derecho
Éste es tu ser:	La Templanza al derecho
Éste es tu entorno:	El As de Copas al derecho
Aquí están sus expectativas, esperanzas y temores:	El Nueve de Espadas al revés
Esto es lo que ocurrirá:	El Nueve de Copas al derecho

Antes de examinar las cartas individualmente, el lector debe tener una concepción de toda la tirada. Una forma de hacerlo es agrupando los diversos factores reflejados en las diez cartas. Hicimos las siguientes listas basándonos en esta distribución:

3 Copas	4 Señales
1 Basto	2 cartas Reales
1 Pentáculo	4 Arcanos Mayores
1 Espada	
4 Arcanos Mayores	
10 cartas en total	10 cartas en la tirada

8 al derecho
2 al revés
10 cartas en la tirada

La presencia de tres cartas de Copas en el arreglo indica que la pregunta es de gran importancia emocional para Rachel. De hecho, estaba perturbada con la idea de una presidencia de Ross Perot. La abundancia de cartas de Arcanos Mayores muestra la trascendencia de esta pregunta para el país.

La aparición del Emperador en la posición uno de la Cruz Céltica resume el asunto en cuestión: ¿quién será el Rey? Esta carta es cruzada por el Loco, que refleja el temor de Rachel de que un hombre considerado lunático gobernara el país. Me sorprendí por el Rey de Copas en la posición cinco. A menudo esta carta muestra el mejor resultado posible. Me pareció que Bill Clinton representaba la mayor semejanza con ella (es sentimental, compasivo y se interesa por el bienestar de los demás), pero en ese momento su popularidad era bastante baja y se veía factible que las elecciones las ganara Bush o Perot.

El Diablo en la tercera posición (o «debajo») muestra la visión de Rachel de que el deseo de Perot por ser presidente podría estar basado en la codicia y el ansia de control y poder. El Diablo refleja pasiones desenfrenadas y el lado oscuro de la naturaleza humana.

El Paje de Bastos al revés en la posición del pasado reciente refleja el desaliento que le producía la fuerte acogida que tenía Perot en las encuestas de opinión. El Tres de Pentáculos al derecho en la posición del futuro cercano sugiere un inminente y positivo evento que afecta la seguridad material de Rachel.

Ocupando la localización del ser se encuentra la carta de la Templanza, que muestra el deseo de Rachel por una persona con moderación en la Casa Blanca. El As de Copas en la posición del entorno enfatiza la preocupación de Rachel por lo que podría afectar tal situación a ella misma y a su familia.

La carta de esperanzas y expectativas es el Nueve de Espadas al revés. Ésta es llamada la carta de la pesadilla y reflejaba el temor de que la presidencia de Perot sería una época de opresión y desespero. La posición invertida ofrece la esperanza de que la «pesadilla» de Rachel no se realizará.

El resultado real: la carta de resultado final es el Nueve de Copas. Ésta es llamada la carta del deseo y, en la posición de resumen de la Cruz Céltica, indica que Rachel quedará satisfecha: Ross Perot no será elegido.

Cruz Céltica, ejemplo 3

El siguiente método de Cruz Céltica fue realizado el 26 de octubre de 1994. El consultante es un médico de la República Dominicana que se había formado profesionalmente en Europa. Su pregunta era si pasaría el examen que le permitiría practicar la medicina en Estados Unidos. Aparecieron en la tirada cuatro Arcanos Mayores (el Colgado, el Carro, el Mago y la Justicia), lo que sugería una pregunta muy importante para el consultante. La tirada completa fue la siguiente:

Ésta es tu situación:	El Ocho de Copas al revés
Esto se cruza:	El Colgado
Esto está debajo de ti:	El Carro al derecho
Esto está detrás de ti:	El Cinco de Pentáculos al revés
Éste es tu potencial:	El Siete de Copas al revés
Esto está delante de ti:	El As de Pentáculos al derecho
Éste es tu ser:	El Mago al derecho
Éste es tu entorno:	El Siete de Pentáculos al derecho
Aquí están sus expectativas, esperanzas y temores:	El Ocho de Espadas al derecho
Esto es lo que ocurrirá:	La justicia al revés

Antes de examinar las cartas individualmente, el lector debe tener una visión de conjunto de la tirada. Una manera de hacerlo es agrupando los diversos factores reflejados en las diez cartas. Hicimos las siguientes listas basándonos en este método:

2 Copas	6 Señales
0 Bastos	0 cartas Reales
3 Pentáculos	4 Arcanos Mayores
1 Espada	
4 Arcanos Mayores	
10 cartas en total	10 cartas en la tirada

6 al derecho
4 al revés
10 cartas en la tirada

La carta de situación es el Ocho de Copas al revés. Esta carta a menudo representa el viaje o retiro para dejar una condición emocional difícil e ir en búsqueda de una mayor satisfacción personal. Ya que las Copas simbolizan la vida sentimental, el Ocho de Copas invertido a veces representa depresión debida a problemas en una relación. En lo que se refiere a tiempo, esta carta sugiere que el cliente necesitará esperar un mes (o un ciclo de la Luna) para que la situación se resuelva. En preguntas acerca de relaciones, el Ocho de Copas indica que alguien que se ha alejado volverá dentro de un mes.

La carta cruzada (obstáculos, oposición) es el Colgado, que sugiere un estado de sacrificio y privación. El consultante puede estar sintiéndose impotente para manejar el asunto. Todo lo que puede hacer es esperar con paciencia. Esta carta simboliza transiciones y cambios en nuestra vida –tiempo de reflexión y preparación para la siguiente acción–. Además indica que el sacrificio y duro trabajo del pasado está cerca de ser recompensado.

Debajo de la carta de situación está el Carro, una carta simbólica de un esfuerzo determinado, de control del curso de nuestras vidas. La localización de esta carta en la tirada sugiere que el cliente ha estado trabajando fuertemente, canalizando sus energías para un objetivo particular. Este Arcano Mayor también representa viajes o la compra de un coche nuevo en el futuro próximo.

La carta en la posición del pasado reciente es el Cinco de Pentáculos al revés. Es a menudo llamada la carta de la pobreza y su posición invertida sugiere una emergencia reciente, un producto de una difícil situación financiera. De hecho, cerca de un mes antes de la lectura, el consultante había conseguido un nuevo trabajo después de un período de desempleo.

En la posición del futuro cercano está el As de Pentáculos, una carta muy positiva que sugiere aumento en los ingresos y éxito financiero. El As simboliza nuevos comienzos y los Pentáculos indican finanzas y logros materiales.

La carta de potencial es el Siete de Copas invertido. Esta carta representa planes e intenciones conscientes y posible progreso en el futuro. Al revés sugiere que el consultante ha decidido enfocarse en sus objetivos de manera muy realista, evitando soñar despierto acerca del futuro. El Siete de Copas también indica un período de desilusión.

La carta que representa el estado mental del consultante la carta de su ser, es el Mago que simboliza ingenio, autodisciplina y creatividad. A menudo representa a los que manipulan la naturaleza para propósitos definidos. Los médicos, que hacen uso de sus fuerzas naturales para curar a sus pacientes, están incluidos en el simbolismo. El Mago, junto con el Carro y el Siete de Copas al revés, muestra que el consultante está bastante decidido a alcanzar sus metas.

El Siete de Pentáculos ocupa la posición que representa la manera en que los demás ven al consultante. Esta carta simboliza una pausa en el camino de un proyecto para ver de dónde venimos y hacia dónde vamos. A veces la ilustración que hay en ella es tomada como preocupación por el futuro. Junto con el Colgado en la posición dos, el Siete de Pentáculos sugiere que el consultante está en un estado de espera antes de dirigirse hacia algún objetivo.

El Ocho de Espadas está en la posición que representa las esperanzas y temores del consultante en el asunto. Ésta es una carta de soledad, restricción y frustración a causa de las circunstancias. Tal vez el consultante teme ser restringido u obstruido en el camino hacia sus metas.

La carta de resultado es la Justicia al revés. La carta de la Justicia tiene que ver con la consecución de lo merecido. En posición inversa, indica que puede haber demora en la aplicación de la justicia o que el cliente sufrirá un tratamiento injusto en el resultado final. Tal vez la puntuación de su examen no reflejará lo que realmente sabe, o quizá será víctima de algún tipo de discriminación o complicación legal.

La síntesis del método en conjunto es positiva. Varias cartas indican que el consultante ha trabajado muy duro en busca de su objetivo y está extremadamente decidido a triunfar. Las cartas que representan sus emociones sugieren elementos de preocupación y depresión, tal vez acerca de una relación personal. Su situación financiera está definitivamente mejorando. Hay posibilidad de viajes y compra de un coche en el futuro cercano. En el contexto de todo el método, la Justicia invertida en la posición final muestra que pasará su examen, pero puede haber algún retraso, complicación o desacuerdo con sus resultados. Es posible que necesite hacer la prueba por segunda vez. Sabrá más acerca de su situación dentro de un mes.

El resultado real: el consultante se enteró un mes después de la lectura del tarot que había suspendido el examen y debería presentarse de nuevo.

Capítulo 4
El Arcano Mayor

Más adelante encontrarás una lista de las palabras y frases claves para cada carta del tarot, una descripción de las situaciones típicas que la carta puede representar y la sugerencia de algunos tipos de personas. También encontrarás dichos y frases relacionados con el tema central de cada carta. A medida que avances, aumenta los significados que hay en este libro y descarta los que no encuentres útiles para tu entendimiento de las cartas. Cuando uses las delineaciones aquí expuestas, ten en cuenta que puede que sólo uno o unos pocos significados suministrados se ajusten a tu situación.

Una dificultad que encuentran los principiantes al leer el tarot es que los símbolos son multidimensionales. A veces un cigarro es precisamente un cigarro, pero puede también ser un símbolo fálico, una fuente de placer, la causa de una enfermedad o malestar, etc. ¿Cómo saber qué perfil del significado simbólico debes usar en tu lectura? Tu elección o interpretación dependerá del contexto en que se involucren los símbolos, la naturaleza de la pregunta, las cartas alrededor, tu experiencia, la reacción del consultante y principalmente de tu intuición. El antiguo filósofo griego Heráclito dijo: «No podemos entrar al mismo río dos veces». En el tarot, no podemos leer la misma carta dos veces.

Debido a que el tarot representa sentimientos y situaciones arquetípicas del ser humano, no hay un libro que pueda abarcar todos los posibles significados de cada carta y ningún autor tiene todas las respuestas. Ninguna descripción verbal puede captar adecuadamente el significado de las cartas. Las descripciones dadas aquí son pautas y sugerencias para la compilación de tu propio libro de tarot. No aceptes nada en este texto como «la última palabra» a menos que puedas probarlo con tu propia experiencia.

Una nota de precaución acerca de las cartas al revés: en las siguientes páginas he dividido los significados de las cartas en su posición normal y al revés. Recuerda que cada carta tiene un sentido arquetípico básico que es ligeramente modificado por la orientación. Una carta invertida simplemente indica un cambio en el énfasis del significado esencial. Por ejemplo, una consultante que tenía problemas con su propiedad en alquiler sacó el Seis de Espadas al revés. Era evidente que ella quería vender su vivienda y dejar atrás esa difícil situación. Esta carta, que en posición normal indica la inhabilidad para librarse de los problemas, parecía decirle que estos continuarían por mucho tiempo.

Para algunas cartas he indicado significados tanto positivos como negativos. El que debes usar depende del resto de la tirada. Si la tendencia de la distribución es generalmente negativa –por ejemplo, un fuerte predominio de Espadas y cartas invertidas–, entonces es más probable emplear dicho sentido. Adicionalmente, en ocasiones me remito a la numerología y la astrología para explicar las cartas. Los apéndices de este libro muestran estos temas detalladamente y, por ende, será muy útil que fueran revisados minuciosamente.

En resumen, animo al lector a que acepte mis sugerencias como pautas o guías a posibles interpretaciones de las cartas al revés. Usa tu intuición y juicio cuando hagas una lectura real. Descubrirás significados que no he escrito o en los que tal vez nunca he pensado. Te deseo lo mejor al comenzar este excitante viaje y sigue al Loco en el camino del entendimiento.

Los Arcanos o Triunfos Mayores

Cuando un Arcano Mayor aparece en una lectura, el consultante puede esperar cambios significativos en la vida y sentimientos de considerable importancia. Las cartas de Arcanos Mayores a menudo se refieren a los eventos del destino. Quien hace la consulta puede estar afectado por una serie de situaciones que no controla completamente. Estas cartas también tienen que ver con asuntos muy importantes, trasformación personal y crisis en la vida.

El viaje arquetípico junguiano

Muchos expertos del tarot creen que la serie de situaciones representadas en los Arcanos Mayores indican una historia arquetípica del desarrollo humano –el viaje hecho por el Loco (Triunfo 0)–. Según Jung, los arquetipos son formas abstractas, patrones o modelos del inconsciente colectivo de la humanidad. Los caracteres de los grandes mitos representan diversos comportamientos y reacciones arquetípicas. Los arquetipos aparecen en infinitas variedades de símbolos y se conocen personalmente a través de las poderosas sensaciones que los acompañan. El arquetipo junguiano más básico es el del ser, pues abarca todo, a diferencia del ser individual. Los arquetipos residen en nuestra inconsciencia colectiva y aparecen en los sueños, mitos y fantasías. Adicionalmente los proyectamos externamente y los vemos manifiestos en otras personas y en nuestras acciones.

Las cartas de Arcanos Mayores tienen un arquetipo específico asignado a ellas. Aunque no todas tienen sello específicamente junguiano, las descripciones dadas más adelante se aproximan a este punto de vista en virtud del concepto de arquetipos que Jung relacionaba con las situaciones, sentimientos y patrones de comportamiento del inconsciente colectivo. Estos arquetipos son formas con capacidad de pensar, sentir y actuar, Jung los comparó con el cauce de un río seco que se activa sólo cuando el agua empieza a fluir. Para nosotros, los arquetipos se activan solamente cuando nuestro comportamiento sigue una de sus formas universales.

Antes de proceder en detalle con los Arcanos Mayores, revisemos el viaje del Loco de una carta a otra.

Triunfo 0, el Loco Comienza el viaje. Un hombre joven, sereno e inocente, poseedor de una gran capacidad, está a punto de emprender un viaje. Mirando hacia el firmamento, se para en el borde de un precipicio, aparentemente ignorando el abismo a sus pies. Su fiel perro ladra para advertirle del peligro de saltar a lo desconocido. Debido al espíritu libre, independiente, original y aventurero del Loco, los astrólogos frecuentemente asocian el planeta Urano con esta carta. Los junguianos la relacionan con el arquetipo del divino niño.

Triunfo 1, el Mago El Loco aprende ahora a enfocar su energía creativa y a usar mecanismos para manifestar sus deseos. Los astrólogos asocian la conciencia, lógica, entendimiento, objetividad y adaptabilidad del Mago con el planeta Mercurio. Los junguianos lo relacionan con la figura alquímica de Mercurius (el espíritu que crea el mundo) y con el arquetipo del embustero.

Triunfo 2, la Sacerdotisa Algo le falta a la lógica, objetividad y habilidad del Mago para manipular el mundo material. En el Arcano de la Sacerdotisa, el Loco contacta con los aspectos ocultos, espirituales, inconscientes e intuitivos del universo. Al igual que la Luna y el Sol, el Mago y la Sacerdotisa se complementan. Los astrólogos asocian esta última con la Luna, regidora de la noche.

Triunfo 3, la Emperatriz Después de aprender sobre la realidad subjetiva y objetiva, el Loco está ahora listo para encontrarse con los arquetipos paternales: Emperatriz-Madre-Matriz y Emperador-Padre-Falo. La Emperatriz es la gran madre de la tierra. Representa alimento, fertilidad y abundancia. Ella siente, sana, nutre, produce vida y puede dar y recibir amor. Los astrólogos asocian su naturaleza amorosa y sus aspectos favorables con el planeta Venus, aunque muchas características de la Luna estén también presentes en esta carta. Los junguianos relacionan la Emperatriz con el arquetipo del ánima (el aspecto femenino de la personalidad).

Triunfo 4, el Emperador Es el complemento de la Emperatriz; son padre y madre, esposo y esposa. El Emperador representa dominio, autoridad, orden, razón, poder y control. Los astrólogos lo asocian con el enérgico signo del Zodíaco Aries (el Carnero). Los junguianos lo ven como el arquetipo del animus (el aspecto masculino de la personalidad).

Triunfo 5, el Sacerdote En este Arcano, el Loco aprende los valores y deberes morales. El Sacerdote, o Papa del tarot, es conservador, pausado, tradicional, piadoso y ortodoxo. Es quien trasmite la antigua sabiduría y enseñanza religiosa. Los astrólogos lo asocian con el signo Tauro (el Toro). Los junguianos lo vinculan con la persona o máscara que usamos en las relaciones sociales.

Triunfo 6, los Enamorados El Loco está listo para aprender sobre la dualidad, yin y yang, tentación, decisión, atracción, elección, amistad, cambio sexual y relaciones románticas. Los astrólogos asocian esta carta con el signo dual Géminis (los Gemelos).

Triunfo 7, el Carro Con el conocimiento obtenido en la carta anterior, el Loco debe ahora aprender a controlar y equilibrar las fuerzas opuestas para conseguir un curso uniforme y estable. En esta carta el Loco se da cuenta de que la vida involucra conflictos y compromisos, que no hay luz sin oscuridad. Los astrólogos asocian el Carro con el signo protector Cáncer (el Cangrejo).

Triunfo 8, la Fuerza En este Arcano, el Loco aprende a confiar en sí mismo y a desarrollar fortaleza interior. Los astrólogos asocian esta carta con el extrovertido, creativo y orgulloso signo Leo (el León).

Triunfo 9, el Ermitaño Aquí el Loco aprende a verse internamente, a editar y reflexionar en soledad, y a confiar en su voz interior. El Ermitaño encarna el viejo adagio, «conócete a ti mismo». Los astrólogos lo asocian con el prudente y servicial signo virgo (la Virgen, diosa de la cosecha).

Triunfo 10, la Rueda de la Fortuna En esta carta, el Loco aprende que muchas cosas en la vida son fortuitas, impredecibles y llenas de altibajos. Entiende que no puede dar por sentado ningún día, ya que puede ser el último.

Comienza a comprender cómo funciona el karma y el destino y a entender que hay fuerzas fuera de su control. Los astrólogos asocian la Rueda de la Fortuna con el planeta Júpiter.

Triunfo 11, la Justicia A pesar de lo aleatorio que es el universo, hay cierto tipo de justicia en su estructura que refleja una necesidad de equilibrio y armonía en nuestras vidas. La carta de la Justicia refuerza las lecciones del karma. Nuestras acciones sí tienen sus respectivas consecuencias. La sociedad establece un sistema de justicia que trata de asegurar un tratamiento justo y honesto de sus miembros. Los astrólogos asocian esta carta con Libra, el signo del equilibrio y la armonía.

Triunfo 12, el Colgado En esta carta, el Loco comienza a ver la necesidad de alejarse para evitar vivir en un mundo materialista y buscar otras perspectivas. La figura que aparece aquí es la de un hombre colgado boca abajo y suspendido por un solo pie que, con serenidad, contempla el universo. Aparentemente ha abandonado las cosas de este mundo y busca un entendimiento espiritual. Los astrólogos asocian esta carta con el psíquico, espiritual e ilusorio planeta Neptuno.

Triunfo 13, la Muerte Quizá la carta anterior, el Colgado, contemplaba la propia mortalidad, la última transición y su alejamiento final. En el Arcano 13, éste aprende la lección del Nuevo Testamento: un grano de trigo crecerá solamente si primero cae a la tierra y muere. Ésta es una carta que trata de transición, trasformación, renovación, purificación y cambios importantes. Los astrólogos la asocian con el misterioso, clandestino, regenerativo y sexual signo Escorpión (el Escorpión).

Triunfo 14, la Templanza Habiendo enfrentado la Muerte en el Arcano 13, el Loco emerge con un sentido de integridad, perspectiva, equilibrio y moderación. Ha aprendido la virtud de la templanza. Los astrólogos asocian esta carta con lo sabio, tolerante e independiente del signo Sagitario (el Arquero).

Triunfo 15, el Diablo A pesar de la madurez que el Loco ha alcanzado en el Arcano 14, no está exento de enfrentar sus demonios personales. Esta carta trata de las diversas cadenas que nos atan e inhiben nuestro desarrollo y que a su vez aparecen en muchas formas: ignorancia, desenfreno, pasiones, represiones, materialismo, fanatismo, excesiva espiritualidad, poco control de los impulsos, pensamiento negativo, dependencia, falsas creencias y dudas e incertidumbres autoinfundidas entre otras. Los astrólogos asocian la carta del Diablo con el ambicioso y decidido signo Capricornio (la Cabra). Los junguianos la relacionan con el arquetipo de la sombra, o sea, el lado oscuro que todos tenemos.

Triunfo 16, la Torre Un rayo cae sobre la Torre inesperadamente, destruyendo parte de su estructura y lanzando a tierra a sus ocupantes. Con este Arcano, el Loco comprende otra vez que un cambio drástico puede interrumpir el ciclo de la vida sin previa advertencia. Tal vez la carta de la Torre aconseja al Loco para que se libere de la esclavitud simbolizada por la carta del Diablo, enfrente lo verdadero y se desarrolle interiormente. Los astrólogos asocian este Arcano con el ardiente, enérgico y combativo planeta Marte, pero lo repentino de la interrupción comparte muchas de las características del planeta Urano.

Triunfo 17, la Estrella Siguiendo lo anterior, el Loco ve una luz de esperanza en el Arcano de la Estrella. Si ha aprendido las lecciones de las cartas del Diablo y de la Torre, y se libera de las cadenas que lo aprisionan, estará listo para obtener un mayor desarrollo y entendimiento de sus talentos especiales. Los astrólogos asocian esta carta con el humanitario visionario y altruista signo Acuario.

Triunfo 18, la Luna Es difícil ver claramente las cosas a la luz de la Luna. En este Arcano, el Loco aprende a tratar la ilusión, decepción, oscuridad, falta de claridad, fuerzas ocultas, instintos básicos, cambios de humor, ciclos, intuición, melancolía, inquietud mental y aspectos reprimidos del inconsciente personal. Los astrólogos asocian esta carta con el ingenioso, psíquico, impresionable, crédulo y místico signo Piscis (los Peces). Los junguianos la relacionan con el arquetipo de la gran madre.

Triunfo 19, el Sol Después de deambular bajo la luz de la Luna, el Loco surge de nuevo en el deslumbrante resplandor del Sol. Se siente vigoroso, orientado a su objetivo y lleno de ánimo y optimismo. Ahora tiene el valor para expresar su verdadero ser. Su planeamiento consciente y el fuerzo individual son recompensados con éxito. Los astrólogos asocian esta carta con el masculino, dinámico y potente Sol, la fuente de energía de nuestro sistema solar.

Triunfo 20, el Juicio Revitalizado con la luz del Sol, el Loco puede ahora oír la trompeta de la carta del Juicio que lleva al ser al renacimiento espiritual y curación de la psique, a la resurrección. Los astrólogos asocian este Arcano con Plutón, el planeta de la trasformación y rey del inframundo.

Triunfo 21, el Mundo El Loco termina el ciclo. La corona circular que aparece en esta carta simboliza la finalización del viaje, el alcance de la totalidad, la realización del ser. Los astrólogos asocian esta carta final con el planeta Saturno, que tiene la órbita más externa de los siete planetas conocidos antiguamente –el extremo del sistema solar visible y símbolo de estructura y estabilidad–.

Después de haber estudiado el viaje arquetípico del Loco, veamos cada Arcano Mayor en detalle.

El Loco: 0 (o 22)
(*véase* la página 343)

Al derecho: El comienzo de un viaje. Un salto a lo desconocido.

Frases y palabras claves: Inocencia. Espontaneidad. El arquetipo de un recién nacido. Potencial. Un nuevo comienzo. Una nueva posibilidad. Una nueva experiencia. Una nueva forma de percibir el mundo. Una oportunidad. Una decisión importante. Una solución sorprendente. El comienzo de una aventura. Circunstancias inesperadas y significativas. El momento para un cambio. Originalidad. La mente abierta. Optimismo. Asombro de niño. Vivacidad. Pureza de acción. Libre de prejuicios. Una nueva fase en la vida. Emoción por un descubrimiento. Una actitud despreocupada. Sorpresa. Nacer de nuevo. Tener fe en lo que se confía. Liberación de las inhibiciones. Entusiasmo. Riesgo. Confianza en un poder superior. La seguridad de ir en la dirección correcta. Olvidar el pasado y comenzar algo nuevo. Una influencia inesperada. Homosexualidad. Bisexualidad. Cero es el número de potencial puro. Todas las cosas son posibles. Llegar audazmente donde nadie ha estado antes.

Situación y consejo: El Loco aparece cuando estás a punto de comenzar una nueva fase en tu vida. Una situación inesperada puede aparecer repentinamente, o puedes ser llamado a tomar una decisión importante que te llevará hacia nuevos caminos. Este nuevo comienzo podría guiarte a algún lugar y puedes necesitar seguir dicho curso. Puedes estar a punto de comenzar una nueva relación, o una persona poco convencional podría entrar en tu vida. Las personas que ahora conoces pueden ser partícipes de un nuevo ciclo de crecimiento personal o profesional. El Loco también puede representar una persona homosexual o bisexual que influenciará la situación.

Esta carta sugiere la necesidad de arriesgarse con la inocencia y el optimismo de un niño. Debido a que un nuevo punto de vista puede ofrecer una solución sorprendente al problema, deberías permanecer abierto a ideas nuevas. El Loco puede significar un período de nerviosismo, sin claridad y marcado por condiciones inciertas. Algunas cosas repentinas pueden tomarte por sorpresa y dejarte confundido hasta que logres reaccionar. Ahora puedes ser muy original. Sería sabio olvidar el pasado y comenzar algo nuevo. Sería un error aferrarse a los métodos tradicionales y fuera de uso, ya que la inconsciencia colectiva te aconseja que comiences un nuevo ciclo en la vida. A veces esta carta podrá indicar el inicio de un viaje real, especialmente si otras cartas de viaje aparecen al derecho en el arreglo (por ejemplo, el Carro, la Rueda de la Fortuna, el Mundo, el Seis de Espadas, el Ocho de Bastos o el Caballero de Bastos).

Personas: Un recién nacido. Un niño. Aquellos que comienzan de nuevo. Místicos. Soñadores. Inocentes. Aventureros. Visionarios. Viajeros. Individuos inexperimentados. Excéntricos, independientes y poco convencionales. Homosexuales o bisexuales. Adolescentes. Alguien que está a punto de tomar una decisión importante o emprender un viaje. Aquellos que anuncian el comienzo de una nueva fase en sus vidas.

●○○

El Loco al revés: Locura. Temor del desconocido.

Frases y palabras claves: Impulsividad. Mal juicio. Cansancio. Ingenuidad. Inexperiencia. Credulidad. Optimismo infundado. Irresponsabilidad. Falta de previsión. Frivolidad. Problemas inesperados. Energía perdida. Excesiva conformidad. Falta de perspectiva. Decisiones erróneas. Una obsesión. Falta de precaución. Jugar con fuego. No mirar antes de saltar.

Situación y consejo: Cuando está invertido, el Loco lo advierte para que no corras riesgos a menos que consideres cuidadosamente la situación. Puedes sentir que estás parado en el borde de un acantilado y a punto de caer, puedes estar obsesionado con tu propio punto de vista. Tu situación actual hace que tengas temor por lo desconocido o por lo que el futuro pueda traer. Evita el exceso de optimismo; una decisión impulsiva o un riesgo imprudente te perjudicarán. Pueden surgir problemas inesperados, o estar en una situación precaria originada por una locura tuya o de otra persona. Tu juicio puede no ser objetivo, o tal vez no estás recibiendo el consejo adecuado. Debes esforzarte en mantener el asunto con la debida perspectiva. Alguien que está a tu lado puede tomar decisiones inapropiadas. Es posible que tú mismo no estés siendo lo suficientemente prudente para asegurar la verdadera felicidad. Algunas personas pueden no ser tan leales como crees. Tu propia pareja podría ser inconstante en la relación; recuerda que enamoramiento no es lo mismo que amor. Necesidad de huir y liberarse de las exigencias afectivas. En la salud, todos los problemas de orden psíquico están relacionados con esta carta.

Personas: Jugadores. Temerarios. Imprudentes. Sin compromiso.

El Mago: 1
(*véase* la página 343)

Al derecho: Maestría de un conocimiento especial. Energía canalizada.

Frases y palabras claves: El arquetipo del hijo viril. Habilidad para alcanzar su objetivo. El resultado acumulativo del aprendizaje disciplinado. Trasformación a través de la fuerza de voluntad. Capacidad para aprovechar las fuerzas creativas. Visualización creativa. Habilidad para tomar decisiones. Acción con ingenio y disciplina. Nuevas destrezas. Confianza en sí mismo. Adivinación. Autodeterminación. Aprendizaje por medio del ensayo y error. Oportunidades. Destreza para resolver problemas. Escamoteo. Adaptación al cambio. Virilidad. Ser el centro de atracción. Creación de su propio empleo. Destreza. Pericia médica. Habilidad lingüística. Hacer buen uso del equipo disponible. Creación de nuevos proyectos de gran potencial. Acción. Tecnología moderna. El sistema nervioso central. Los pulmones. Los cinco sentidos. Soy el maestro de mi destino. Soy el capitán de mi alma.

Situación y consejo: Estás a punto de aprovechar la pericia que has adquirido gracias a un período de aprendizaje disciplinado. Tú, o alguien de tu confianza, puedes usar talentos y habilidades especiales para alcanzar tus objetivos. La época es adecuada para iniciar proyectos ya que eres el maestro de tu destino. Cualquier cosa que necesites estará a la mano. La técnica de los aparatos modernos estará a tu servicio.

Eres capaz de dominar situaciones nuevas, tomar acciones positivas y enfocar tu atención para darte cuenta de tu potencial. Puedes autopromoverte hacia los que se interesan en utilizar tus conocimientos y habilidades especiales. La visualización creativa sería favorable en este tiempo, al igual que la educación superior o el entrenamiento avanzado. Tu destreza para organizar está presente. Es probable que tengas éxito económico. El Mago te dice que hay una forma de manipular las fuerzas de la naturaleza para alcanzar las metas. Habilidades especiales y pericia técnica pueden ser requisitos para lograr éxito. El Mago te induce a que observes, experimentes, te adaptes, perfecciones tus destrezas y aprendas a dominar el mundo. En lo que a salud se refiere, esta carta puede representar un médico o cirujano competente.

Personas: Un hijo. Un hermano. Un hombre viril. Aquellos que manipulan el mundo físico. Políticos comprometidos con el uso correcto del poder. Escritores. Magos. Malabaristas. Ingenieros. Inventores. Representantes. Individuos con pericia técnica o capaces de usar muchas herramientas. Empresarios. Alquimistas. Profesores. Guías. Niños desde cinco años hasta la pubertad. Oradores. Lingüistas. Artistas. Científicos. Médicos especialistas. Neurocirujanos. Artesanos. Psicoterapeutas.

○○○

El Mago al revés: Creatividad obstruida. El embustero.

Frases y palabras claves: Pericia fingida. Debilidad. Indecisión. No ver las cosas como realmente son. Comportamiento egoísta. Vacilación. Frustración. Impotencia. Demoras. Renuencia a darse una oportunidad. No usar el equipo disponible. Desperdiciar energías o recursos. Objetivos poco realistas. Cometer errores. No aprender de los errores del pasado. Excesiva confianza. Falta de destreza. Fallas en la tecnología. Abuso de habilidades. Manipulación. Inhibiciones sexuales. Arrogancia excesiva. Falta de confianza en sí mismo. Evitar los problemas. No poder hacer nada bien. Poco conocimiento peligroso.

Situación y consejo: Por alguna razón no estás usando tus habilidades y talentos para alcanzar tus objetivos. Tu indecisión puede estar causando dificultades o retrasos. Tal vez no sabes lo suficiente para finalizar un trabajo y necesitas entrenamiento adicional para perfeccionar tu destreza. Puedes estar pretendiendo saber más de lo que realmente dominas en un determinado campo. Tu falta de confianza personal podría hacer que pierdas importantes oportunidades, o tal vez tu exceso de confianza te introduce en esquemas poco realistas. Alguien puede estar obstaculizando tus esfuerzos. El Mago es un embustero después de todo. A veces esta carta invertida se refiere a un hermano(a) que te causa problemas.

Si preguntas acerca de una relación, puedes sentirte frustrado sexualmente. Alternativamente, podrías estar involucrado con alguien que armoniza pasionalmente, pero que no aprecia el verdadero aspecto emocional de una relación. Examina tu propio comportamiento para que veas si has estado actuando con egoísmo y con poca consideración por las necesidades y derechos de los demás.

Ahora es el momento de que te disciplines conscientemente para alcanzar los objetivos. El Mago al revés sugiere una falta de autodecisión. Deberías evitar el excesivo materialismo y aumentar tu interés personal. Puedes estar perdiendo tu poder de intuición por enfocarte en manipular el mundo externo. Éste no sería el momento indicado para abandonar un empleo seguro por un trabajo independiente.

Personas: Impostores. Los que manipulan apariencias para ganar poder. Aquellos que sólo desean sexo sin amor. Egoístas. Aquellos que sobrestiman sus habilidades o conocimientos. Genios autoproclamados.

La Sacerdotisa: 2
(*véase* la página 343)

Al derecho: Intuición, sensibilidad y sabiduría.

Frases y palabras claves: El arquetipo de la hija virgen. Maestría en el mundo interno. Espacio interior. Fuerzas espirituales. Secretos. Asuntos aún no revelados. Amor sin sexo. Entendimiento espiritual. Capacidad psicológica. Iluminación interior. Dirección hacia lo moral. Mirarse internamente. El subconsciente. Temas ocultos. Recuerdos antiguos. Condicionamiento pasado. Los mensajes de los sueños. Influencias desconocidas. Conocimiento esotérico. Sabiduría oculta. Ayuda. Consejo. Sondear las profundidades. Los aspectos invisibles del universo. Reflexión. El Papa en versión femenina. Meditación. Comprensión de las verdades superiores. Seguir el curso de las cosas. Secretos no revelados. Lo desconocido. El ánima. La sexualidad en embrión (gestación). Misterio femenino. Lesbianismo. Acceso a conocimientos ocultos. Aprendizaje. El poder del silencio. Descubrir los misterios. Madre celestial. Talentos ocultos. Guardián de la sabiduría oculta. Fluidos del cuerpo. Digestión. Asuntos femeninos. Vida sin hombres. Virginidad. Libido disminuida. Celibato. Embarazo deseado. Seguir la corriente.

Situación y consejo: El conocimiento oculto necesita ser descubierto. La Sacerdotisa aparece cuando necesitas ocuparte de tus sentimientos más íntimos y escuchar tu voz interior. Algunos aspectos de tu situación actual tocan profundamente tu mente inconsciente. Ahora es el momento de reflexionar, meditar, orar y contactar tu yo interno. Confía en tus sentimientos. Tus sueños e intuiciones ofrecen el mejor consejo. El condicionamiento pasado y los viejos recuerdos están afectando tu situación presente. Puedes tener un fuerte interés por lo oculto, el misticismo, la adivinación, la psicología, el psicoanálisis, o todo aquello que trate con aspectos ocultos de la existencia. Al mismo tiempo, disminuye tu interés por el sexo.

Una mujer intuitiva o psíquica puede ayudarte. Podrías ser guiado por alguien que entiende el funcionamiento de la mente o de tu situación actual. Puede ser revelado un secreto o aspecto oculto de tu condición. La Sacerdotisa aparece cuando necesitas activar tu potencial oculto, tu fondo psicológico o talentos desconocidos para alcanzar el éxito. A veces esta carta se refiere literalmente al aprendizaje de un libro para entrenamiento o educación adicional.

Personas: Una hija. Una hermana. Una mujer soltera. Los que quieren amor sin sexo. Psíquicos. Psicólogos. Consejeros. Intuitivos. Adeptos. Amantes idealizados. Individuos sensibles. Confidentes intuitivos. Alguien que guarda un secreto. Investigadores. Aquellos que entienden la esencia del asunto en cuestión. La Madre de Dios. La Virgen María.

●●○

La Sacerdotisa al revés: No escuchar tu voz interior.

Frases y palabras claves: Mal uso de la intuición. Actuar con prejuicio. Superficialidad. Manipulación. Falta de control emocional. Muy poco tiempo para reflexionar. Ataques de histeria. Sentimientos reprimidos. Enemigos ocultos. No seguir los presentimientos. Fallar en el uso de los talentos naturales. Temor a escuchar tu voz interior. Insensibilidad o hipersensibilidad emocional. Secretos revelados. Nada está oculto. Pérdida de virginidad. Observar pero no participar en la fuerza de la vida. Excesiva dependencia de la aprobación exterior. Demasiado análisis y pensamiento racional. Aumento de interés por el sexo. No parece correcto, pero de todas maneras lo haré. Sólo apuesto sobre algo seguro.

Situación y consejo: La Sacerdotisa al revés indica que no pones suficiente atención a tus necesidades y sentimientos reales. Puedes ser demasiado intelectual o racional en tu intento por solucionar problemas. Alternamente, podrías estar actuando con prejuicios. Alguien cercano a ti puede estar fuera de control emocionalmente. Estás tan preocupado de los deberes de tu mundo exterior que no te ocupas de tu vida interior. Tu inconsciente trata de decirte algo, pero no tienes la voluntad de escuchar. No tienes en cuenta tus sentimientos ni lo que sucede en un mundo sin superficialidad. Un conocimiento oculto influenciará tu decisión. Asegúrate de hacer un análisis completo de la realidad antes de proceder. Puedes estar sintiéndote sensible emocionalmente o tal vez necesitas tratar con una persona que te trasmita vitalidad. Tus fuertes deseos sexuales podrían perjudicar tu juicio. No digas sí cuando quieres decir no.

Persona: Manipuladores. Enemigos secretos, especialmente mujeres. Una mujer cruel. Personas con problemas emocionales. Individuos superficiales. Aquellos que se autodestruyen. Promiscuos.

La Emperatriz: 3
(*véase* la página 343)

Al derecho: Madre. Utilidad. Abundancia. Curación.

Frases y palabras claves: Reina de la vida. El arquetipo de la madre. La base de la vida. Utilidad. Prosperidad. Creatividad. Acción productiva. Fecundidad. El arquetipo del ánima según Jung. Alimentación. Curación. Amor. Armonía. Unión. Síntesis. Sensualidad. Crecimiento continuo. Comodidad material. Estatus. Reputación social. Una casa hermosa. Un bello jardín. Abundancia. Afecto y amor físicos. Sexualidad femenina. Matrimonio. Ganancia. Fertilidad. Embarazo: Instintos maternos. Buena voluntad de ayudar a los demás. Nacimiento. Maternidad. Iniciar el proceso de la vida. El resultado exitoso del trabajo duro. Potencial alcanzado. Realeza. Buena fortuna. Madre tierra. Madre naturaleza.

> Cuanto más distante e irreal sea la madre, más fuerte será el deseo del hijo por aferrarse a su alma, despertando una imagen primordial y eterna de ella en todo lo que abraza, protege, alimenta y ayuda, asumiendo forma maternal, desde el Alma Mater de la universidad hasta la personificación de las ciudades, países, ciencias e ideales.
>
> C. J. Jung, *Collected Works* 13:147

Situación y consejo: La Emperatriz es una carta de buena fortuna que sugiere creatividad femenina, fertilidad y sexualidad. Éste es el momento de expresar tus instintos creativos en una acción productiva. Cualquier tipo de esfuerzo artístico prosperará. Tu carrera puede involucrarte con belleza y sensualidad o proveerte comodidades materiales. Tu duro trabajo te lleva ahora al éxito material. Las relaciones sexuales son satisfactorias. Esta carta puede indicar matrimonio, embarazo (especialmente con el Tres de Copas), o parto. Si deseas tener un hijo, todo saldrá bien. Tus labores producen el fruto merecido. Puedes rodearte de belleza y comodidades, y compartir tus sentimientos, dando y recibiendo amor.

Personas: Una madre. Una esposa. Una mujer importante. Una mujer maternal. Una mujer laboriosa. Una mujer influyente. Una mujer embarazada. La madre tierra. Una verdadera mujer. Una empresaria. Realeza. Una mujer dueña de tierras. Personas creativas. El padre o la madre. Mujeres con poder y autoridad. Una mujer importante que entra en tu vida. Para un hombre, la mujer de sus sueños.

○●○

La Emperatriz al revés: Desarrollo obstruido.

Frases y palabras claves: Estancamiento. Problemas con un embarazo. Creatividad no desarrollada. Negativa al progreso. Absurda satisfacción del presente. Preocupación excesiva por el confort material. Oportunidades desatendidas. Control natal. Infertilidad. Impotencia. Aborto. Esterilización: Ausencia de hijos. Sexo sin amor. Un embarazo no deseado. Problemas económicos. Pobreza. Enfermedad. Codicia. Excesivo materialismo. Malestar físico. Falta de productividad. Energía mal utilizada. Depresión. Desesperación. Sufrimiento. Rechazar la sabiduría del corazón.

Situación y consejo: Generalmente te sientes bloqueado e incapaz de crear. Tu nivel de confort material puede ser bajo, o podrías estar disfrutando en forma egoísta tus posesiones materiales en lugar de compartirlas con quienes amas. La codicia puede estar creando problemas en tus relaciones. Tu actitud puede ser depresiva o de desespero. Podrías tener escasez de dinero y sentirte necesitado e incapaz de encontrar una salida. Una relación de sexo sin amor puede resultar insatisfactoria. La Emperatriz invertida a veces indica problemas sexuales o un embarazo no deseado. Esta carta puede ser una advertencia para evitar prácticas sexuales inseguras. También puede referirse a un aborto. Puedes descubrir que no eres capaz de concebir o decidir no tener más hijos.

Personas: Una mujer que ha tenido un aborto. Promiscuos. Personas no productivas. Personas inestables emocionalmente. Prostitutas.

El Emperador: 4
(*véase* la página 344)

Al derecho: El padre. Orden. Control. Poder.

Frases y palabras claves: Poder y control masculino. Autoafirmación. Estatus. Autoridad. Fuerza temporal. Un hombre influyente. El mundo exterior. Las estructuras de la sociedad. El orden que imponemos sobre el mundo. Realeza. El esfuerzo en busca de éxito, realización, respeto y estabilidad. El impulso para crear algo de valor duradero. Regulación. Dominio. Pensamiento racional. La mente puesta en un asunto Dominio del mundo. Ambición. Seguridad. Estructura. Exuberancia. Valentía. Firmeza. Estabilidad. Liderazgo. Ley y orden. Sabiduría. Lógica. El espíritu de lo justo. El superego freudiano. El arquetipo de ánimus de Jung. Auto control. Terminación. Logros. Reconocimiento. Encarnar el verdadero ser. Riqueza material. Un ascenso en el trabajo. Establecer un proyecto sobre una base firme. Entendimiento racional. Gobierno.

> El padre representa los mandamientos-prohibiciones morales aunque, por falta de información acerca de las condiciones en tiempos prehistóricos, permanece la pregunta de que si las primeras leyes morales surgieron de necesidades calamitosas y no de las preocupaciones familiares del padre de la tribu. [...] El padre es el representante del espíritu cuya función es oponerse al instinto puro.
>
> C. J. Jung, *Collected Works* 5:396

Situación y consejo: El Emperador indica que tienes la habilidad de usar el pensamiento racional y dirigir la acción para alcanzar éxito mundano. Puedes ser ascendido en el trabajo como reconocimiento de tus excelentes habilidades para organizar. Es posible que necesites tratar con un rival importante o con alguien de autoridad. Ésta es una carta de respeto, estabilidad, solidez, gobierno y racionalismo. Lo muestras convirtiéndote en tu propia persona mientras te estableces en el mundo.

Es el momento de actuar responsablemente y crear un ambiente estable y organizado. Un consejero o compañero útil puede ayudarte. El Emperador sugiere un énfasis adicional o dominio sobre las relaciones sentimentales que te lleven a excluir la sensibilidad y el afecto. En tiradas complicadas, este Arcano advierte el exceso y muestra una posible confrontación con las normas de la sociedad.

Personas: Un padre. Un esposo. Una persona con poder o alta posición. Un hombre importante. Un hombre paternal. Un hombre influyente. Un oponente. Un rival de cuidado. Un hombre útil. El presidente. Un empresario. Un propietario de tierras. Una persona de negocios segura y estable. Un organizador. Un consejero. Una empresa para la que tú trabajes. Hombres con autoridad. Las clases superiores. La Realeza. Aquellos que son directos y enérgicos. Líderes políticos.

●●○

El Emperador al revés: Falta de progreso.

Frases y palabras claves: Rechazo a ser una persona adulta. Huir de los problemas. Falta de control o disciplina. Tiranía. Abuso de poder o autoridad. Insubordinación. Inmadurez. Complejo de inferioridad. El síndrome de Peter Pan. Rebelión. Dependencia. Beligerancia. Vulgaridad. Impaciencia. Indecisión. Falta de confianza. Pereza. Ser excesivamente lógico para excluir los sentimientos. Una decisión arbitraria. Seguir la letra y no el espíritu de la ley. Cargas. Excesiva responsabilidad. Falta de dirección.

Permanecer atados a los padres. No quiero crecer. ¿Quién me cuidará?

Situación y consejo: Algo está obstaculizando tu progreso en esta época. Debes ver los asuntos objetivamente y no con lo que dicta tu corazón. Tu fuerte adherencia a los principios puede violar el espíritu de la ley. Tal vez te encuentras en una situación en la que te sientes incompetente o inferior. Podrías sentirte tentado a huir de tus problemas. Un hombre inmaduro puede estar causando dificultades. El Emperador al revés puede reflejar una negativa a aceptar la autoridad legítima prefiriendo la misma irresponsabilidad o dependencia que tiene un niño. Necesitas formarte y dejar de vivir en un mundo infantil. Hay algo excesivo o exagerado en tu comportamiento. Tal vez estás intimidando a los demás o actuando de manera tiránica. Una relación sentimental actual podría estar marcada por dominio-sumisión, maestro-esclavo, o temas sadomasoquistas. Si preguntas acerca del trabajo, probablemente no recibirás un ascenso por el momento.

Personas: Un hombre inmaduro. Un cobarde. Un tirano. Un valentón. Aquel que abusa del poder y la autoridad. Una persona débil. Alguien sujeto a un mandato paterno. El que es dependiente, una carga para otros. Aquel que rehúsa ser adulto. Un rebelde sin causa.

El Sacerdote: 5
(*véase* la página 344)

Al derecho: Tradición. Ortodoxia.

Frases y palabras claves: El arquetipo del Sacerdote. Sabiduría convencional. Una ceremonia oficial. El establecimiento. Requerimientos morales. Crecimiento espiritual. Consejos sabios. Ayuda profesional. Un puente. Oración. Autoridad espiritual. Ley divina. Una autoridad superior. Un repositorio de antiguas enseñanzas. Desarrollo moral. Seriedad. Celibato. Relaciones platónicas. Enseñanza. Aprendizaje: Buscar consejo. Preferencia por la tradición. Conformidad. Conservadurismo. Códigos establecidos de comportamiento o creencias. Autoridad exterior. El proceso de «identificación de la persona» según Jung. La adopción de una máscara social. Búsqueda de la verdad espiritual. Búsqueda del significado del hombre. Religión organizada. Doctrina teológica. Escuelas. Sitios para culto o adoración. Ambientes estructurados. Instituciones tradicionales. El «sistema». Padre celestial. La búsqueda de la verdad. Ceremonias religiosas. Asistencia a una boda o servicio religioso. Ritos que unen a un individuo con las tradiciones de una comunidad. Una fortaleza poderosa es nuestro Dios. Simón dice... La Iglesia enseña. De acuerdo a la sabiduría convencional...

Situación y consejo: El Sacerdote puede indicar una búsqueda espiritual por la verdad. El enfoque está sobre un desarrollo moral. Puede aparecer un guía sabio o maestro establecido para ayudarte en tu propósito. Podrías participar en un rito o ceremonia que vincula al individuo con las tradiciones de una comunidad. Es posible que visites un lugar de culto, tal vez para asistir a una boda. Éste es el momento de tener en cuenta la sabiduría convencional. El Sacerdote puede representar un experto asesor que brinda consejo profesional. Quizá desees consultar un experto para que te ayude en tu situación. Alguien con autoridad puede interceder en tu nombre para conseguirte lo que quieres. En asuntos sentimentales, esta carta sugiere una relación muy tradicional o platónica.

Personas: El papa. El clero. Los que tienen que ver con ceremonias. Gurús. Educadores. Profesores. Estudiantes. Consejeros. Una persona sabia y útil. Profesionales. Doctores. Consejeros matrimoniales. Abogados. Asesores. Testaferros. Funcionarios de universidades. Líderes o consejeros espirituales. Aquel que trasmite su conocimiento a una nueva generación. Una persona seria en sus intenciones. Conformistas. Conservadores. Tradicionalistas.

●●○

El Sacerdote al revés: Romper convencionalismos.

Frases y palabras claves: Propósitos poco ortodoxos. Creencias de la Nueva Era. Malos consejos. Mentalidad radical. Dogmatismo. Escándalo que involucra al clero. Materialismo. Extremismo. Secretos. Ortodoxia rígida o excesiva inconformidad. Rechazo a lo tradicional. Falsa representación. Propaganda. Información errónea. Extrema conformidad con lo convencional. Falta de originalidad. Extremismo religioso. Fanatismo. La Inquisición. El fracaso de la sabiduría convencional. La necesidad de métodos novedosos y soluciones no ortodoxas. El traje no hace al hombre. No juzgues un libro por su cubierta.

Situación y consejo: En su aspecto positivo, el Sacerdote al revés puede indicar que necesitas ensayar un método no convencional para resolver tus problemas actuales. La sabiduría tradicional puede no ser un guía confiable en estos momentos. Tal vez necesitarás romper el molde convencional para seguir el camino correcto. Atrévete a ser diferente. Para tener éxito sé innovador en tus ideas. Deje a un lado tu máscara y muestra a los demás lo que realmente sientes acerca del asunto.

Esta carta, en su aspecto negativo, puede implicar que estás siendo demasiado fanático en tus ideas y muy dogmático en tu valoración de los acontecimientos. ¿Estás aplicando los atributos positivos del Sacerdote (sabiduría tradicional y convencionalismo) en forma inversa? ¿Te estás comportando de manera obsesivo-compulsiva o pasivo-agresiva? ¿Te has puesto una máscara que oculta tus verdaderos sentimientos? Demasiada inconformidad puede ser una desventaja. Los métodos tradicionales o establecidos tal vez no producirán los resultados deseados. El consejo que ahora recibes puede ser engañoso o inútil. Una boda o ceremonia religiosa podría ser cancelada. En lo referente a la vida sentimental, no sería conveniente el matrimonio en estos momentos.

Personas: Aquellos que se involucran con religiones o creencias alternativas. Rebeldes. Excéntricos. Innovadores. Gente supersticiosa. Alguien que vive de las apariencias. Individuos intolerantes o dogmáticos. Obsesivos y compulsivos. Pasivos y agresivos.

Los Enamorados: 6
(*véase* la página 344)

Al derecho: Elección.

Frases y palabras claves: Unión. Compartir. Confianza. Dualidad. Viajes cortos. Salud. Curación. Un encuentro romántico. Sexualidad. Atracción. Amor romántico. Acoplamiento sexual. Una sociedad. Una nueva relación. Una elección importante. Una decisión importante. Una mala experiencia. Tentación. Recordar un compromiso trascendental. Pensamientos sobre amor y matrimonio. Elegir uno o dos caminos divergentes. Una relación amorosa luego de un proceso de elección. El poder del amor. El deseo de compartir su vida con otra persona. Compromiso. Matrimonio. El Árbol de la Vida. No puedo sacarlo de mi mente. Hasta que la muerte nos separe.

Situación y consejo: Los Enamorados pueden aparecer a menudo cuando estás frente a una decisión crucial en tu vida y debes elegir qué camino seguir. Esta carta puede anunciar una aventura amorosa, frecuentemente como un proceso de elección. Tus pensamientos involucran compromiso, acoplamiento sexual, amor y matrimonio. Puedes estar preocupado por el progreso de una relación importante. Cuando también aparece el Dos de Copas al derecho en el arreglo, probablemente estás inmerso en una relación amorosa significativa.

Esta carta lo previene para que consideres cuidadosamente todos los flancos de una decisión importante antes de comprometerte definitivamente. De algún modo, estás siendo puesto a prueba antes de que puedas entrar a una nueva etapa en tu desarrollo. Estás a punto de iniciar una nueva relación o sociedad, de elegir entre dos potenciales compañeros. Tal vez te encuentres comprando ropa nueva, o mejorando tu apariencia personal para atraer un amor a tu vida. También son probables los viajes cortos y las comunicaciones.

En la baraja de Waite, los Enamorados representan al arcángel Rafael, santo patrono de la curación, como la figura de fondo. En la baraja de Robin Wood, los dos amantes se encuentran bajo el Árbol de la Vida. Esta carta puede ser la señal de una necesidad de curación física o espiritual. Es el momento ideal para hablar sinceramente acerca de una relación importante con un consejero o amigo confiable. En una lectura sobre salud, los Enamorados indican protección espiritual y recuperación.

Personas: Colegas. Amantes. Parejas. Compañeros de negocios. Gemelos. Alguien frente a un dilema. Curanderos. Buenos amigos. Romeo y Julieta.

○●○

Los Enamorados al revés: Una mala elección.

Frases y palabras claves: Fracasar en una prueba. El final del amor. Inconsistencia. Libertad. Temor al compromiso. Impaciencia. Divagación. Negativa a hacer una elección importante. Una decisión mal considerada. Inconstancia. Infidelidad. Una actitud inmadura hacia el amor. Hedonismo. Sexo sin amor. Problemas matrimoniales. Una relación enfermiza. Problemas de salud. Enfermedad. Irresponsabilidad. Aversión. Falta de armonía. Sentimientos de dolor. Separación. Despedida. Disyunción. Divorcio. Riñas. Desacuerdos. Conflictos. Oposición a los demás. La terminación de una alianza a causa de fuerzas externas. Aislamiento. El amor es ciego. No me interesa más. Ámalos y déjalos. Un amor en cada puerto.

Situación y consejo: Puedes haber herido los sentimientos de alguien, o viceversa. Tal vez fracasó la posibilidad de una relación, y las personas involucradas pueden estar cuestionándose entre sí. Quizá estás mezclado en un proceso de separación o en el final de una relación amorosa. Respecto al matrimonio, puedes desesperarte buscando una pareja adecuada o tener miedo a vivir solo el resto de tu vida. Tu mente podría estar llena de preocupaciones sexuales. Tal vez estás inmerso en una relación enfermiza. El temor a comprometerte puede crearte problemas en tu vida sentimental. Debes aprender a asumir las responsabilidades por tu comportamiento y las elecciones que haces. Alguien cercano puede oponerse a una decisión tomada por ti. Si tienes que tomar una resolución importante, busca un consejo adecuado y escoge cuidadosamente para evitar futuros remordimientos. A veces esta carta señala el comienzo de un problema de salud.

Personas: Aquellos que se enfrentan a una decisión imposible. Personas separadas. Oponentes. El que no se compromete. Individuos involucrados en relaciones enfermizas. Donjuán.

El Carro: 7
(véase la página 344)

Al derecho: Progreso a través del equilibrio de fuerzas opuestas.

Frases y palabras claves: Un propósito definido. Determinación. Ser capaz de continuar. Iniciativa. Autoafirmación. Fuerza de voluntad. Control. Conquista. Éxito. Dominio. Paz interior. Progreso. Triunfo. Mente centrada. Ambición. Maestría. Valor. Habilidad. Energía para alcanzar un objetivo. Gran esfuerzo. Logros. El empuje hacia el éxito. Autocontrol. Un viaje. Noticias. Ganar. Satisfacción producto de un esfuerzo personal. Honores. Reconocimiento. Control sobre las fuerzas conflictivas. Autodisciplina. Habilidad para permanecer en la cima. Equilibrio de emociones. Superación de obstáculos. Llegar a lo máximo. Seguir el curso de las cosas. Trasporte. Comunicaciones. Vehículos. Un vehículo nuevo. Soy el maestro de mi destino, soy el capitán de mi alma.

Situación y consejo: El Carro indica la necesidad de permanecer centrado y tomar el control de las fuerzas disponibles para continuar. Puedes mantener un equilibrio entre ideas conflictivas, sentimientos y deseos. Al mismo tiempo, puedes sentirte incapaz de acelerar el resultado, prefieres llevar a media marcha las fuerzas utilizadas. Tal vez te encuentres luchando por obtener la firmeza que necesitas para solucionar una serie de intereses en conflicto. Podrás permanecer estable después de tomar una firme resolución. Tu estrategia debería ser seguir adelante con determinación y un claro sentido del objetivo en cuestión. Superarás tus dificultades y emergerás victorioso. En general, cualquier situación se resolverá por sí misma a tu favor. Tu fuerza de voluntad y sentido de propósito te permitirá llegar a la cima. Esta carta puede significar literalmente viajes, la compra de un coche o un nuevo medio de trasporte. Esta carta es sinónimo de victoria. Es el camino de la costrucción activa y de las metas que se alcanzan fácilmente.

Personas: Militares. Mensajeros. Conductores profesionales. Motoristas. Chóferes. Viajeros. Jockeys. Personas involucradas con el trasporte. Aquellos que tienen paz interior.

$$\bullet\bullet\circ$$

El Carro al revés: Fuera de control.

Frases y palabras claves: Acción imprudente. Sentimiento irresistible. Fracaso. Ambición desmedida. Un sentido de propósito mal dirigido. Desequilibrio. Deshonestidad. Falta de dirección. Energía dispersada. Planes fracasados. Un mal enfoque. Ritmo demasiado rápido. Obstáculos. Luchas. Conflictos. Mal uso de la energía. Presiones. Derroche. Indulgencia. Falta de consideración. Resentimiento. Esfuerzos innecesarios. Actitud dominante. Una relación estresante. Inseguridad. Sospecha. Ansiedad. Mal humor. Represión. Defectos de carácter causados por fallar al integrar emociones en conflicto. Dificultades en viajes o trasportes. Un viaje retrasado o cancelado. Un accidente automovilístico. Problemas con el coche.

Situación y consejo: Te sientes desequilibrado e incapaz de controlar tu destino. Te puede haber extraviado del camino que estableciste hace algún tiempo. Necesitas resolver una situación que involucra fuerzas en conflicto. Tal vez eres atraído por dos direcciones y debes encontrar un curso medio. Quizá has emprendido demasiados proyectos y no puedes equilibrar todas las exigencias del medio en que trabajas. Literalmente, el Carro al revés puede significar problemas con viajes o el trasporte, o la necesidad de reparar el automóvil.

Personas: Individuos con conflictos. Personas desequilibradas. Conductores imprudentes. Aquellos que se dejan llevar por los impulsos. Maquiavelo.

La Fuerza: 8[1]
(*véase* la página 345)

Al derecho: Fuerza moral.

Frases y palabras claves: Confianza en sí mismo. Fortaleza interior. Acción. El poder de convicción. Paciencia. Sabiduría. Firmeza. Habilidad para superar problemas gracias a la fuerza de voluntad. Una posición fuerte. Autodisciplina. Fe en tus propias destrezas. Heroísmo. Protección. Pacifismo. Valor. Energía. Fortaleza. Virilidad. Vitalidad. Sanación. Buena salud. Recuperación después de una enfermedad. Potencia. Resistencia. Aprovechar los impulsos instintivos. Correcto manejo de la libido. Reconciliación. Diplomacia. Tacto. La Bella y la Bestia. La paciencia es una virtud.

---

1. En algunas barajas es el número 11.

Situación y consejo: Necesitarás confiar en tu fortaleza interior, paciencia y tacto para resolver tus problemas. Es el momento para que tengas fe en ti mismo. Tu posición es fuerte y tienes la capacidad de enfrentarte con alguien que te ha estado discriminando. Puedes canalizar tus pasiones animales costructivamente para alcanzar el éxito y gozar de buena salud. Un comportamiento con diplomacia y tacto te hará triunfar. Acerca de la salud, podrías esperar recuperación y vitalidad.

Personas: Atletas. Levantadores de pesas. Gimnastas. Los que trabajan con animales. Curanderos. Personas calmadas. Aquellos que tienen deseos instintivos y sexuales. Individuos que adoptan el aspecto sombrío de su personalidad.

●●○

La Fuerza al revés: Debilidad. Enfermedad.

Frases y palabras claves: Impotencia. Ser intimidado. Temor. Depresión. Timidez. Inseguridad. Concesión. Inhabilidad para luchar. Falta de confianza en sí mismo. Comportamiento variable. Tristeza. Comportamiento de autoderrota. Una actitud autoritaria. Arrogancia. Insolencia. Abuso de poder. Despotismo. Vanidad. Chovinismo. Falso sentido del poder. Falta de convicción. Una caricatura de la fortaleza interior. Rebeldía. Fanatismo. Anarquía. Intereses en conflicto. Inmunodeficiencia.

Situación y consejo: Puedes estar sintiéndote débil, enfermo, vulnerable, deprimido y arrollado por tu situación actual. Éste no es el momento de forzar las cosas. La carta de la Fuerza al revés sugiere que necesitas controlar tus demonios internos. Puedes estar dependiendo demasiado de otras personas, o posiblemente de las drogas o el alcohol. Por otra parte, alguien puede estar intimidándote o discriminándote. Debes afirmar tu fortaleza interior con convicción para que te sientas con poder y confianza en ti mismo. Tal vez necesitas revalorar tu situación, ya que tratas de alcanzar un objetivo que actualmente está más allá de tu capacidad. Para progresar, necesitas analizar aspectos de culpabilidad, autodudas y temores. La carta de la Fuerza al revés a veces significa fatiga, debilidad física o enfermedad, y por ende, debes tener mayor cuidado con tu salud. En estos momentos podrías también tener contacto con personas enfermas.

Personas: Débiles o frágiles. Inválidos. Enfermos. Individuos con inmunodeficiencia. Dependientes. Los que son dominados por sus pasiones animales. Cobardes.

El Ermitaño: 9
(*véase* la página 345)

Al derecho: Búsqueda interior.

Frases y palabras claves: Contemplación. Meditación. Centrarse. La necesidad de un espacio psicológico. Estu-

114

dio tranquilo. Autodescubrimiento. Salirse de la sociedad. Ser uno mismo. Paciencia. Discreción. Reflexión prudente. Pasar el tiempo solo. Planeamiento consciente. Buscar consejo sensato. Deliberación. Atención a los detalles. Consejos. Autoanálisis. Revaloración. Descubrimiento. Sabiduría. Ideas visionarias. Vejez. Santuario. El proceso de búsqueda de las verdades más profundas. Entendimiento interior. Meditación acerca de los misterios de la vida. Salirse de la rutina diaria. Búsqueda del conocimiento místico. La necesidad de soledad e introspección. Paciencia al esperar. Estar inmerso en las dimensiones espirituales del universo. El deseo de conocimiento. Atención a la salud mental. Los sonidos del silencio. La respuesta está dentro de nosotros. Necesito espacio. Las corrientes del universo que fluyen a través de mí. La paciencia es virtud.

Situación y consejo: Éste es el momento de salir voluntariamente del mundo para buscar la verdad en solitario. Necesitas pensar, meditar y reflexionar con calma acerca de tu situación. Es el momento en el que debes ser tú mismo y esperar pacientemente. A veces el consejo adecuado será de ayuda en tu búsqueda por el autoentendimiento. Tómate tiempo para analizar los asuntos cuidadosamente, sé paciente para que tomes decisiones prudentes. Lo más probable es que la respuesta esté en tu interior, pero si te sientes estancado, busca consejo sensato de una persona sabia o más experimentada. Ésta es también una buena época para hacer un serio estudio de un asunto que te interesa.

Personas: Un consejero espiritual. Una persona sabia. Un profesor o mentor. Gurús. Ermitaños. Monja enclaustrada. Los mayores. Los que buscan sabiduría. Aquellos que necesitan reposo para unificar sus ideas y revalorar su situación. Los que esperan pacientemente. Individuos en períodos de preparación. Personas aisladas voluntariamente. Un consejero prudente.

●○○

El Ermitaño al revés: Sabiduría rechazada.

Frases y palabras claves: Excesivo aislamiento. Silencio forzoso. Exilio. Carencia de contacto humano. Excesiva dependencia. Huir de los demás. Sentirse rechazado. Autoabsorción. Miedo a la intimidad. Enfocarse en lo externo. Rechazar buenos consejos. Imprudencia. Desatender un consejo sabio. Sentirse aislado. Falso orgullo. Falta de comunicación. Mantenerse reservado. Sospecha. Autocompasión. Nerviosismo. Preocupación por la salud. Quejas. Escepticismo. Escapismo. Confusión. Autodecepción. Preferiría hacerlo yo mismo. Lo hice a mi manera. Nadie me ama. Soy una roca, soy una isla.

Situación y consejo: Puedes estar tan propenso a hacer las cosas a tu manera que rechazas los buenos consejos y la intervención de los demás. Tu tendencia a apartar a las personas lejos de tu vida puede dejarte con un sentimiento de soledad y rechazo. Tales rasgos de tu carácter pueden incluso llevarte al rompimiento de una relación.

Personas: Antisociales. Autoabsorbidos, ignorantes o estúpidos. Exiliados. Personas solitarias. Individuos irresponsables. Los que rehúsan ver la verdad. Alguien distante o reservado ante los demás. Personas extremadamente aisladas o autónomas. Paranoicos.

La Rueda de la Fortuna: 10
(*véase* la página 345)

Al derecho: Un camino favorable.

Frases y palabras claves: Buena suerte. Progreso. Oportunidad. Desarrollos importantes. Mejoramiento. Cambio rápido. Destino. Nuevas puertas abiertas. Los altibajos de la fortuna. Un cambio de suerte en los acontecimientos. Un rompimiento afortunado. El fin de una fase y el comienzo de una nueva. Circunstancias mejoradas. Apuestas. Juegos de azar. Un nuevo vehículo (llantas nuevas). Karma. Todo cambia. No puedes pasar el mismo río dos veces. Diversión. Expansión. Un buen negocio. Un viaje placentero.

Situación y consejo: Estás entrando a un ciclo nuevo que involucra un afortunado juego de circunstancias que prometen un cambio beneficioso y un continuo progreso. Fuerzas en movimiento estimulan este desarrollo. Cambios inesperados ofrecen oportunidades nuevas para mejorar tu vida. La parte superior del ciclo. Una circunstancia fortuita puede dar fin a tus antiguas dificultades y anunciar un período de buena fortuna y éxito. Puedes necesitar tomar una decisión importante que influenciará los eventos de tu vida. Un nuevo capítulo está por comenzar. Estás finalizando una etapa y comenzando algo nuevo. El destino funciona a tu favor. A veces, esta carta se refiere a la adquisición de un nuevo vehículo.

Personas: Apostadores. Especuladores. Personas con suerte.

○●○

La Rueda de la Fortuna al revés: Lo que sube debe bajar.

Frases y palabras claves: Fracaso. Mala suerte. Un cambio desfavorable. Contratiempos inesperados. Estancamiento. Deterioro. Un giro negativo del destino. La parte inferior del ciclo. Desgracias. Decepción. Atascado en un camino. Ir hacia abajo. Resistencia al cambio favorable. Empeorará en vez de mejorar. ¿Qué hice para merecer esto? La inconstancia del destino.

Situación y consejo: Las circunstancias toman un giro inesperado y negativo. Los deseos no son realizados. Tu vida parece no tener sentido. Estás entrando a un período de decepciones previo al mejoramiento de las cosas. No es el momento de tomar riesgos importantes. Sería bueno que revisaras tu progresión astrológica para obtener una visión del desarrollo de tu mala suerte.

Personas: Perdedores. Individuos con mala suerte.

La Justicia: 11[2]
(*véase* la página 345)

Al derecho: Ser juzgado. Un resultado justo.

Frases y palabras claves: Asuntos legales. Equilibrio. Armonía. Restauración del equilibrio. Honestidad. Neutralidad. Mantener el equilibrio correcto. Orden restaurado. Manejo prudente del dinero. Estrategia. Integridad. Examen de conciencia. Elegir cuidadosamente. Una visión clara. Un sentido de proporción. El poder del intelecto. Racionalismo. Un resultado justo. La decisión correcta. Perspectivas claras. Intervención de la ley. Decisiones necesarias para mantener la justicia y el orden. Un juicio. Tratar con la ley. Litigios. Contratos. Acuerdos obligatorios. Convenios. Una apología. Un contrato matrimonial. Un divorcio en común acuerdo. Poderes que refuerzan la justicia. Virginidad. Testículos y falo erecto. La justicia predominará.

---

2.   En algunas barajas es el número 11.

Situación y consejo: La Justicia usualmente aparece cuando debes tener en cuenta muchos factores para tomar una decisión razonable. Esta carta te advierte para que deliberes cuidadosa y sabiamente antes de sacar cualquier conclusión. También representa calma y equilibrio. Harías bien en examinar tu conciencia y considerar el punto de vista de otras personas antes de hacer un juicio moral.

La Justicia puede además indicar la incursión en procedimientos legales en un futuro próximo. Estos asuntos serán llevados de manera honesta e imparcial. La Justicia prevalecerá al final, especialmente si la carta del Juicio también aparece al derecho en el arreglo. Una tercera persona imparcial puede ayudar a producir un resultado justo. Si alguien ha sido injusto contigo, podrías recibir pronto disculpas. Si has actuado deshonestamente, estás a punto de enfrentar las consecuencias.

Personas: Árbitros. Abogados. Jueces. Testigos. Autoridades legales. La corte. Alguien que debe tomar una decisión. Aquel que se disculpa.

●●○

La Justicia al revés: Ser juzgado injustamente.

Frases y palabras claves: Trato injusto. Injusticia. Equivocación. Falta de compromiso. No obtener lo que mereces. Exceso. Desequilibrio. Pérdida. Falsas acusaciones. Negativa a disculparse. La decisión equivocada. Deshonestidad. Un resultado injusto. Fanatismo. Prejuicio. Abuso. Conflicto. Aprovecharse de los demás. No ver las dos caras de la moneda. Parcialidad. Venganza. Problemas legales. Acciones ilegales. Una decisión judicial injusta. Nepotismo. Separaciones. Litigio prolongado. Pereza. Manipulación. Paz a cualquier precio. Combatividad. Castigo cruel e inusual. Tomarse la justicia por tus propias manos. Abuso de la autoridad legítima. Exceso de confianza. Brutalidad policial. La huida de un asesinato. Dos equivocaciones no hacen algo correcto. Nunca admitiré que estaba errado.

Situación y consejo: Puede haber una demora en recibir lo que realmente mereces. Puedes estar en una situación en la que sientes un trato injusto. Tal vez eres la víctima de falsas acusaciones, o has hecho una acusación falsa en contra de otra persona. Tu exceso de confianza y la falta de compromiso pueden resultar en tu contra. Deberías tomar decisiones firmes para alcanzar tu objetivo.

Una persona con autoridad podría estar abusando de su poder. No tomes la justicia por tu mano porque ello sólo daría como resultado más injusticia. Si estás involucrado en un pleito, el resultado puede ser costoso o desfavorable para ti (especialmente si en el arreglo aparece el Seis de Bastos). Si estás de algún modo siendo juzgado, el resultado podría no reflejar lo que realmente sabes, tal vez debido a algún aspecto poco honesto de la situación o a tu inadecuada preparación.

Personas: Falsos acusadores. Aquellos que están en contra de los demás o dan trato injusto a otras personas. Los que rehúsan disculparse por cosas que han hecho mal. Manipuladores. Individuos parcializados. Fanáticos. Jueces corruptos. Policías deshonestos. Saqueadores. Grupos de vigilancia.

El Colgado: 12
(*véase* la página 346)

Al derecho: Suspensión. Una nueva perspectiva.

Frases y palabras claves: Cambio de dirección. Acción retrasada. Expectativa. Tomarse tiempo. Un período de prueba. Una lección que se debe aprender. Conciencia cósmica. Entendimiento. Un punto de vista único. Un nuevo ángulo. Desinterés. Sacrificio. Compromiso. Dedicación. Flexibilidad. Adaptabilidad. Atreverse a ser diferente. Olvidar el pasado. Hacer nuevas modificaciones. Sacrificio voluntario para obtener un bien superior. Calma. Movimiento lento. Un aparente estancamiento. Reflexión. Serenidad. Mayor nivel de sabiduría. Misticismo. Devoción. Cambios inesperados en la familia o la carrera. Puedes ver la Tierra Prometida. Desnudos venimos al mundo y desnudos lo dejamos. Lograr que nuestro ser sea verdadero.

Situación y consejo: Éste es el momento de hacer una pausa en las actividades. Necesitas revaluar tus actitudes, objetivos y prioridades mientras conservas tus valores espirituales. El tiempo parece avanzar lentamente y tú puedes sentirte como en un estado de suspensión. Éste es un período de prueba y hay una lección que debes aprenderte. Estás en medio de una transición importante y te sientes atrapado entre lo viejo y lo nuevo. Estás capacitado para dedicarte de manera altruista a un proyecto. La tuya es la única perspectiva que los demás podrían no apreciar o entender.

Tal vez debas hacer un sacrificio para alcanzar un bien superior. Tienes que unirte a un grupo que haya hecho sacrificios similares. Debes abandonar lo viejo y enfocarte en lo nuevo. Podrías eliminar deseos egoístas en el amor y en tus relaciones sentimentales. Debes terminar con un compromiso si te das cuenta que está deteriorado. Vale la pena utilizar el tiempo para descansar, contemplar, relajarse y reflexionar. Necesitas reconectarte con la dimensión espiritual de la vida. Quizá has estado preocupándote demasiado y requieres el contacto con un poder superior.

Personas: Los que buscan un objetivo egoístamente. Aquel que se retira de la vida ordinaria para meditar. Alguien que se atreve a ser diferente. Un paciente del hospital. Una persona espiritual. Un santo.

El Colgado al revés: Sacrificio inútil.

Frases y palabras claves: Materialismo. Negativa a hacer sacrificios necesarios. Complejo de mártir. Falsa seguridad. Una mala inversión. Una decisión financiera mal considerada. Falta de compromiso. El triunfo del egoísmo. Insatisfacción. Depresión. Apatía. Falta de esfuerzo. Una sensación de inutilidad. Estancarse en el estatus actual. Rechazo a olvidar el pasado. Carencia de vida espiritual. Excesiva conformidad. Muerte del alma. Un falso yo. Negar una parte importante de sí mismo. El final de la indecisión. Frustraciones. Obstáculos. La persona no puede resolver sola una situación.

Situación y consejo: Por alguna razón estás siendo falso con tu propio ser. Tal vez estás sacrificando parte de tu vida por ninguna buena razón. Puedes estar viviendo las expectativas de alguien más y negándote tus propios valores y necesidades interiores. ¿Estás haciendo el papel de mártir en una relación? Tal comportamiento sólo puede llevar a un sentido de inutilidad y a una renuencia a comprometerte contigo mismo a ir en busca de un objetivo valioso. Quizá no estás teniendo la voluntad de hacer un sacrificio por un bien superior. ¿Tienes miedo de molestar a quienes te rodean por hacer las cosas a tu modo? Debes darle la vuelta a tu mundo para lograr el entendimiento. No desperdicies tus energías en propósitos inútiles. Acerca de asuntos económicos, ten en esta época el cuidado de no hacer malas inversiones o de seguir un desarrollo fiscal cuestionable.

Positivamente, puedes estar llegando al final de un período de suspensión o expectativa. Si has podido restablecer tus prioridades y descubrir de nuevo tu dirección en la vida, ahora estás listo para una acción decisiva.

Personas: Mártires. Personas egoístas. Aquellos que se definen a sí mismos de acuerdo a los deseos de los demás. El que no se compromete.

La Muerte: 13
(*véase* la página 346)

Al derecho: Gran trasformación.

Frases y palabras claves: Un cambio profundo y necesario. Liberación. El amanecer de una nueva era. Dejar a un lado el pasado. El final de un ciclo y el comienzo de uno nuevo. Iniciar una nueva forma de vida. Muerte del antiguo ser. Renacimiento. Renovación. Cambio repentino inevitable. Transición. Limpieza. Purga. Revitalización. Liberarse de lo que no vale la pena. Afligirse por la pérdida de un estilo de vida anterior. Desenlace inevitable. Cambio de estatus. Matrimonio. Divorcio. Comenzar un nuevo trabajo. Dejar el hogar. Reubicación. El fin de una relación. Pérdida de la virginidad. Regeneración espiritual. El cambio de actitudes anticuadas. Reencarnación.

Situación y consejo: La Muerte es el Triunfo 13, un número asociado precisamente con muerte desde el uso del calendario lunar en el cual representaba el mes de fallecimiento y regeneración. Está a punto de surgir una gran oportunidad. La trasformación es inminente. Esta carta a menudo aparece cuando te enfrentas a eventos importantes en la vida como el matrimonio, el divorcio, salir de casa para vivir en un nuevo lugar, paternidad y cambios en la carrera. Una alteración momentánea en la estructura de tu vida está a punto de suceder. Una situación pronto va a finalizar para dar paso a un nuevo ciclo. Es posible una pérdida. Todo lo que sea inútil o anticuado debe desecharse. Éste es el momento de los desenlaces y los nuevos comienzos. Como dice el Nuevo Testamento, «Un grano de trigo no crecerá a menos que primero caiga a tierra y muera». A veces esta carta significa la muerte de alguien que conoces.

> Los hombres le temen a la muerte, como si fuera incuestionablemente el más grande mal; sin embargo, ninguno sabe que podría ser el máximo bien.
>
> William Mitford

Personas: Aquellos que sufren cambios importantes en la vida. Agentes de cambio. Directores de pompas fúnebres.

●○○

La Muerte al revés: Resistencia a cambios necesarios.

Frases y palabras claves: Inercia. Estancamiento. Obsesiones. Inmovilidad. Miedo al cambio. Temor a liberarse de situaciones o actitudes fuera de moda. Aferrarse al pasado. Adoptar una posición extrema. Obstinación. Decadencia. Darle la espalda al futuro. Depresión. Estar en expectativa. Ser forzado a renunciar a algo que no abandonarías voluntariamente. Pérdida de la amistad. Un nacimiento.

Situación y consejo: Cuando la Muerte aparece en posición invertida, es porque te estás aferrando a relaciones, situaciones, o actitudes que realmente deberían descartarse. Tu miedo al cambio te atrapa en el pasado e impide tu progreso. ¿A qué le temes? Tu resistencia a los cambios necesarios hace que la experiencia sea más dolorosa cuando ocurre inevitablemente. Es mejor coger al toro por los cuernos que sufrir tales cambios involuntariamente.

Personas: Aquellos que se aferran al pasado por temor al cambio y la trasformación.

La Templanza: 14
(*véase* la página 346)

Al derecho: Moderación. Autorrestricción. Mezcla.

Frases y palabras claves: Modulación. Prudencia. Tolerancia. Un punto de vista equilibrado. Honestidad. Ausencia de prejuicio. No tomar una posición extrema. Compromiso.

Descenso del espíritu sobre la materia. Discreción. Combinación favorable. La mezcla correcta. Creación artística. Compatibilidad. Unión de diversas fuerzas. Equilibrio. Serenidad. Tranquilidad. Paz. Moralidad. Balance armonioso. Coordinación. Paciencia. Perdón. Acomodo. Adaptación. Manejo sabio. Compasión. Una expresión sexual equilibrada. Amistad. Cooperación. Reconciliación. Amabilidad. Purificación del alma. Armonía interracial. El tiempo sana todas las heridas. Todo moderadamente. Tomar las cosas con calma. Un día a la vez. Nada en exceso. Todos somos los hijos de Dios, sin considerar raza, color o credo.

Situación y consejo: Una mezcla razonable de diversos elementos guía a una creación nueva. Puedes establecer una amistad o relación con alguien de diferente raza o cultura. Estás capacitado para cooperar armoniosa y pacientemente con los demás. En tu mente enfrentas la prudencia con el exceso, incluyendo la actividad sexual. Ahora puedes combinar ingredientes variados para crear una mezcla armoniosa. La moderación y el manejo sabio son las claves del éxito. Debes detenerte, reevaluar tu posición y permanecer abierto a la conciliación. Las viejas heridas sanan con el paso del tiempo. Es posible una separación temporal.

Personas: Los que curan espiritualmente. Adeptos. Artistas. Protectores. Directores. Los miembros de un matrimonio con mezcla de razas. Aquellos que trabajan por los derechos civiles. Buenos cocineros. Jefes de cocina. Mediadores. Alquimistas.

●○○

La Templanza al revés: Extremismo.

Frases y palabras claves: Fanatismo. Falta de moderación. Exceso sexual. Lujuria. Codicia. Falta de equilibrio. Rechazo al compromiso. Sobreactuación. Exageración. Discordia. Energía perdida. Falta de control. Obsesión. Excesiva ambición. Impaciencia. Volatilidad. Mal carácter. Pasiones desenfrenadas. Falta de restricción. Comportamiento inapropiado. Inconstancia. Frivolidad. Energías dispersadas. Actitud impulsiva. Conflicto de intereses. Indecisión. Desequilibrio mental y emocional. Excentricidad. Mente cerrada. Estrés. Mal juicio. El choque de los opuestos. Inmoralidad. Irse fuera de borda. Glotonería. Sobreindulgencia. Tratar de mezclar elementos incompatibles. Forzar una situación. Sexo inseguro. Falta de cautela. Come, bebe y sé feliz, mañana podrías morir. Todo en exceso.

Situación y consejo: Has estado exhibiendo una falta de moderación y ahora estás enfrentando las consecuencias. El poco control que tienes sobre tus deseos puede producir resultados lamentables. La fidelidad sexual puede ser un problema en una relación íntima. Tu obsesión por un objetivo podría llevarte a tomar medidas extremas para alcanzarlo. Tu rechazo al compromiso causa dificultades.

Personas: Glotones. Derrochadores. Extremistas. Aquellos que no controlan sus deseos o apetitos. Ninfomaníacos. Adictos. Alcohólicos. Mujeres que aman demasiado. Los que se involucran en actividades sexuales compulsivas.

El Diablo: 15
(*véase* la página 346)

Al derecho: Esclavitud. Limitaciones autoimpuestas.

Frases y palabras claves: El poder del pensamiento negativo. Encontrar difícil salir. Pesimismo. Negativa a dejar una mala situación. Excesiva dependencia. Culpabilidad innecesaria. Compromisos difíciles. Enfrentar tus propios demonios. Oscuridad. La necesidad de ver las cosas claramente. Demasiado deseo por los bienes materiales. Vanidad. Egoísmo. Codicia. Lujuria. Impulsos sexuales fuertes. Inhibiciones. Temores. Complejos. Autodudas. Opresión. Elecciones no satisfactorias. Sentirse atrapado en una situación o relación. Esclavitud. Encarcelamiento. Indulgencia. Adicción. Obsesión por poder, sexo o dinero. Sadismo. Crueldad. Un conflicto entre el dinero y el bienestar espiritual. Impulsos primitivos. Pasiones incontroladas. Perversiones. Instintos sexuales. Temores reprimidos. El talón de Aquiles de una persona. El concepto de Sombra según Jung. ¿Qué beneficia a un hombre si gana el mundo entero y pierde su propia alma? (Jesús). El Diablo tiene el poder de asumir una forma placentera (Shakespeare).

Situación y consejo: Te estás sintiendo atrapado en una situación que puede ser originada por ti mismo. Tal vez estás presionado por un compromiso estresante. ¿No quieres salir de una relación problemática? ¿Encuentras difícil hacerlo aunque sabes que es lo conveniente? Cuando el Diablo aparece en la lectura, necesitas examinar su aferro a los bienes materiales, las pasiones desenfrenadas, las relaciones perjudiciales y la seguridad económica. Tu temor y pensamiento negativo están afectando Tu vida.

Observa bien la realidad. ¿Cuál es tu esclavitud en la vida? ¿Estás inmerso en relaciones enfermizas? ¿Actúas con codicia y temes perder bienes materiales? ¿Usas el dinero para comprar amor? ¿Permaneces en una relación que sabes es perjudicial? ¿Estás atrapado por el éxito material? ¿Estás obsesionado por la riqueza o las conquistas sexuales? ¿Controlan tu vida las drogas, el alcohol o algún otro vicio?

El Diablo advierte que no debes usar tu poder o influencia para esclavizar o manipular a los demás. Estás preso en una cárcel de tu propia creación, y es el momento de enfrentar tus temores e inhibiciones. Tu pesimismo y creencia de que eres incapaz de cambiar están limitando tu progreso. ¿Por qué crees que tu destino es sufrir? Enfrenta tu Sombra para permitir que continúe tu desarrollo personal (la Sombra junguiana se refiere al lado oscuro de cada uno de nosotros –nuestros temores, complejos, y los aspectos más difíciles de nuestra personalidad– que debemos enfrentar antes de lograr ser íntegros).

Personas: Aquellos demasiado aferrados al dinero. Personas involucradas en relaciones enfermizas. Individuos codiciosos y miserables. Los que están regidos por sus pasiones animales. Personas destructivas. Aquellos cuyas vidas están estrechamente ligadas a la esclavitud.

●○○

El Diablo al revés: Liberarse de la esclavitud.

Frases y palabras claves: (Positivas) Enfrentar nuestros temores. Liberarse de la esclavitud. Romper las cadenas. No más dependencia. El poder del pensamiento positivo. Superar la tentación. Buscar el entendimiento.

(Negativas) Indecisión. Rigidez. Excesiva ambición. Codicia inmoderada. Inestabilidad. Dependencia. Una relación tormentosa. Abuso de poder. Perversidad. Deshumanización. Usar a las personas para propósitos egoístas o ganancias materiales.

Situación y consejo: En su aspecto positivo, el Diablo al revés indica que te has liberado de las cadenas. Has hecho frente a tus falsos valores y limitaciones autoimpuestas.

No estás dominado por tus obsesiones. Un compromiso que te presiona está a punto de finalizar. Ahora estás listo para vivir libre e independientemente. No más aferro a relaciones enfermizas, codicia por dinero y poder, o pensamientos negativos. Tienes la capacidad de liberarte de una situación opresiva.

En tu aspecto negativo, el Diablo al revés sugiere que puedes estar actuando egocéntricamente o con codicia. Podrías necesitar escoger entre dinero y felicidad. Tu deseo por ganancia material o poder, tal vez se ha convertido en una obsesión. Es posible que alguien esté controlándote o manipulándote. Ahora eres propenso a la depresión a menos que puedas librarte de los lazos que te atan. Muchas de tus inhibiciones son autoinducidas y no has tenido la voluntad de enfrentarlas. El significado negativo de esta carta al revés advierte la incursión en actitudes más bajas de la expresión sexual. Te sientes atrapado y sin esperanza en una situación insoportable.

Personas: (Positivas) Aquellos que enfrentaron sus temores y ahora son libres.

(Negativas) Individuos sádicos, controladores y manipuladores. Delincuentes sexuales. Avaros.

La Torre: 16
(*véase* la página 347)

Al derecho: Lo inesperado. Colapso de una estructura.

Frases y palabras claves: Cambio repentino de una antigua forma de vida. Modificación. Trastorno. Conmoción. Estragos. El despertar. Inestabilidad. Una relación impactante. Una experiencia traumática. Gran trasformación. Un punto crítico. Una sorpresa. Un cambio inevitable. Liberarse de las cadenas. Fallas estructurales. Una ilusión muerta. Liberación. Un firme entendimiento espiritual. Un cambio repentino. Oscuridad dispersa. Noticias preocupantes. Un rayo luminoso que te libera. Eliminar lo que no vale la pena. Liberarse del cautiverio autoimpuesto. Decepción. Abolir falsas creencias. Fracaso de planes. Demolición de estructuras inútiles. Enfrentarse a la vergüenza y a la culpa. Desechar falsos valores. Un momento de verdad. Destrucción de algo corrupto. Libertad. Entendimiento. Convenciones sociales que te atan. Un nuevo empleo. Un cambio de residencia. Un incidente molesto. Separación. Divorcio, especialmente si se acompaña de la Muerte (Arcano 13). Un accidente. Problemas con la propiedad. Bancarrota. Pérdida de seguridad. Terremotos. Desastres naturales. En lecturas médicas, un ataque repentino. Hospitalización (especialmente junto con el Cuatro de Espadas, que indica una necesaria recuperación). Sin dolor no hay ganancia. Veo la luz. Algún día me agradecerás esto. Cirugía médica. No puedes regresar de nuevo a casa.

Y las paredes se derrumbaron.

La Batalla de Jericó

Situación y consejo: La aparición de la Torre en una tirada a menudo anuncia conmoción y un cambio dramático. Las estructuras usuales de tu vida empiezan a desmoronarse, y debes enfrentar el hundimiento de una antigua forma de vivir. Puedes encontrarte de un momento a otro vendiendo tu casa, mudándote a una nueva residencia, cambiando de empleo, siguiendo una nueva carrera, llevando un tratamiento de psicoterapia o alterando significativamente relaciones importantes. La función de tal cambio es ayudarte a que aprendas una gran verdad acerca de ti mismo y a que actúes de acuerdo a tal revelación. El desastre asociado con esta carta involucra un momento de objetividad que te fuerza a que te liberes de estructuras falsas de la vida y te des cuenta de lo que realmente vales. Cuanto más falso sea tu estilo de vida, más abrupto será este cambio. Éste es el momento de liberarte de las convenciones implantadas por la sociedad y las falsas creencias que impiden tu desarrollo o progreso. Debes destruir esos muros que te aprisionan para poder alcanzar el entendimiento. Ocasionalmente esta carta indica robo, pérdida de empleo, disputas familiares o problemas con las propiedades.

Personas: Individuos enérgicos que desafían su visión del mundo. Aquellos que causan traumas. Alguien que ha sufrido una gran tragedia. Víctimas de desastres naturales.

La Torre al revés: Una conmoción.

Frases y palabras claves: (Positivas) El trauma ha finalizado. Ha sucedido un cambio. Las cosas nunca serán lo mismo. Es el momento de recoger las piezas y comenzar de nuevo.

(Negativas) Cautiverio autoimpuesto. Opresión continua. Circunstancias inalterables. Inhabilidad para cambiar. Restricción de la libertad. La esclavitud de la carne. Encarcelamiento. Desastre. Crisis. Caos. Trastorno. Catástrofe. Libertad a cualquier precio. Tiranía. Injusticia. Fracaso de las expectativas. Dadme la libertad o la muerte. Paredes de piedra no hacen una prisión, ni barras de hierro forman una jaula.

Situación y consejo: La Torre al revés en su aspecto positivo indica que una influencia desastrosa está a punto de terminarse. Ahora puedes ordenar las cosas y empezar de nuevo.

En su aspecto negativo, puedes sentir injusticia o deshonestidad en las circunstancias de tu vida. Las estructuras o relaciones que has dado por sentadas pueden acabarse o perderse repentinamente. Es muy rara la posibilidad de un encarcelamiento. Te sientes atrapado en una situación adversa y sin salida. Debes ahora encarar los problemas que podían haberse evitado. Experimentas las consecuencias de errores pasados.

Personas: Aquellos que están en estado de conmoción.

La Estrella: 17
(*véase* la página 347)

Al derecho: Esperanza.

Frases y palabras claves: Inspiración. Suerte. Tranquilidad. Optimismo. Confianza. Diversión. Fe en el futuro. Confianza en sí mismo. Comodidad. Alivio. Renovación. Felicidad. Promesa. Ayuda. Protección. Restauración. Amor espiritual. Luz celestial. Iluminación. Reflexión. Un talento especial. Armonía. Entusiasmo. Creatividad. Fertilidad. Carisma. Gracia. Belleza. Paz. Balance. Elegancia. Riqueza espiritual y emocional. Guía interior. Un sentido de dirección. Horizontes ampliados. Curación interior. Salud renovada. Conocimiento superior. Entendimiento oculto. Mayor sabiduría. Habilidad para planear el futuro. Meditación. Aprendizaje de la astrología. Crecimiento espiritual. Fe. Contemplación. Ayuda de muchas fuentes. Ayuda superior. Conocimiento astrológico. Educación. El cielo sobre la tierra.

> Los cielos declaran la gloria de Dios y el universo refleja su obra.
>
> Salmo 19

Situación y consejo: La Estrella es una carta muy positiva. Éste es el momento en el que debes confiar en tu intuición y sabiduría interior. También es probable que consultar tu horóscopo sea beneficioso. Ésta es una carta de esperanza, protección, promesa, alegría, inspiración, buena suerte y felicidad espiritual. Tu ángel guardián está protegiéndote. En tu camino encontrarás lo deseado. Es la época ideal para que te esfuerces a fondo, ya que ahora puedes alcanzar tus objetivos. A menudo la Estrella estimula al consultante a desarrollar un talento especial. Una mujer joven puede alegrar tu vida.

Personas: Un ángel guardián. Una niña. Una mujer joven. Aquellos que suministran ayuda. Astrólogos. Astrónomos. Agencias de ayuda médica. Entusiastas que investigan sobre la vida extraterrestre.

● ○ ○

La Estrella al revés: Dificultad para aceptar la ayuda ofrecida.

Frases y palabras claves: (Positivas) Esperanza. Fe en el futuro. Pesimismo injustificado.

(Negativas) Retraso. Decepción. Desilusión. Pesimismo. Mal juicio. Deseos no cumplidos. Felicidad fugaz. Oportunidades no aprovechadas. Intranquilidad. Pérdida. Ansiedad. Mala salud. Rigidez. Autodudas. Desconfianza. Obstinación. Egoísmo. Mantenerse reservado. Rechazar la guía espiritual. Problemas en el estudio.

Situación y consejo: La Estrella en posición invertida, conserva mucho de su significado positivo. Sin embargo, puedes no ser consciente de las riquezas espirituales que te rodean. Como resultado podría haber un retraso en tus planes o una dificultad con el desarrollo de una empresa. El camino de la felicidad puede ser obstruido por una actitud pesimista o falta de confianza en ti mismo. Podrías ignorar oportunidades prometedoras. Hay razón para tener fe en el futuro. Tal vez tú mismo te ciegas ante la fortuna que te espera, además eres renuente a aceptar la ayuda ofrecida. En una lectura negativa, la Estrella al revés puede indicar pérdida de la esperanza, depresión, y una posible enfermedad (especialmente cuando en la tirada aparecen muchas Espadas).

Personas: Pesimistas. Aquellos que son renuentes a aceptar ayuda.

La Luna: 18
(*véase* la página 347)

Al derecho: Gran poder instintivo. Autodecepción.

Frases y palabras claves: (Positivas) La influencia de la Luna. Nuestras raíces en el reino animal. El condicionamiento pasado afecta el comportamiento presente. Tiempo para ser pasivo y receptivo. Intuición. Emociones fuertes. Verdades secretas. Conocimiento psíquico. Médiums. Lo extraño. Sueños. Imaginación. Fantasía. La madre. El arquetipo femenino. Cambio. Misterio. El potencial creativo de la mente inconsciente. Ficción. Creatividad en la escritura. Actuación.

Trabajos que involucran ilusión. La industria del entretenimiento. Vida salvaje. El desierto. Viajes. Todo en nuestro mundo transitorio no es más que una semejanza (Goethe).

(Negativas) Una fantasía a la luz de la Luna. Escapismo. Confusión. Decepción. Engaño. Falta de sinceridad. Calumnia. Mentiras. Traición. Pensamiento confuso. Infelicidad. Astucia. Temor. Incertidumbre. Inseguridad. Fluctuación. Ilusión. Locura. Duda. Indecisión. Pesadillas. Peligros impredecibles. Emoción irresistible. Actitud negativa. Depresión. Enemigos ocultos. Autoperdición. Las cosas no son como parecen. Con respecto a la salud, problemas en los senos, el estómago, el sistema digestivo y todo lo relacionado con la alimentación y nutrición. Problemas ginecológicos.

Situación y consejo: De acuerdo a la tradición, la Luna indica engaño, deshonestidad, confusión, peligro, autodecepción y fantasías (lo que pensamos y percibimos a la luz de la Luna, a menudo es muy diferente a lo que sentimos a la luz del día). Algunos de estos significados son inherentes a la asociación astrológica de la carta de la Luna con Piscis y la duodécima casa de confinamiento y ruina, que además se refiere a psiquismo, espiritualidad e interés por los menos favorecidos.

Esta carta sugiere que estás entrando en un período de actitud variable e incertidumbre durante el cual debes en-

140

frentar fuerzas del inconsciente. Lo que ha estado oculto o en secreto está a punto de ser evidente. Puede ser favorable que uses tu talento creativo en la escritura, el arte, el drama, la actuación, la psicología o la psicoterapia. Son probables los viajes, especialmente por agua. Te darás cuenta cómo los patrones arraigados del pasado estarían afectando tu actual comportamiento. Espera cosas extraordinarias.

Ahora deberías tener en cuenta tus intuiciones, sueños y sentimientos. Es importante que seas consciente de lo que pertenece al pasado. Tus sentimientos pueden ser más confiables que un análisis lógico. El entendimiento de las dimensiones psicológicas de la existencia humana juega en estos momentos un papel importante en tu vida. La carta de la Luna nos pide que reflejemos nuestros orígenes primitivos en el mundo animal y en la inconsciencia colectiva. Si tu pregunta es acerca de un engaño, este Arcano Mayor indica que eres víctima de información falsa y relaciones hipócritas. Algo que está sucediendo clandestinamente finalmente saldrá a la luz. La Luna también puede significar que tu madre o una madre sustituta está a punto de involucrarse en tus asuntos.

Personas: (Positivas) Madres. Mujeres. Viajeros. Artistas. Psíquicos. Escritores. Oceanógrafos. Veterinarios. Actores. Poetas. Psicoterapeutas. Psicólogos. Visionarios. Aquellos que se introducen en la mente inconsciente. Amantes.

(Negativas) Mentirosos. Hombres estafadores. Impostores. Soñadores de lo poco práctico.

La Luna al revés: Un paso hacia la luz.

Frases y palabras claves: (Positivas) Cambios favorables. Pensamiento claro. Ver las cosas como realmente son. Ver la esencia del asunto. Final de la confusión. Situaciones ocultas salen a la luz.

(Negativas) Locura. Malentendidos. Escapismo. Ambigüedad. Pensamiento confuso. Estar en la oscuridad. Decepción. Ser la víctima. Mala percepción. Soñar despierto. Confusión. Preocupación por la salud. Problemas que involucran mujeres. El lado oscuro del inconsciente: Emociones inestables. Motivos encubiertos. Autodudas. Temores ocultos. Una advertencia de peligro. Una prueba de fe.

Situación y consejo: Es tiempo de dar un paso hacia la luz. No tomes decisiones importantes hasta que termines este período de confusión. Pronto podrás ver más claramente las cosas. Algún asunto difícil de comprender ahora es evidente. Debes darte cuenta de que tienes un enemigo secreto o una amenaza clandestina que afecta tu bienestar. Con una tirada de cartas negativa, sería bueno que estuvieras prevenido de robos, sabotaje, malentendidos y del uso excesivo de drogas o alcohol.

Personas: (Positivas) Aquellos que han estado confundidos y ahora ven las cosas con claridad.

(Negativas) Individuos con problemas emocionales o mentalmente enfermos. Personas taimadas. Ladrones. Enemigos secretos. Mentirosos. Estafadores.

El Sol: 19
(*véase* la página 347)

Al derecho: Éxito. Realización.

Frases y palabras claves: Fuente de vida. Vitalidad. Placer. Ambición. Confianza en sí mismo. Optimismo. Euforia. Realización. Afirmación. Fortalecimiento. Energía masculina. Iluminación. Prosperidad. Verdad lógica. Pensamiento claro. Calidez. Amistad. El poder del pensamiento positivo. Raciocinio. Alegría. Satisfacción. Autoexpresión creativa. Esperanza. Enriquecimiento. Autocontrol. Bendiciones. Victoria espiritual. Aclamación. Manifestación. Oportunidad. Energía. Espontaneidad. Inspiración creativa. Reconocimiento público. Celebración. Buena salud. Virilidad. Felicidad. Honores académicos. Logros científicos. Inventos. Matrimonio. Hijos. Bienestar emocional. El amanecer de un nuevo día. Verano. Clima cálido. Diversión en actividades al aire libre. Una fiesta de cumpleaños. Tú iluminas mi vida. Te sientes bien al estar vivo.

Situación y consejo: Un rayo de sol entra en tu vida. Ésta es una época de esperanza, alegría, celebración, éxito, optimismo, logros, buena suerte y felicidad. El tiempo pasado al lado de los hijos o los buenos amigos, será recompensado. Si eres un estudiante, tendrás éxito en las pruebas y exámenes. Ahora tú puedes solucionar los problemas de manera consciente y racional. Te sientes fuerte, saludable y vivo. Esta carta se refiere a un viaje, o unas vacaciones en las que harás paseos al aire libre disfrutando del sol o gozarás de días de playa.

Personas: Hijos. Bebés. Padres. Bañistas. Inventores. Personas alegres. Hombres con decisión. Líderes. Reyes. Científicos. Académicos. Hombres viriles. Apolo. Gente importante.

●○○

El Sol al revés: Éxito parcial o retrasado. Vanidad. Ostentación. Arrogancia. Egoísmo. Narcisismo. Excesiva preocupación por las apariencias externas. Pensamiento negativo. Fracaso. Pesimismo. Depresión. Mala salud.

Frases y palabras claves: (Positivas) Éxito después de mucha espera. Alegría menguada. Realización parcial. Arrogancia por los triunfos obtenidos. El Sol es una carta tan positiva que, incluso en su posición invertida, no pierde completamente su significado favorable. Puede aún representar éxito, pero sólo después de retrasos y superación de obstáculos, y además tales logros no son tan arrolladores como los indicados por la carta al derecho. El Sol al revés puede significar también la búsqueda de la realización para malos propósitos o el deseo de una persona por aparecer importante ante los demás sin realmente tener los méritos para ello. Yo, yo, yo.

(Negativas) Sin embargo, en un arreglo negativo, el Sol puede tener una connotación desfavorable. Fracaso. Incertidumbre. Tristeza. Un futuro incierto. Problemas con los hijos. Dificultades en el matrimonio. Planes fracasados. Melancolía. Pérdida. Soledad. Depresión. Falta de energía. Pensamiento confuso. Sentirse inapreciado. Desacuerdos. Malentendidos. Cancelaciones. Desesperanza. Falta de propósito. Enfermedad. Mala salud. Compromisos rotos. Dificultad para quedar embarazada. Mal juicio. Problemas de aprendizaje. Problemas con los exámenes. El anochecer.

Situación y consejo: Incluso en su posición invertida, el Sol es aún una carta positiva. Puedes experimentar un retraso u obstrucción en el camino del éxito prometido por este Arcano. Otra posibilidad es que lo deseado puede ser irrealizable o poco realista. Tal vez obtengas sólo éxito parcial, incluso si consigues lo que quieres, podrías no sentirte satisfecho con el resultado. A veces el Sol al revés indica arrogancia originada por los logros obtenidos. ¿Estás buscando reconocimiento por el éxito y no tienes realmente una buena voluntad para obtenerlo?

En un arreglo de cartas negativo, este Arcano al revés indicará problemas que son molestos pero no desastrosos. Por algún tiempo puedes sentir como si tuvieras una nube gris sobre tu cabeza, rechazado y sin amor. Tu perspectiva pesimista puede estar afectando adversamente tu salud. El embarazo y el trato con los niños se convierten en una fuente de preocupación. Quizá atravieses un tiempo difícil en tu matrimonio o vida sentimental. Los estudiantes no tendrían los buenos resultados que desearían en los exámenes. Puedes estar atormentado por una sensación de fracaso o sufriendo por algunos problemas menores de salud. ¿Estás llenando tu mente de conceptos negativos?

Personas: Pesimistas. Arrogantes. Egoístas. Aquellos que se preocupan demasiado por las apariencias.

El Juicio: 20
(*véase* la página 348)

Al derecho: Recapitulación. Renacimiento.

Frases y palabras claves: Una elección momentánea. La finalización de una fase de la vida y su valoración. Juzgar o ser juzgado. Hacerse adulto. Un cambio de posición o empleo. El final de una era. El fin de una situación. Un cambio de carrera. Un ascenso. Resurrección. La necesidad de evaluar o ser evaluado. Rejuvenecer. El ave fénix levantándose de las cenizas. Una decisión importante. Una llamada a la acción. Renovación. Crisis de identidad. Tiempo para evaluar. Una nueva dirección. Modificar de nuevo. Transición. Despertar. Metamorfosis. Romper convenciones. Grandes cambios. Una elección obligatoria que producirá un cambio favorable en la vida. Limpieza. Purificación. Regeneración. Una nueva vida. Nuevas oportunidades. Autoapreciación. Automejoramiento. Cálculo final. Trasformación. Curación. Abandonar los viejos hábitos. Revitalización. Una decisión legal favorable. Un examen final. Graduación.

> Tierra a tierra, cenizas a cenizas, polvo a polvo; y cierta esperanza de resurrección a la vida eterna.
>
> Devocionario de 1662

Situación y consejo: Un ciclo está finalizando y debes prepararte para una nueva etapa de crecimiento. Está por terminar una fase de tu desarrollo. Debes estar enfrentándote a una decisión crucial que alterará el curso de tu vida. Si la tomas, consciente de tu potencial de trasformación, el resultado será favorable. Éste es el momento de los grandes cambios y mejoramientos, un tipo de proceso de renacimiento. Si estás pensando en un cambio de carrera, alcanzarás el éxito. En lo que se refiere a la salud, es posible la curación y posterior recuperación. Si estás involucrado en asuntos legales, habrá decisiones a tu favor. Si eres un estudiante, pasarás tu examen.

Éste es el final del ciclo, época de renovación y compensación por acciones del pasado. El tiempo se encarga de ordenar las cosas y te prepara para un nuevo y positivo comienzo. Ahora puedes ver todo más claramente.

Personas: Jueces. La Corte Suprema. Verdugos.

El Juicio al revés: Una transición inconveniente. Una valoración negativa.

Frases y palabras claves: Un final no deseado. Decepción por una situación pasada. Retraso. Indecisión. Temor al cambio. Una finalización forzosa. Un cambio inoportuno. El ave fénix no se levanta. Remordimientos. Un final triste. Falta de propósito. Ignorar una llamada para la acción. Evitar una decisión necesaria. Miedo al desafío. Soledad. Temor a la muerte. Separarse de un ser amado. Desilusión. Pérdida. Suspender un examen. Una decisión legal decepcionante. Sentirse en una rutina. Negativa a enfrentar la realidad. Vergüenza. Autocompasión. Enfermedad. Karma negativo.

Situación y consejo: Debes ahora enfrentar las consecuencias de una mala decisión que hiciste en el pasado. Por otra parte, puedes estar evadiendo una decisión importante, ya que temes los cambios que producirá en tu vida. Tal vez has examinado una fase completa de tu existencia y te has dado cuenta de que no fue favorable. Puedes no estar cómodo en una relación, empleo o situación, pero eres renuente a buscar nuevos caminos.

Aunque no te siente listo, podrías necesitar darle finalización a un aspecto de tu vida. Quizá tengas que separarte de alguien que amas por enfermedad, determinadas circunstancias e incluso por muerte. Tal vez un trabajo o un asunto de la carrera te ha distanciado de alguien importante. Una relación puede estar a punto de finalizar y tú no deseas cerrar dicho capítulo. Aunque parezca difícil, necesitas sepultar el pasado y seguir adelante en tu vida.

Cambios desfavorables pueden estar fuera de tu control. Una decisión legal o el resultado de un examen pueden no ser a tu favor. A veces esta carta al revés indica problemas de salud, especialmente con la vista y el oído. Si tu pregunta es acerca de un examen médico, estate preparado para noticias desagradables en el caso de una relación, la carta puede simbolizar un divorcio o separación. Respecto a un asunto legal, el resultado no te favorecerá (especialmente si en el arreglo aparece el Seis de Espadas). El Juicio en posición invertida también te aconseja para que tengas en cuenta un karma negativo y aprendas la lección de tus errores del pasado. Necesitarás olvidar lo que has perdido y proceder en una dirección más costructiva.

Personas: Aquellos involucrados en cambios indeseados de la vida o resultados desfavorables. Los que aprenden las lecciones del karma negativo. Estudiantes que suspenden exámenes. Los que pierden un pleito.

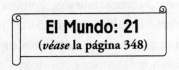

El Mundo: 21
(*véase* la página 348)

Al derecho: Lograr una conclusión natural.

Frases y palabras claves: El fin. El último de los Arcanos Mayores. Realización. Satisfacción. Culminación. Armonía. Bienestar. Terminar una fase y comenzar algo nuevo. Unidad. Regocijo. El final de un viaje. Éxtasis. Alcanzar un objetivo. Recibir un premio o recompensa. Totalidad. Un trabajo bien hecho. Admiración. Belleza. Terminación de un ciclo. Éxito. Triunfo. Libertad. Liberación. Paz. La alegría de la vida. Un estado ideal del ser. Afirmación de la vida. Flujo cósmico. La tierra prometida. Horizontes extendidos. El final del arco iris. Una sorpresa agradable. Entendimiento. Amanecer cada día con entusiasmo. Condiciones ambientales adecuadas. Salud física y emocional. Bienestar espiritual. El mejor resultado posible. Viajes. Cambio de trabajo o de residencia. Estar listo para comenzar de nuevo. Graduación.

Una muerte pacífica al final de una vida larga y satisfactoria. Algún lugar sobre el arco iris. La fiesta se acabó.

Situación y consejo: Has llegado a la última etapa en tu lucha por alcanzar un objetivo. Todo está bien y el éxito está a la mano. Todo progresa uniformemente de acuerdo a lo planeado. Recibirás lo que es legítimamente tuyo. Ahora te sientes realizado. Has entrado a la tierra prometida. Después de este período de totalidad, empezarás otro ciclo en la vida y necesitarás hacer frente a experiencias nuevas. Mientras terminas esta etapa, te preparas para iniciar algo nuevo. En estos momentos son posibles los viajes largos.

Personas: Ganadores. Viajeros del mundo. Personas involucradas en asuntos internacionales. Los que han alcanzado satisfactoriamente sus objetivos.

●○○

El Mundo al revés: Estancamiento. Negocios sin terminar.

Frases y palabras claves: Imperfección. Éxito retrasado. Fracaso al intentar finalizar un ciclo. Frustración. Obstáculos. Extremos sueltos. Temor a cambiar. Estancarse en un solo sitio. Falta de compromiso. Renunciar muy pronto. No finalizar lo que comenzaste. Inseguridad. Poca voluntad para enfrentar el futuro. Terquedad. Falta de aplicación. Un resultado no satisfactorio. Viajes aplazados. Tú no estás aún ahí.

Situación y consejo: Encuentras difícil alcanzar tus objetivos debido a que no has tenido el cuidado necesario en la parte final del proceso. Como resultado, te sientes estancado e incapaz de concluir satisfactoriamente tu situación. Los asuntos parecen no tener solución. Te sientes cansado e incompetente. Estás tentado a renunciar a tus metas en lugar de alcanzarlas. Te resistes al cambio y no te sientes listo para enfrentar nuevas experiencias. Necesitas retroceder y ver el panorama completo de tal forma que puedas hacer los ajustes necesarios para alcanzar tus objetivos.

La carta del Mundo al revés puede a veces indicar que un viaje que estabas planeando será retrasado o que simplemente repetirás un viejo itinerario.

Personas: Aquel que permanece voluntariamente en un solo sitio. Los que no terminan lo que comienzan. Perdedores.

Capítulo 5
El Arcano Menor

Estas cartas tienen unas marcas sobre ellas que indican su valor numérico. Los Arcanos Menores se refieren a sentimientos comunes y eventos rutinarios del vivir diario. A veces describen características de personas que conocemos o aspectos de nuestra propia personalidad. Usualmente representan situaciones o emociones que estamos enfrentando en el momento o a punto de enfrentar.

Los significados se derivan de la numerología y el antiguo concepto de los cuatro elementos. Cada palo representa uno de ellos: Aire = Espadas, Tierra = Pentáculos, Fuego = Bastos, y Agua = Copas *(véase* la tabla de la página 317). Las diez cartas de cada palo siguen una secuencia de significados numerológicos:

1: La semilla o raíz del elemento.
2: Dualidad equilibrada; manifestación pura.
3: Mezcla, creación y fertilización.
4: Establecer bases.
5: Perturbación de la estabilidad.

6: Restablecer la armonía.

7: Pérdida de la estabilidad conseguida por un nuevo conocimiento.

8: Maestría y autonomía; reconocimiento del error.

9: Terminación, cristalización, realización, experiencia cumbre.

10: Finalización, última trasformación, preparación para un nuevo ciclo.

El número personal del año

Otro concepto numerológico útil es la idea de un número personal para el año. Se obtiene sumando los números de tu fecha de nacimiento con el número correspondiente al año actual. Por ejemplo, si tu día de nacimiento es el 29 de noviembre, entonces tu número personal para 1995 sería: 11 (noviembre)+29+1995=2035. Este resultado es después simplificado como 2+0+3+5=10, y luego en 1+0=1. El número 1 implica que el año personal desde 29/11/95 hasta 29/11/96 será una época importante de nuevos comienzos. Durante este año, las personas usualmente cambian de trabajo o residencia, o inician una nueva relación. El énfasis del número uno en una tirada de cartas tendría el mismo significado.

Bastos

Elemento: Fuego.

Signos astrológicos: Aries, Leo, Sagitario.

Estación: Primavera (iniciada por el signo cardinal Aries).

Características: Enérgico. Alegre. Vital. Entusiasta. Divertido. Activo. Recursivo. Amante de los viajes. Con inspiración. Creativo. Empresario. Tener habilidades para el liderazgo. Impetuoso. Apasionado. Deportista. Lleno de vida. Inquieto. Impulsivo. Pionero. Superficial.

Ocupaciones: Empresarios. Vendedores. Predicadores. Profesores.

Frases y palabras claves: El falo introduciéndose. Poder. La chispa de la vida. Carrera. Comercio. Oportunidades en los negocios. Viajes. Trabajo. Negociaciones. Nuevas empresas. Nuevos proyectos. Acción. Entusiasmo. Energía. Fuerza. Renovación. Fe. Creatividad. Vida nueva. Crecimiento y desarrollo. Pasión. Espíritu. Distinción. Esperanza. Ambición. Ganar y perder. Juegos de competencia: Política. Deseo de progresar. Inspiración. Asuntos de la vida diaria.

Personas: Rubios o pelirrojos. Tez rubia o con pecas. Ojos claros o negros.

Pentáculos

Elemento: Tierra.

Signos astrológicos: Tauro, Virgo, Capricornio.

Estación: Invierno (iniciada por el signo cardinal Capricornio).

Características: Recursivo. Servicio orientado. Obediente. Práctico. Realista. Insensible. Pragmático. Eficiente. Sensato. Decente. Confiable. Persistente. Minucioso. Materialista. Enfocado al dinero. Estudioso. Taciturno. Egoísta. Poca imaginación.

Ocupaciones: Banqueros. Negociantes. Cantantes. Administradores de propiedades. Costructores. Granjeros. Estudiantes. Trabajadores de costrucción. Peones.

Frases y palabras claves: El mundo material. Negocios. Posesiones. Dinero. Propiedades. Herencias. Bienes raíces. Riqueza. Recursos materiales. Ahorros. Talentos. Aprendizaje. Educación. Estudio. Tiempo. Beneficio y pérdida. Dar y recibir. Realidad. Tangible. El cuerpo físico y su salud. Asuntos fiscales. Trabajo. Valores. Habilidades. Dirección. Resultados. Seguridad económica. Pragmatismo. Costrucción. Naturaleza. Asuntos familiares. Seguridad emocional. Placer.

Personas: De cabello negro o castaño. Ojos oscuros. Tez morena.

Espadas

Elemento: Aire.

Signos astrológicos: Géminis, Libra, Acuario.

Estación: Otoño (iniciado por el signo cardinal Libra).

Características: Comunicativo. Objetivo. Reservado. Impersonal. Imparcial. Intelectual. Tranquilo. Calculador. Perspicaz. Serio. Analítico. Mentalmente fuerte. Decidido. Busca la verdad. Insensible. Evita la intimidad. Interesado en lo abstracto. Rencoroso. Agresivo.

Ocupaciones: Intelectuales. Periodistas. Comunicadores. Viajeros. Árbitros. Profesionales. Doctores. Abogados. Jueces. Asesores. Los que hacen cumplir la ley. Líderes militares.

Frases y palabras claves: Lucha. Tensión. Contratiempos. Conflicto. Fuerzas hostiles. Comunicación. Viajes. Ideas poderosas. Preocupaciones. Decisiones importantes. Verdad. Justicia. Inteligencia. Previsión. El falo penetrando. Obstáculos. Desacuerdos. Problemas. Dolores. Estrés. Presión. Valor. La mente. Audacia. Los aspectos mentales de la vida. Pensamiento. Actividad mental. Lógica. Objetividad. Separaciones. Rompimiento de relaciones. Promesas incumplidas. Confusión. Sarcasmo. Amenazas. Peligro. Ánimo. Irritabilidad. Disputas. Discusiones. Pérdida. Decepción. Acción legal. Mala salud. Enfermedad. Cirugía. Trabajo excesivo. Accidentes. Muerte.

Personas: Cabello negro o castaño. Ojos claros. Tez oliva.

Copas

Elemento: Agua.

Signos astrológicos: Cáncer, Escorpión, Piscis.

Estación: Verano (iniciado por el signo cardinal Cáncer).

Características: Sentimental. Artístico. Creativo. Sensible. Cariñoso. Agradable. Relaciones orientadas. Bondadoso. Amigable. Romántico. Sensible. Con imaginación. Humanitario. Compasivo. Intuitivo. Psíquico. Débil. Estético. No confiable. Temerosamente sentimental. Resentido. Emocionalmente intenso. Interés por las necesidades de los demás.

Ocupaciones: Consejeros. Artistas. Músicos. Psíquicos. Los que trabajan por el bienestar de las personas.

Frases y palabras claves: Emociones. Actitudes. Afecto. Amor. Humanitarismo. Romance. Relaciones. Problemas emocionales. Asuntos del corazón. La vagina. El útero. Sociedades. Sensibilidad. Receptividad. Sentimientos. Imaginación. Sexo. Felicidad. Intuición. Arte. Creatividad. Sueños. Fantasía. Confort. Satisfacción. Armonía. Hijos. Familia.

Personas: Cabello castaño claro, rubio o gris. Ojos claros, azules o brumosos. Tez rubia o media.

As
Uno (*véase* la página 349)

Frases y palabras claves: Semillas. Nuevos comienzos. El inicio de algo. La fuerza básica. Nacimientos. Nuevos proyectos o empresas. Ideas nuevas. Nuevos desafíos. Iniciación. Innovación. Inspiración. Vitalidad. Potencial. Liderazgo. Iniciativa. Independencia. Primeras etapas de acción. Energía primaria. Poder creativo. El número uno.

Dios dijo, «Hágase la luz», y hubo luz.

Génesis

Arcano Mayor correspondiente: El Mago.

Situación y consejo: El As origina el resto de las cartas en cada palo. Como son las primeras cartas, los Ases representan la base de cada palo y están asociados con el número uno. Hay una correspondencia entre este dígito y los signos Aries y Leo. El Sol rige a este último y es exaltado en Aries. El Sol simboliza liderazgo, fuerza, energía, fortaleza, iniciativa, ambición, valor, independencia, originalidad y habilidad para dirigir. Los rasgos negativos incluyen ser dominante, arrogante e intimidar a los demás. Todos los Ases al revés denotan un uso egoísta de la energía de la carta.

La aparición de Ases en una lectura indica nuevos comienzos, ambiciones, nuevas oportunidades y el establecimiento de bases para desarrollar planes de gran alcance.

Es el tiempo propicio para iniciar una empresa nueva. Podrías conocer a alguien o revivir una relación ya existente. Los Ases pueden significar una época para iniciar planes que generan grandes cambios.

Los Ases representan el comienzo de un ciclo. Es el momento de buscar oportunidades y ampliar los horizontes. La energía yang del número uno es útil para promover nuevos proyectos. Estate preparado para tomar decisiones independientes y aprovechar las oportunidades para salir adelante.

Año personal: Durante un año personal empezamos un nuevo ciclo de nueve años. Éste es el tiempo para el liderazgo, tomar decisiones autónomas, progresar e impulsarnos hacia nuestros objetivos. Sin embargo, existe el peligro de tomar decisiones precipitadamente.

AS DE BASTOS
Listo para avanzar

✧ **Al derecho:** Nueva vida.

✐ **Frases y palabras claves:** Inicio de una nueva empresa. Energía. Nacimiento. Fuerza del elemento Fuego. El poder de la inspiración. Experiencias nuevas. Ideas crecientes. Nuevos comienzos. Innovación. Optimismo. Mirar hacia adelante. Confianza personal. Inventiva. Entusiasmo. Empuje. Virilidad. Gran creatividad. Fuerzas en movimiento. Fertilidad. Concepción. Crecimiento. Procreación. Potencia masculina. Fuerza motora. Buscar los objetivos. El falo. Pasión sexual. Una oportunidad excitante. Éxito en una nueva empresa. Iniciativa. Energía dirigida a proyectos valiosos. Noticia de un nacimiento. Una comunicación comercial importante. Buenas noticias. Esto podría ser el comienzo de algo grande.

👍 **Situación y consejo:** Puedes estar iniciando un negocio o una empresa. Tienes una fuerte disposición para establecer bases nuevas y comenzar algo prometedor. Estás abierto a nuevos intereses. Algo que sucede te estimula en la carrera. Éste es el momento de ser creativo.

☺ **Personas:** Pioneros. Inventores. Empresarios. Aventureros. Principiantes. Individuos con creatividad.

○○○

🖐 **As de Bastos al revés:** No poder avanzar.

🐿 **Frases y palabras claves:** Promesas incumplidas. Desarrollo frustrado. Esperanzas perdidas. Retrasos. Dificultades. Problemas para comenzar. Intentos fallidos. Cancelaciones. Energía perdida. Frustración. Fuerzas mal dirigidas. Egoísmo. Falta de motivación o iniciativa. Poca o nula productividad. Impotencia. Infertilidad. Esterilidad. Falsas esperanzas. Mal planeamiento. Aborto. Inutilidad. Progreso frustrado. Falta de efectividad. Ineficacia. Ser demasiado exigente. Ser testarudo. Falta de ideas. Pesimismo. Sólo palabras, nada de acción. ¡Promesas, promesas, promesas!

☝ **Situación y consejo:** Una empresa que luce prometedora puede fracasar al llevarse a la práctica. Una promesa en la que confiabas tal vez no se hace efectiva. Un proyecto iniciado con entusiasmo podría no tener la base suficiente para desarrollarse. Puedes estar sintiéndote frustrado, impotente o sin capacidad para alcanzar tus objetivos. Tu propio comportamiento egoísta y radical puede ser la raíz del problema.

☹ **Personas:** Aquellos que prometen pero no cumplen. Personas sin ambición, poco productivas e impotentes. Individuos testarudos.

AS DE PENTÁCULOS
Bases financieras firmes

✍ **Al derecho:** Un golpe de suerte. Ayuda.

✍ **Frases y palabras claves:** El comienzo del mejoramiento fiscal. Un inicio tangible. El poder de la solidez y la seguridad. Fuerza del elemento Tierra. Confort. Prosperidad. Placer sensual. Asuntos físicos. Energía empleada para logros materiales. Un aumento de salario. Buena suerte en las finanzas. Ganar. Primeras etapas de la comodidad material. El comienzo de la prosperidad. Una nueva oportunidad. El inicio de una empresa exitosa. Flujo de capital. Entradas de dinero. Compras. Propiedades. Ganancia material. Ventajas económicas. Éxito. Reconocimiento. Un ascenso. Cambio de carrera. Recompensa por el duro trabajo. Un nuevo comienzo con bases sólidas. Fertilidad. Las cosas buenas de la vida. Buena salud. Todo lo que toca se convierte en oro.

☝ **Situación y consejo:** Ahora puedes iniciar una empresa comercial que promete ganancia monetaria. Es posible que recibas dinero o un regalo. Crear una empresa financiera en estos momentos llevará finalmente a la prosperidad y la seguridad económica. El dinero está disponible si lo necesitas para iniciar una nueva empresa. Serás recompensado por el duro trabajo. Si eres un estudiante, tal vez pronto te gradúes. Podrías necesitar en poco tiempo tratar con correspondencia importante o documentos legales. A menudo esta carta representa las primeras etapas de contacto con una o más personas que te abrirán las puertas para futuras oportunidades financieras. Si la pregunta es acerca del amor, el As de Pentáculos promete una relación segura llena de placer sensual y satisfacción sexual. Este Arcano Menor es favorable para todos los asuntos relacionados con el cuerpo, la salud y la realidad física tangible.

☺ **Personas:** Ayudantes. Trabajadores fuertes: Fisiculturistas. Peones.

●●○

🕊 **As de pentáculos al revés:** Bases financieras inestables.

✎ **Frases y palabras claves:** Ingreso retrasado. Pago inadecuado. Pérdida material. Mal uso del dinero o las posesiones. Malas inversiones. Promesas sin cumplir. Inseguridad. Problemas de dinero. Mal planeamiento. Mal comienzo de una empresa. Planes fracasados. Codicia. Avaricia. Descontento. Ser posesivo. Materialismo. Una decisión precipitada. Una mala elección. Despreocupación. Sobreindulgencia. La prisa produce pérdida. Quiero lo que quiero cuando lo quiero. El cheque está en el correo.

Un caballo, un caballo, mi reino por un caballo.

Shakespeare, *Ricardo III*

☞ **Situación y consejo:** Es probable que algo salga mal en una empresa que ha empezado recientemente. Lo más posible es que los resultados deseados o prometidos no sean materializados. Tal vez habrá una pérdida. Podrías recibir menos dinero del esperado, o tal vez se retrase el pago. Circunstancias que tienen que ver con salud, trabajo, dinero o negocios parecen ir en tu contra. Demasiada codicia o excesivo materialismo pueden causar problemas. Quizá tomaste demasiado rápido una decisión sin un suficiente análisis del asunto. Una inversión hecha podría no dar resultado. A veces el As de Pentáculos al revés indica fatiga o problemas de salud. También puede reflejar una actitud cínica que afecta la sensación de placer.

☹ **Personas:** Aquellos que no pueden cumplir lo prometido. Personas apresuradas y codiciosas. Avaros. Cínicos. Individuos emocionalmente inseguros.

AS DE ESPADAS
El poder del intelecto

✍ **Al derecho:** Fortaleza en la adversidad. Una sensación de poder.

🖋 **Frases y palabras claves:** Fuerte disposición. La fuerza del elemento Aire. El poder del intelecto. Libertad. Determinación. Energía mental. Valor. Ideas nuevas. El poder de las palabras. Algo positivo que emerge de circunstancias negativas. El comienzo del éxito. Programación adecuada. Cambio radical e inevitable. Energía canalizada. Obstáculos superados. Una mente con enfoque. Lógica. Orden. Disciplina. Propósitos definidos. Acción equilibrada. Racionalismo. Justicia. La ley. Asuntos legales. Autoridad. Fuerza de voluntad. Necesidad de una cirugía. Operaciones médicas. Pruebas de sangre. Inyecciones. La pluma es más poderosa que la espada. Piensa antes de actuar. La mente enfocada sobre el asunto.

👍 **Situación y consejo:** El As de Espadas puede aparecer en el inicio de una empresa. Debido a que las Espadas se relacionan con lucha, conflicto y dificultad, esta carta sugiere el comienzo de una empresa prometedora que avanza en medio de las dificultades. Su significado tradicional es «fortaleza en la adversidad» —algo bueno surge de lo malo—. Tienes la disciplina y determinación para superar obstáculos. Algo positivo emerge de los dolorosos e inevitables cambios de la vida. Ahora posees una gran fortaleza. Eres capaz de canalizar tu mente y concentrar tus energías para alcanzar un objetivo. Necesitarás de tu lógica, equilibrio y orden. A veces esta carta indica un recurso jurídico para la resolución de un conflicto. En una lectura médica, puede referirse a la necesidad de inyecciones o cirugía.

☺ **Personas:** Campeones. Personas con autoridad. Individuos dominantes. Los que trabajan en un sistema legal. Los que luchan por una causa. Médicos especialistas o cirujanos. Personas con facilidad de palabra.

○●○

🖋 **As de Espadas al revés:** Liberarse de la carga.

🖋 **Frases y palabras claves:** Amenazas. Demasiada fuerza. Una victoria sin satisfacción. Sarcasmos. Intimidación. Oposición. Retraso. Mala programación. Obstáculos. Pensamiento confuso. Ruptura innecesaria. Falta de planeamiento. Abuso de poder. Energía mal dirigida. Lujuria. Caos. Explotación. Dominio. Injusticia. Deshonestidad. Problemas con la autoridad. Dificultades legales. Mal uso del intelecto. Ignorar los sentimientos de los demás. Una operación dolorosa. Problemas con una inyección o una cirugía. Automutilación. La prisa produce pérdidas. El que vive por la espada, muere por la espada. Podrías hacerlo bien.

🖋 **Situación y consejo:** Puedes estar involucrado en una situación de abuso. Tal vez estás esforzándote más de lo necesario para alcanzar tus objetivos. Tienes la tendencia a desechar cosas innecesariamente. Recuerda que puedes capturar más moscas con miel que con vinagre. Quizá necesites liberarte de una relación en la cual estás siendo tratado cruel o injustamente. En una lectura sobre salud, esta carta puede indicar ser cortado por un objeto afilado o tener problemas con inyecciones o cirugías.

😔 **Personas:** Autoritarios. Explotadores. Víctimas.

As de Copas
Los asuntos del corazón

🪶 **Al derecho:** Un nuevo amor.

🖎 **Frases y palabras claves:** Renovación emocional. El surgimiento de nuevos sentimientos. La fuerza del elemento Agua: El poder de la imaginación. El alimento emocional y espiritual. Amor. Felicidad. Amistad. Bondad. Paz. Sensibilidad. Contemplación. El comienzo de una empresa creativa. Arte. Poesía. Alegría. Éxtasis. Los primeros latidos del amor. Enamorarse. Ternura. Una nueva relación o la reafirmación de una ya existente. Compasión. Vida social. Una buena relación de trabajo. Compañerismo. Salud. Romance. Matrimonio. Una unión amorosa. Fertilidad. Embarazo. Parto. Maternidad. Compromiso. Un regalo. Amor espiritual. Habilidad psíquica.

☺ **Personas:** Enamorados. Psíquicos. Personas compasivas. Artistas.

○○○

🪶 **As de Copas al revés:** Nadie me ama.

🖎 **Frases y palabras claves:** Amor no necesitado. Pérdida del amor. Un corazón roto. Rechazo. El fin de una relación sentimental. Problemas en un compromiso. Amor condicional. Evitar vínculos emocionales. Soledad. Dolor. Pérdida. Separación. Lágrimas. Depresión. Tristeza. Pena. Angustia. Desgracia. Egoísmo. Manipulación. Sexo sin amor. Infertilidad. No estar listo para amar. Demora para comenzar una relación. Problemas matrimoniales.

Jugar con los sentimientos de alguien. Falta de satisfacción emocional. Sentirse afectado sentimentalmente.

🖐 **Situación y consejo:** El As de Copas invertido indica tristeza en tu vida sentimental. Tal vez te estás recuperando de una pérdida, separación o decepción en una relación. Podrías ahora darte cuenta de que una amistad no se convertirá en un romance. Alguien puede estar jugando con tus sentimientos, o quizá estás afectando emocionalmente a una persona. Tu ser amado puede estar más interesado en el sexo que en un compromiso duradero. Esta carta también representa un sentimiento de desamor, manipulación, o necesidad de afecto.

☹ **Personas:** Aquellos que han sido rechazados. Individuos tristes y acongojados.

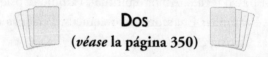

Dos
(*véase* la página 350)

Frases y palabras claves: Formación. Dualidad. Equilibrio. La relación entre dos objetos, ideas o personas. Competir o combinar fuerzas. Conflicto. Creatividad aún no utilizada. Reflexión. Asociación. Decidir entre dos alternativas. Un dilema. La necesidad de elegir. ¿Qué camino sigo?

> Dios creó al hombre a su imagen, a la imagen de Dios lo creó; macho y hembra los creó.
>
> Génesis

Arcano Mayor correspondiente: La Sacerdotisa.

Situación y consejo: El número dos se asocia con la Luna y el signo Cáncer. Los cancerianos son a menudo tímidos, sentimentales, receptivos, reservados, amables, sensibles y poseen gran imaginación. Frecuentemente se comprometen en obras de caridad o a trabajar por la comunidad. Los nativos de este signo tienen que ver con el baile, la música, la poesía, el drama, la pintura y la historia. Deben tener cuidado con su credulidad, desequilibrio emocional y gran sensibilidad.

La aparición de cartas con el número dos en una tirada indica la necesidad de tomar una decisión. A menudo esta elección requiere cooperación, trabajo de equipo, paciencia, equilibrio y diplomacia. Las bases creadas por los Ases de cada palo necesitan ser cuidadas ya que justo ahora empiezan a fortalecerse. Es recomendable un propósito amable y no agresivo para que sea más probable el éxito. Es posible que se realicen viajes cortos.

El número dos representa una energía yin que promueve cooperación, asociación, amistad y receptividad. Esta energía a menudo se refiere a mujeres que pueden figurar significativamente en el asunto en cuestión. Éste es el momento de esperar a que germine la semilla plantada durante el período número uno. Piénsalo dos veces si vas a realizar cambios importantes en tu vida cuando este tipo de cartas predominan en el arreglo.

Año personal: El dos como año personal anuncia una época de paciencia, espera, desarrollo pausado, cultura, movimiento uniforme, equilibrio y armonía. Aquí es importante la cooperación con los demás. Se favorecen las relaciones y las sociedades, además se enfatiza el amor y la paternidad. Prosperarán intereses metafísicos, actividades religiosas, pasatiempos creativos y el arte de escribir. El año personal número dos sugiere un tiempo apropiado para desarrollar proyectos iniciados en el año personal número uno. Éste es usualmente un período en el cual no se deben hacer cambios importantes en la vida.

DOS DE BASTOS
Oportunidad

✏ **Al derecho:** Estar frente a un buen comienzo. Un período de espera.

✏ **Frases y palabras claves:** Las primeras etapas de una empresa. La necesidad de esperar para ver cómo desarrollar un proyecto. Una empresa cooperativa. Colaboración. Terminación de la primera fase de un proyecto. Esfuerzo sincero. Fe en el futuro. Transición. Realización. Ambición. Orgullo. Propiedad. Asuntos concernientes a una sociedad. Un esfuerzo creativo conjunto. Gratificación. Compromiso. Crecimiento. Iniciativa. Preparación para el éxito. Potencial no utilizado. La posibilidad del progresó a través del trabajo duro. Una nueva perspectiva. Una nueva asociación comercial. Negocios exitosos. Previsión. Dirigirse por el camino correcto. Esperar una respuesta. Reubicación. Viajes. ¿Hacia dónde voy?

👍 **Situación y consejo:** El Dos de Bastos a menudo significa un período de espera durante el cual puedes sentirte inquieto mientras te preparas para el cambio. Estás en las primeras etapas de una nueva empresa y podrías sentirte preocupado acerca del progreso futuro. Lo más probable es que haya poco movimiento en estos momentos. Tal vez estás considerando un proyecto, un viaje o una actividad con otra persona. Podrías estar preparando una respuesta a una propuesta de negocios, a un trabajo, o a una solicitud académica.

Ésta es la época para tratar los problemas enérgicamente. Cualquier negociación en la que estés involucrado debería resultar favorable, pero debes decididamente hacerte valer. Es tiempo de que te hagas cargo de tu propia vida. Tienes la habilidad de superar obstáculos. Aprovecha tus energías creativas y haz planes sólidos para alcanzar tus objetivos.

El éxito será el fruto de tu duro trabajo. Alcanzarás tus metas si procedes de acuerdo a lo planeado. Es posible un cambio de residencia o sitio de trabajo. Además, podrías recibir gratificaciones relacionadas con tu oficio. Necesitarás atender correspondencia importante o asuntos contractuales. Ésta es una de las cartas que indica probabilidades de viajes.

☺ **Personas:** Un empresario. Un socio. Una persona orgullosa. Alguien involucrado en negocios. El que espera una respuesta. Un viajero.

🐦 **Dos de Bastos al revés:** Anticlímax.

🖎 **Frases y palabras claves:** Desconfianza acerca de una empresa. Retrasos. Perder el interés. Falta de actividad. Ir por el camino equivocado. Sentirse desilusionado o derrotado. No saber utilizar las energías. Potencial no aprovechado. Dificultades en una sociedad. Diferencias de opinión. La disolución de una asociación comercial. Desacuerdos. Fracaso en las negociaciones. Valores mal ubicados. Autodudas. Excesivo orgullo. Poca atención a los detalles. Abuso de la riqueza o el poder. Problemas en asuntos relacionados con las propiedades. Malas noticias. Un viaje aplazado o cancelado. No sucede nada.

☞ **Situación y consejo:** Las cosas podrían no salir como las has planeado. Tal vez dudes de tu propio compromiso o entusiasmo respecto a un proyecto que has iniciado recientemente. Quizá recibas malas noticias, posiblemente acerca de un resultado desafortunado en tus negocios. Es probable que te sientas desilusionado debido a que los asuntos no funcionan de la manera que esperabas.

Podrían causar dificultades el excesivo orgullo de tu parte o de alguien más. Si eres dueño de una propiedad o la administras, pronto enfrentarás problemas. Tu insatisfacción y sentido de inutilidad pueden guiar a discusiones con los socios e incluso a la disolución de la sociedad. Si estás considerando una empresa junto a otras personas, el Dos de Bastos al revés lo advierte para que analices la situación cuidadosamente.

172

☹ **Personas:** Un socio incompetente. Aquel que duda de sus habilidades. Una persona orgullosa que causa problemas.

DOS DE PENTÁCULOS
Los altibajos de la suerte

✍ **Al derecho:** Riesgo en las finanzas. Necesidad de flexibilidad.

✍ **Frases y palabras claves:** Equilibrar múltiples obligaciones. Caminar en la cuerda floja. Hacer frente a las variaciones de la vida diaria. Fluctuaciones monetarias. Tener dos o más trabajos. Dividir recursos. Trabajar duro para hacer que los extremos se unan. Destreza para manipular situaciones. Manejar muchos proyectos a la vez. Múltiples responsabilidades. La necesidad de tomar una decisión. Buenas noticias. Un regalo. Un cambio de ambiente o trabajo. Una nueva relación. Un viaje o mudanza que altera tu vida. Todo cambia. Lo que fácil llega, fácil se va. Pedirle a Pedro para pagarle a Pablo. El tiempo es oro.

👍 **Situación y consejo:** Estás tratando de realizar varias tareas al mismo tiempo. Tal vez no disfrutarás más tu trabajo, pues éste se ha convertido en un deber u obligación. ¿Estás trabajando para complacer a los demás y te descuidas a ti mismo? Necesitas programar tu tiempo inteligentemente. Tus finanzas están en un estado de fluctuación, por eso debes hacer un equilibrio monetario. Como resultado, es posible que una nueva empresa tenga difi-

173

cultades para surgir. Puedes sentirte mal económicamente y ver la necesidad de tomar prestado dinero de otras personas. No obtuviste los recursos que pensabas conseguir, pero hay otra fuente monetaria disponible. Podrías tener que dividir con un socio un capital conjunto.

Tal vez necesites trabajar duro por poca retribución, y te preocuparás por los problemas económicos. Necesitas tomar una decisión que alivie la tensión que ahora vives. Tal vez un cambio de trabajo o de ambiente mejorará tu situación. Éste es el momento de adaptarte al ritmo de las cosas. Puedes estar pendiente de un viaje. Tu habilidad para manejar múltiples obligaciones te llevará al éxito. Estás a punto de recibir buenas noticias o un regalo.

☺ **Personas:** Aquellos que deben manejar muchas situaciones a la vez.

○○○

🐦 **Dos de Pentáculos al revés:** Sentirse arrollado por la complejidad de las cosas.

🖎 **Frases y palabras claves:** No poder manejar el dinero. Incapacidad de mantener el equilibrio. Inestabilidad. Desorganización. Derroche. Inflexibilidad. Actitud negativa. Intranquilidad. Indecisión. Falta de un propósito firme. Deudas. Gastos inapropiados. Finanzas mal manejadas. Esfuerzo inadecuado. Complicaciones. Mala concentración. Falta de enfoque. Malas noticias. Oposición. Desmotivación. Pocos recursos. Un viaje es aplazado o cancelado. Inhabilidad para manejarlo todo. Un socio retiene demasiado dinero de un capital conjunto. Comprar excesivamente a crédito. Morder más de lo que puede masticar. Mis ojos son más grandes que mi estómago. Debo hasta mi alma en la empresa.

☞ **Situación y consejo:** Te puedes sentir abatido por tus muchas obligaciones. Justo ahora la vida está llena de complicaciones y detalles interminables. Es difícil que tengas el propósito necesario para poder alcanzar tus objetivos y enfrentar la oposición. Tal vez te has hecho cargo de más de lo que puedes manejar y te sientes débil económicamente. Necesitas reducir tu enfoque y concentrarte en una tarea en particular. Un socio tuyo puede haberse apropiado de gran parte del capital conjunto y por eso el dinero no está disponible cuando lo necesitas. Por otro lado, es posible que hayas manejado mal tus propias finanzas a través de gastos inapropiados o el uso excesivo del crédito.

Aunque parece difícil, debes ser flexible y esforzarte por seguir el curso de las cosas. Revisa tus objetivos y asegúrate de que tienes las habilidades requeridas y la disposición necesaria antes de seguir adelante.

☹ **Personas:** Individuos impulsivos e inmaduros. Personas inflexibles. Aquellos que cargan la tarjeta de crédito hasta el límite.

DOS DE ESPADAS
Estancamiento

♘ **Al derecho:** Una situación tensa. Un punto muerto.

🖎 **Frases y palabras claves:** Un freno a las emociones. Sentirse en un punto muerto. Sentirse indeciso por cuál camino seguir. Acción suspendida. Estancamiento. Paradoja. Permanecer en un solo sitio. Tensión. Oposición. Retraso. Espera. Mantenerse reservado. Antagonismo. Peleas. Tregua en una lucha. Una decisión difícil. Sentirse abatido por muchos factores. Un balance precario. Contener los sentimientos. No ir rápido a ningún lado. Incapacidad para moverse. Equilibrado perfectamente. Acuerdo. Estabilización.

👍 **Situación y consejo:** Estás en medio de un dilema y no puedes ver claramente el camino que debes tomar. No sabes si deberías guiarte por la razón o por el corazón. Te sientes inmovilizado por la indecisión, como si hubieras llegado a un punto muerto. Estás reprimiendo tus emociones. Podrías estar usando todas tus defensas intelectuales para evitar enfrentar tus sentimientos respecto al asunto. Estás adoptando una postura pasiva para esperar que algo nuevo suceda antes de tomar una decisión. Quizá estés enterrando tu cabeza en la arena en lugar de actuar convenientemente. Sin embargo, no puedes resistir esta situación para siempre. En realidad, debes enfrentar los dilemas directamente, ya que los problemas no se acabarán espontáneamente. Debes encarar lo que realmente quieres o sientes. A veces esta carta puede significar un acuerdo o convenio.

☺ **Personas:** Alguien que no puede decidir o que retiene sus emociones. Partes en conflicto.

🕊 **Dos de Espadas al revés:** Acción renovada.

🖋 **Frases y palabras claves:** Se acaba el estancamiento. Se toma una decisión. Movimiento. Cambio. Capacidad de decidir. Liberación. Las primeras consecuencias de una decisión. Reanudación de la acción. Enfrentar los sentimientos. No ocultar las emociones.

☞ **Situación y consejo:** Recientemente has tomado una decisión, o tal vez las circunstancias decidieron por ti. Ahora debes esperar para ver cuál es el desenlace de las cosas. Ya no hay tensión. Las emociones fuertes se han exteriorizado y ahora puedes hacer frente a la situación. El Dos de Espadas en esta posición indica que hay cambios y que puedes seguir adelante en la vida dejando atrás el período de estancamiento.

☹ **Personas:** Alguien que recientemente ha tomado una decisión y espera un resultado incierto.

DOS DE COPAS
Mutualidad

🕊 **Al derecho:** Una unión feliz.

🖋 **Frases y palabras claves:** Compartir. Calidez. Atracción. Las primeras etapas de una relación armoniosa. Romance. Una relación amorosa. Una atmósfera de felicidad. Intercambio mutuo. Simpatía. Amistad. Una asociación equilibrada. Un negocio. Equilibrio al dar y recibir. Cooperación. Reciprocidad. Bondad. Afecto. El fin de las hostilidades. Entendimiento. Equilibrio emocional. Armonía. Unión. Respeto mutuo. Encontrar un terreno común. Reconciliación. Compromiso en una relación. Amor platónico. Hacer un contrato o acuerdo. Comprometerse. Matrimonio. Te amo.

👆 **Situación y consejo:** El Dos de Copas indica la continuación de una relación amorosa. Si has estado involucrado en una disputa, puedes encontrar una solución y establecer un acuerdo entre las dos partes. Éste es el momento de cooperar con los demás. Es posible que resuelvas los problemas y te reconcilies. Podrías estar decidiendo si realizar o no un contrato o acuerdo. Si la pregunta es acerca de una relación, esta carta promete armonía, entendimiento, amistad y la posibilidad de un romance. El resultado puede ser un compromiso serio o el matrimonio. En el ambiente de trabajo predomina un espíritu de cooperación. Puedes estar a punto de recibir un regalo.

☺ **Personas:** Parejas. Compañeros. Amigos. Amantes. Colegas.

● ○ ○

🖐 **Dos de Copas al revés:** El final de una relación.

✎ **Frases y palabras claves:** Rechazo. Separación. Desilusión. Disolución de una sociedad. Anulación de un contrato o acuerdo obligatorio. Una relación con problemas. Incompatibilidad. Falta de comprensión. La partida de un ser amado. Desconfianza. Infidelidad. Discusiones.

Malentendidos. Desacuerdos. Conflicto. Comportamiento desconsiderado. Abuso de confianza. Dar más de lo que se recibe o viceversa. Falta de armonía. Resentimiento. Odio. Disputas. Iniquidad. Divorcio. Es difícil terminar una relación. Te odio.

☞ **Situación y consejo:** Puedes estar preocupado por una posible separación de alguien que es importante para ti. Tal vez estás involucrado en una situación de desconfianza, rechazo, falta de consideración, sentimientos heridos o en una asociación que no ha cumplido las expectativas. Estás rodeado por una atmósfera sin armonía. Alguien podría estar resintiéndose por el egoísmo de otra persona y ello podría llevar a una disputa. No hay equilibrio, uno lo da todo y el otro solamente recibe.

☹ **Personas:** Un excompañero. Aquel que abusa de la confianza de alguien. El que sólo recibe y nada ofrece.

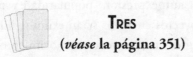

TRES
(*véase* la página 351)

Frases y palabras claves: Creación. Crecimiento. Desarrollo. Incremento. Florecimiento. Expansión. Regeneración. Fertilización. Exploración. Moverse por el mundo. Entusiasmo. Preparación. Perspectiva. Finalización de la primera etapa de desarrollo. Mezcla de opuestos para producir una tercera identidad independiente que puede reconciliar las diferencias. El tres es un número íntimamente ligado con los genitales humanos.

Dios los bendijo y les dijo, «Sean fructíferos y háganse muchos; llenen la tierra y sojúzguenla».

Génesis

Arcano Mayor correspondiente: La Emperatriz.

Situación y consejo: El número tres está asociado con la carta de la Emperatriz, con el planeta Júpiter y con los signos Sagitario y Piscis. Júpiter es un planeta de suerte, diversión, amistad, amplios horizontes, comunicación, publicaciones, autoexpresión, creatividad, optimismo, crecimiento, expansión, orgullo, ambición, grandes perspectivas, viajes, educación superior e independencia. Sus aspectos negativos incluyen derroche, pereza, vanidad, superficialidad, inflación y exageración.

Un predominio de cartas con este número sugiere un período de crecimiento personal, creatividad, expansión, autopromoción, autoexpresión, popularidad y mejoramiento. Los proyectos creativos serán exitosos. El tres se relaciona con logros en la carrera, reconocimiento personal, progreso y ascensos. Es posible la realización de un largo viaje. El romance está en el aire. Por el lado negativo, hay probabilidad de trabajo excesivo, extravagancia, energías dispersas, tensión nerviosa y problemas emocionales.

El tres participa en la vibración yang. Cuando cartas de tal número aparecen en un arreglo, sugieren la necesidad de que surjas a través de la escritura, la oratoria o la radiodifusión.

Año personal: El tres como número de año personal representa una época de diversión y alegría. Es el tiempo apropiado para viajes, autoexpresión, procreación, autopromoción, conferencias, escritura, enseñanza, socialización, realización de cursos, comunicación, relaciones amorosas y esfuerzos creativos. El peligro de un año marcado por este número es el exceso de compromiso, el derroche, la dispersión de energía y la extravagancia.

TRES DE BASTOS
Movimiento y creación

✎ **Al derecho:** El inicio exitoso de una empresa. Cooperación.

✎ **Frases y palabras claves:** Negocios activos. Un nuevo proyecto. Éxito inicial. Primeros retornos favorables. Ayuda para llevar a cabo los planes. Compartir energías creativas. Intercambiar ideas. Oportunidades. Establecer objetivos para el futuro. Satisfacción, pero hay mucho más por hacer. Surgimiento de ideas nuevas. Noticias relacionadas con el trabajo. Equipo de trabajo. Negociaciones. Envío de bienes. Mostrar la mercancía. Un nuevo trabajo. Consejos útiles. Apoyo familiar. Las semillas empiezan a brotar. La sociedad comienza a prosperar. Trabajo relacionado con viajes. Todo luce bien. Los barcos están llegando.

👍 **Situación y consejo:** Los asuntos de negocios están activos y prosperando. Has terminado la primera fase de un proyecto, pero hay mucho más por hacer. Puedes contar con un trabajo de equipo apropiado. Ahora posees un sentido de desafío y realización mientras te preparas para el inicio de la siguiente etapa de tu empresa. Abundan las oportunidades, y es posible que consigas un nuevo trabajo. Llegan noticias relacionadas con los negocios. Podrías hacer viajes asociados a tu trabajo. Éste es el tiempo ideal para que le hagas publicidad a los logros que han sido producto de tu creatividad. Tal vez te encuentres enviando tus creaciones a un sitio distante. Alguien puede ofrecerte ayuda útil. Aprovecha la oportunidad de trabajar en cooperación con los demás si deseas formar las bases para un futuro desarrollo.

☺ **Personas:** Comerciantes. Fabricantes de productos. Socios creadores. Autores. Corporaciones.

◉○○

🖎 **Tres de Bastos al revés:** Falta de cooperación.

🖎 **Frases y palabras claves:** Exceso de confianza. Planes poco realistas. El lento progreso de una empresa. Arrogancia. Demasiado orgullo para aceptar ayuda. Esfuerzo perdido. Retrasos. Contratiempos en un proyecto creativo. Creatividad bloqueada. Timidez. Decepción. Los objetivos son difíciles de alcanzar. Fracaso de una empresa prometedora. Los barcos no llegan. Oposición. Despreocupación. Información tergiversada. Terquedad. Alianzas inútiles. Bájate de tu pedestal.

🖙 **Situación y consejo:** Por alguna razón no puedes hacer que las cosas funcionen. Tal vez una oferta de ayuda no se ha materializado o no es de tu interés. Una empresa recientemente lanzada podría no estar desarrollándose de la manera esperada. Quizá tus planes son poco realistas, o puedes carecer de la energía y los recursos necesarios para trasformar tus ideas en realidades. ¿Estableciste unas metas demasiado altas? ¿Tienes miedo de ir en busca de ellas? ¿Hace falta cooperación? ¿Están todos los miembros de tu equipo trabajando por el mismo objetivo? ¿Alguien que admiras te ha defraudado?

☹ **Personas:** Individuos tímidos y poco realistas.

Tres de Pentáculos

✥ **Al derecho:** Uso apropiado de los talentos.

✎ **Frases y palabras claves:** Primeras fases para la realización de los objetivos. Primeras retribuciones. Empleo. Trabajo que involucra un mejor estatus. Una oportunidad de ganar dinero. Habilidad superior. Desarrollo profesional. Competencia. Esfuerzo sincero. Altos estándares. Pericia. Artesanía. Hacer un trabajo en forma correcta. Satisfacción por el trabajo. El éxito obtenido gracias al talento. Diligencia. Atención a los detalles. Mejoramiento de las condiciones de trabajo. Progreso. Reconocimiento. Aprobación. Mejorar el estatus social. Honor. Buenas calificaciones en el estudio. Certificación. Nuevo aprendizaje. Esfuerzo fraternal. Confianza en sí mismo. Pago o aclamación por un trabajo bien hecho. Deseo de estatus social o aprobación de los demás. Graduarse. El trabajo hecho para otros. Ayuda a los demás. Hacer arreglos a la casa o a otra propiedad. Posibilidad de cambio de residencia. Un buen comienzo.

👍 **Situación y consejo:** El Tres de Pentáculos es una carta de desarrollos ocurridos en el plano físico. La situación puede involucrar tu dinero, trabajo, educación, salud física, una casa o un proyecto que producirá resultados tangibles. Serás retribuido por hacer un trabajo competente y hacer uso de tu talento, conocimiento y habilidad. Te encuentras ante un buen inicio y podrías ser reconocido como un experto en tu campo. Tendrás oportunidad de ganar dinero por lo que sabes. Deseas estatus social, reconocimiento o aprobación de los demás, y te sientes realizado por un trabajo bien hecho. Es posible un ascenso. Puedes aplicar tus talentos para un mejoramiento de tu casa o propiedad que involucra entre otras cosas pintura y decoración. Si eres un estudiante, obtendrás buenas calificaciones o te graduarás. En preguntas acerca del amor y relaciones sentimentales, esta carta sugiere muy poco compromiso emocional y demasiado énfasis en el materialismo, el estatus social y las presiones de la familia.

☺ **Personas:** Buenos trabajadores. Individuos talentosos. Artesanos. Perfeccionistas. Trabajadores cuidadosos, diligentes y competentes.

● ○ ○

🐎 **Tres de Pentáculos al revés:** Problemas con el trabajo o en el trabajo.

🖐 **Frases y palabras claves:** Mal desempeño. Falta de dirección. Insatisfacción en el trabajo. Falta de ambición.

Retrasos. Decepciones. Esfuerzo irrisorio. Aburrimiento. Esfuerzo a medias. Inexperiencia. Poco conocimiento. Habilidades inapropiadas. Poca habilidad. Ignorancia. Oportunidades perdidas. Equipo inadecuado. Una tarea ingrata. Materiales insuficientes. Críticas por un regular desempeño. Malas calificaciones. Una mala condición de trabajo. Estar sobrecualificado para un oficio. Falta de respeto. Excesiva preocupación por reconocimiento, aprobación o estatus social.

👎 **Situación y consejo:** El Tres de Pentáculos al revés indica que necesitas aprender más, trabajar más duro y adquirir nuevas destrezas para terminar un proyecto importante. Sé cuidadoso y no ignores oportunidades valiosas, ya que usualmente temes arriesgarte. Estás produciendo resultados inferiores a los esperados. Aunque estás trabajando duro, podrías sentirte poco valorado, insatisfecho o aburrido con tu oficio. Tal vez te estás enfocando más en ganar aprobación y reconocimiento que en hacer bien el trabajo. Una excesiva preocupación por mejorar tu estatus social puede estar limitando relaciones sinceras con los demás.

☹ **Personas:** Trabajadores no cualificados. Un principiante presumido. Un mal trabajador. Arribistas.

TRES DE ESPADAS
Dolor del corazón

✍ **Al derecho:** Un rompimiento necesario. Un corazón sangrando.

🖎 **Frases y palabras claves:** Tiempo agitado para las emociones. Desgracia. Dolor emocional. Un amor perdido. Un corazón que sangra. Dificultades en una relación. Irritabilidad. Peleas. Conflicto. Malentendidos. Falta de armonía. Distanciamiento. Trastornos. Comportamiento neurótico. Dolor. Sufrimiento. Una operación quirúrgica. Ruptura. Cambios perturbadores. Estrés. Tensión. Enfermedad. Llanto. Pena. Lamentaciones. Oscuridad antes del amanecer. Sentimientos profundos. Separación. Divorcio. Rechazo. Abandono. Pérdida de un amor. Aborto. Problemas del corazón. Funerales. Necrología. Muerte. Noticias dolorosas.

👌 **Situación y consejo:** El Tres de Espadas indica que has perdido o perderás algo importante para ti. Estás triste a causa de una herida emocional que puede ser producto de la separación de alguien que amas. Debes terminar con una relación o situación que sólo te trae angustias. Esta carta puede anunciar un período de enfermedad o indisposición, una inminente separación, y a veces indica la necesidad de una delicada cirugía o un tratamiento dental. Ten cuidado de no alejar a las personas que amas, simplemente porque te siente tenso y de mal humor.

A veces el Tres de Espadas indicará una pérdida a través de la muerte. Usualmente la muerte se anuncia en una tirada por la aparición de muchas cartas que significan precisamente eso. Por ejemplo, la Torre, la Muerte, muchas cartas de Espadas, gran porcentaje de cartas al revés, etc. Cuando aparece el Tres de Espadas, a menudo significa que te enterarás del fallecimiento de alguien que conoces.

☺ **Personas:** Aquellos que sufren del corazón. Personas tristes. Individuos estresados y de mal humor. Personas agobiadas por el dolor.

○○○

🖐 **Tres de Espadas al revés:** El dolor está cesando.

🖎 **Frases y palabras claves:** Recuperación. Lo peor ha terminado. Una ruptura menos dolorosa. Extender heridas del pasado. El dolor persiste después de la separación. Una cirugía sencilla.

👆 **Situación y consejo:** Las penas del corazón están a punto de terminarse. Has estado involucrado en una situación dolorosa que está en su fase final. El sufrimiento ha sido insoportable y persistirá por algún tiempo. No hay nada que puedas hacer por una relación ya terminada. Pero lo peor ya ha pasado, pronto te recuperarás. Si efectivamente hay una ruptura, no será tan dolorosa como indicaría el Tres de Espadas al derecho. Respecto a lecturas sobre salud, son posibles una cirugía sencilla o un tratamiento dental.

☹ **Personas:** Un amante rechazado.

TRES DE COPAS
Celebración

🖐 **Al derecho:** Tiempo de regocijo. Diversión.

Frases y palabras claves: Alegría. Un momento divertido. Satisfacción. Reunión. Unirse a los demás. Encuentros familiares. Felicidad. Pasatiempos. Festividades. Lo que haces en busca de alegría. Una fiesta. Bastante vida familiar. Buena suerte. Abundancia para bien de todos. Recreación. Hospitalidad. Libertad de gustos. Compartir buenos momentos. Concepción. Gestación. Embarazo (especialmente si en el arreglo aparece la carta de la Emperatriz al derecho, que sugiere fertilidad). Nacimiento. Realización. Curación. Salud renovada. El comienzo de la felicidad. Iniciar un nuevo estilo de vida. Matrimonio. Estatus matrimonial. Una boda. Algo va a llegar. Algo bueno. Sabía que ibas a venir, hice una tarta. Comed, bebed y estad alegres.

Situación y consejo: Hay algo para celebrar; es el momento de divertirse. Prepárate para una fiesta, boda, graduación, ascenso, nacimiento o alguna otra ocasión alegre. Estarás compartiendo la felicidad con los demás. Ahora es tiempo de celebrar, pero aún hay trabajo pendiente. Si tu pregunta es acerca de matrimonio o embarazo, espera un resultado favorable. El Tres de Copas significa que el matrimonio (o el divorcio que guiará posiblemente a un nuevo compromiso) está en tu mente. En una lectura sobre salud, esta carta promete recuperación después de una enfermedad. En asuntos de la carrera, indica un pasatiempo y no una profesión.

Personas: Animadores de fiestas. Aquellos que se divierten. Los que tienen pasatiempos. Camareros.

🗡 **Tres de Copas al revés:** Autoindulgencia. Demasiado de algo bueno.

🖎 **Frases y palabras claves:** Demasiada condescendencia. Disipación. Infidelidad. Romance fracasado. Adicción. Alcoholismo. No hay ocasión para reunirse con los demás. Hedonismo. Obesidad. Promiscuidad. Sexo sin amor. Autocompasión. Egoísmo. Problemas matrimoniales. Dificultades con un embarazo. Infertilidad. Explotación. Aprovecharse de los demás. No hay razón para celebrar. Una invitación cancelada. No irás a la fiesta. No habrá festividades. Divorcio. Una reunión social aburrida. Mala salud. Un final triste. Fracaso al usar nuestras habilidades naturales. Abuso. ¿Cuál es el motivo para reír?

👆 **Situación y consejo:** La boda se cancela. Una situación que podría haber sido divertida ahora sólo trae dolor. Tal vez no podrás atender una celebración o reunión como estaba planeado. El Tres de Copas al revés indica que puedes estar abusando de los placeres, afectando de este modo tu salud y bienestar. Todos tenemos adicciones que pueden llevarnos a la perdición. Es posible tomar demasiado de algo, pero hay un precio que pagar por la sobreindulgencia. También podrías tener problemas en una relación amorosa, posiblemente debido a la falta de interés por tu parte o de tu pareja, o una situación de infidelidad.

☹ **Personas:** Individuos egoístas, pesados y sobreindulgentes. Adictos. Aguafiestas. Amantes infieles. Personas promiscuas.

CUATRO
(*véase* la página 352)

Frases y palabras claves: Estructura. Estabilidad. Bases. Orden. Predicción. Solidez. Firmeza. Tenacidad. Trabajo. Realidad. Organización. Habilidades prácticas. Resultados tangibles. Cristalización. Coagulación. Lógica. Razón. Poder y control. El mundo material. El universo físico.

> Dios procedió a hacer las dos grandes lumbreras, la lumbrera mayor para dominar el día y la lumbrera menor para dominar la noche, y también las estrellas. Así las puso Dios en la expansión de los cielos para brillar sobre la Tierra, y para dominar de día y de noche y para hacer una división entre la luz y la oscuridad. Entonces vio Dios que era bueno. Y llegó a haber tarde y llegó a haber mañana, un día cuarto.
>
> Génesis

Arcano Mayor correspondiente: El Emperador.

Situación y consejo: El número cuatro se asocia con la carta del Emperador, el planeta Saturno y los signos Capricornio y Acuario. Saturno es el planeta que anuncia orden, trabajo, poder, control, disciplina, organización, estructura, cristalización, solidez, pragmatismo, paciencia, exactitud, precisión matemática, economía, propiedades, bienes raíces, resistencia y valor duradero. Los rasgos negativos de este planeta incluyen ser dogmático, rígido, testarudo, reprimido, melancólico y demasiado serio. Los acuarianos son progresistas, humanitarios, independientes, bohemios y algo excéntricos.

El predominio del Cuatro en las cartas de un arreglo indica el tiempo para sentar las bases del éxito futuro. Éste es un período para que trabajes duro y organices tus negocios además de estructurar tu vida. Saturno puede hacer que en ocasiones te sientas limitado o con mucha carga. Tal vez ahora estás enfrentando decisiones importantes que requieren una cuidadosa deliberación. Existe la posibilidad de una enfermedad o la necesidad de descansar y recuperarse. La influencia de acuario puede traer a tu vida personas excéntricas o inusuales.

Saturno es uno de los factores astrológicos asociados con el karma. Cuando predominan los Cuatros, posiblemente tendrás que pagar una antigua deuda. Es bueno que tengas en cuenta los detalles, ejercita la autodisciplina y lleva una vida más organizada y sistemática. Deberías efectuar cambios importantes en tu vida sólo después de una cuidadosa deliberación.

Año personal: El cuatro como número de año personal indica que es el momento de ser pragmático, ordenado, sistemático y conservador. A menudo representa un período marcado por un duro trabajo realizado para lograr seguridad y crear bases firmes. Puede haber un sentimiento general de restricción y limitación a lo largo del año. Se favorecen los asuntos relacionados con propiedades, bienes raíces, presupuestos, contratos legales, comercio y ahorros, además de la autodisciplina y atención a los detalles. Éste no es el tiempo apropiado para hacer cambios de carrera.

CUATRO DE BASTOS
Puerto para refugiarse

✹ **Al derecho:** Un descanso bien merecido.

✎ **Frases y palabras claves:** Una reunión especial para celebrar la finalización de una etapa de desarrollo. Paz. La alegría de la realización. Un evento conmemorativo. Felicidad. Bendiciones. Armonía. Un hogar seguro y feliz. Una sociedad comercial sólida. Comprar una casa. Éxito. Crear las bases para una relación seria o el matrimonio. Mudarse a una casa nueva. Realizarse. Mejoramiento. Prosperidad. Diversión. Celebración. Productividad. Confort. Una actividad creativa. Satisfacción. Vacaciones. Relajación. Posible romance. Matrimonio. Luna de miel. Retribuciones por el trabajo realizado. Fin de semestre. Un final feliz.

👍 **Situación y consejo:** El Cuatro de Bastos es una carta positiva que representa un tiempo para descansar y la retribución por una dura tarea. Una empresa ha finalizado una etapa exitosa de desarrollo y es el momento de celebrar tal logro. Las bases que has creado son seguras. Puedes estar pensando en comprar una casa y establecerte ahí. Una actividad creativa está funcionando bien. Es posible que disfrutes los resultados iniciales de tu trabajo antes de comenzar una nueva fase luego de las vacaciones.

Esta carta puede significar una ceremonia especial o celebración que marca la culminación de una etapa, por ejemplo, la realización de una fase de desarrollo y el inicio de una nueva. En preguntas acerca de relaciones, el Cuatro de Bastos simboliza la base de un compromiso serio y positivo y es una de las cartas que tradicionalmente indican matrimonio.

☺ **Personas:** Turistas. Personas felices. Compradores de viviendas. Individuos encargados del servicio en eventos sociales, como por ejemplo una graduación.

●○○

🖐 **Cuatro de Bastos al revés:** Éxito retrasado pero inminente.

✎ **Frases y palabras claves:** (Positivas) Similar al significado de la carta al derecho pero en un menor grado. Éxito, pero a mayor precio. Descanso. Una pausa para relajarse. Mejoramiento. Felicidad después de superar las dificultades. Apreciación. Retribución. Demora en la inminente terminación de una fase de un proyecto. Un compromiso no marital.

(Negativas) Inhibición. Crítica. Inseguridad. Mal servicio. Decepción. Intolerancia. Mente limitada. Excesivo conservadurismo. Restricción. Desaprobación. Problemas con una propiedad. Disolución de un sociedad. La necesidad de protegerse para no perder el éxito deseado.

☝ **Situación y consejo:** Incluso en su posición invertida, el Cuatro de Bastos es una carta generalmente positiva, pero hay que pagar un mayor precio para alcanzar el éxito.

Hay tiempo para descansar y ser retribuido por el trabajo realizado. Sin embargo, esta carta al revés puede representar cierto tipo de obstáculo o restricción que necesitas superar, o posiblemente algunos problemas con tu propiedad. Si estás planeando un evento social, el servicio podría ser malo o lo planeado tal vez no funcione como es esperado. Deberás esforzarte más para alcanzar tu objetivo.

☹ **Personas:** Individuos inhibidos. Aquellos que suministran un mal servicio.

CUATRO DE PENTÁCULOS
Sostenerse firmemente

♫ **Al derecho:** Mantener el estatus.

✎ **Frases y palabras claves:** Enriquecimiento. Posesión. El trabajo duro da resultados. Manejo eficaz del dinero. Seguridad económica. Una base financiera sólida. Un presupuesto equilibrado. Propiedad. Ganancia de dinero. Adquisición material. Mentalidad firme para los negocios. Preservar las posesiones. Buscar una garantía. Comprar una casa. Inversiones conservadoras. Sólido aprendizaje. Creencias bastante arraigadas. Pasar un examen. Demasiada cautela. Un regalo. Una herencia. Si nada se arriesga, nada se gana. Dejar algo por escrito.

☝ **Situación y consejo:** El Cuatro de Pentáculos representa seguridad financiera. Tienes la oportunidad de enriquecerte e incrementar tus posesiones. Esta carta a veces indica que eres demasiado conservador debido a tu te-

194

mor respecto a los riesgos. ¿Estás rígidamente aferrado a tus creencias que hacen que mantengas ciegamente tu estatus? Tal vez tienes miedo de perder lo que has conseguido cuidadosamente. Debes también aprender a delegar trabajo a otras personas en lugar de tratar de hacerlo todo tú solo. En ocasiones, el Cuatro de Pentáculos revela un buen sentido para los negocios y voluntad para trabajar duro en busca de ganancia material. Si tu pregunta es acerca de finanzas, este Arcano Menor anuncia seguridad y adquisición de bienes. En lo que a relaciones se refiere, indica intereses materiales que bloquean tu desarrollo emocional.

☺ **Personas:** Banqueros. Individuos con gran poder económico. Personas conservadoras y cautelosas.

●○○

♄ **Cuatro de Pentáculos al revés:** Avaricia.

☙ **Frases y palabras claves:** Codicia. Problemas con el presupuesto. Falta de seguridad económica. Despreocupación. Disipación. Mal manejo fiscal. Pérdida de dinero. Fracaso al delegar responsabilidades. Pago inadecuado por servicios prestados. Poca retribución. Retrasos. Obstáculos. Envidia. Miedo al fracaso. Timidez. Recelo. Egoísmo. Oposición. Falta de iniciativa. Gastos innecesarios. Problemas de dinero. Un presupuesto mal equilibrado. Derroche. Falta de realización. Suspender un examen.

Dios comúnmente da riquezas a los imbéciles, pero no les ofrece nada más.

Martin Luther

🖐 **Situación y consejo:** Puedes estar teniendo dificultades para equilibrar tu presupuesto, ahorrar dinero, o gastarlo sabiamente. Te preocupas de tu seguridad y situación financiera. Tal vez estás siendo demasiado rígido cuando deberías ser más flexible. Es posible que tu progreso sea afectado por una actitud excesivamente tímida y defensiva de tu parte. Probablemente habrá retrasos.

☹ **Personas:** Avaros. Aquellos que administran mal el dinero. Individuos ineptos. Personas envidiosas y pobres de espíritu. Los que se preocupan demasiado por el dinero. Individuos excesivamente conservadores.

CUATRO DE ESPADAS
Alivio

🖐 **Al derecho:** Recargar tus baterías.

✍ **Frases y palabras claves:** Necesidad de descanso y relajación. Una tregua. Una prórroga. Recuperación. Reposo. Retiro. Alivio del estrés. Un descanso placentero. Convalecencia. Inactividad. Soledad. Oración. Meditación. Contemplación. Reevaluación. Calma después de la tormenta. Recuperarse de una enfermedad. Una estancia en el hospital. Una visita del doctor. Vacaciones. Viajes. Lugares pacíficos. Alejarse de todo. Dame un descanso. Oremos.

👍 **Situación y consejo:** ¿Te sientes estresado? Una tregua temporal está cerca. Éste es el momento de interrumpir la rutina y descansar después de un período de lucha y conflicto. Necesitas un período de renovación para que aclares tu mente y rejuvenezcas tu cuerpo. Es tiempo de relajación y restablecimiento de fuerzas. Algunos pueden buscar consuelo en la oración y la meditación. El distanciarte de tu rutina diaria te ayudará a tener una mejor perspectiva de los asuntos. La reflexión te traerá la claridad necesaria a tu situación. ¿Qué te parecen unas vacaciones o un viaje que lo alejen de todo? Si has estado enfermo, éste es tiempo de convalecencia. Es posible que pronto te encuentres en un hospital como paciente o como visitante.

☺ **Personas:** Alguien que necesita descanso. Una persona que se recupera de una enfermedad. Quien visita un hospital. Un trabajador de hospital. Un paciente.

●●○

🖐 **Cuatro de Espadas al revés:** De nuevo la acción.

🖎 **Frases y palabras claves:** (Positivas) No hay tiempo para relajarse. Acción renovada. Se acabó el descanso. De regreso al trabajo. Curación. Recuperación. Una vez más sobre la brecha.

(Negativas) Enfermedad. Aislamiento. Descontento. Retirada. Resentimiento. Rechazo. Destierro. Soledad. Indiscreción. Problemas en el trabajo. Malestar. Oposición. Huelgas. Boicot. Disturbios. Confinamiento. Detención. Exilio. Ostracismo. Lugares desagradables.

👎 **Situación y consejo:** En su aspecto positivo, esta carta significa que se acabó el período de descanso y que es tiempo de regresar a la acción. Te sientes renovado y capaz de enfrentar las dificultades de la vida. En su aspecto negativo, el Cuatro de Espadas al revés puede anunciar problemas en general, mala salud o un período de aislamiento forzoso.

☹ **Personas:** Un invitado inoportuno. Un exiliado. Un prisionero. Un paria. Un trabajador sobresaliente.

CUATRO DE COPAS
Descontento

✥ **Al derecho:** Detrás de un escudo. Insatisfacción.

✎ **Frases y palabras claves:** Aburrimiento. Cansancio. Retirada. Aislamiento social. Disminución de invitados sociales. Revaloración. Reevaluación. Apatía. Encierro. Perdido en el pensamiento. Silencio. Vida interior. Distracción. Distancia. Anticlímax. Algo hace falta. Un vacío que se siente por dentro. Sentirse esclavo de la rutina. Resentimiento. Depresión. Sentirse hastiado. Introversión. Mirarse internamente. Falta de motivación. Nadie me entiende. Se acabó la luna de miel. Nunca le prometí un jardín de rosas. El pasto es más verde al otro lado.

☝ **Situación y consejo:** Puedes estar en una búsqueda interior originada por el descontento de algún aspecto de tu vida. Vives un ambiente de aburrimiento y anticlímax. Se acabó la luna de miel. Todo parece difícil y sin un sentido preciso. Éste es el momento de revalorar las cosas. El peligro ahora es que no veas todo lo bueno que

198

te rodea. En tu estado de introversión, podrías rechazar la ayuda ofrecida. Tal vez te estás sintiendo deprimido, desmoralizado y confundido acerca de tu situación. Ya no hay novedad, por eso estás contemplando nuevas fuentes de estimulación. Sientes un gran vacío como si algo faltara en tu vida, pero no sabes qué es realmente. ¿Te estás aislando de las demás personas innecesariamente? El consejo del Cuatro de Copas es que no te apresures y saques tiempo para meditar y considerar los asuntos antes de proceder.

☺ **Personas:** Alguien que está insatisfecho o debe reevaluar su situación. Ermitaños. Reclusos.

● ● ○

🖐 **Cuatro de Copas al revés:** El fin del descontento.

🖋 **Frases y palabras claves:** (Positivas) Relaciones renovadas. Mirar hacia adelante. Aceptar una invitación social. Motivación. Iniciativa. Socialización. Brío. Preparación para el desafío y las nuevas oportunidades. Revitalización. Sentir nuevas energías. Mirar hacia lo exterior. Salirse del armazón. Derribar las paredes. Satisfacción.

(Negativas) Autocompasión. Fatalismo. Saciedad. Exceso. Apatía. Letargo. Desesperación. Depresión. Agotamiento. Falta de diversión. Oportunidades perdidas.

👆 **Situación y consejo:** En su aspecto positivo, los asuntos están mejorando. Te sientes renovado y esperas nuevos desafíos. La vida es de nuevo satisfactoria después de un período de aburrimiento y descontento. Tienes algo para seguir adelante. Puedes encontrarte socializando y haciendo nuevos amigos, tal vez como resultado de atender una fiesta o aceptar una invitación. Es el momento de reanudar el trato con viejos conocidos y revalorar lo que tus relaciones significan para ti.

En su aspecto negativo, el Cuatro de Copas al revés indica que puedes estar pasando un período de gran depresión. No dejes que tu autocompasión se lleve lo mejor de tu ser.

☹ **Personas:** Aquellos que terminan un período de distanciamiento de la vida social.

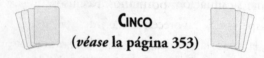

CINCO
(*véase* la página 353)

Frases y palabras claves: Alterar el equilibrio o la estabilidad. Lucha. Incertidumbre. Trastorno. Cambio. Fluctuación. Un nuevo ciclo. Modificación. Adversidad. Conflicto. Decepción. Pérdida. Carencia de algo. Competencia. Desafío. Dificultades. Problemas. Estudio. Aprendizaje.

Arcano Mayor correspondiente: El Sacerdote.

Situación y consejo: El número cinco se asocia con el Sacerdote de los Arcanos Mayores, el planeta Mercurio y los signos Géminis y Virgo. Mercurio simboliza cambio, libertad de movimiento, adaptabilidad, flexibilidad, versatilidad, variedad, viaje y aprendizaje. Los mercurianos prefieren el trabajo intelectual en lugar de las labores físicas.

Además tienen la capacidad de cambiar su mente para adaptarse a cualquier situación.

Un predominio de Cincos en una tirada indica cambios dramáticos que a menudo involucran progreso en la carrera y oportunidades para viajar. Es posible también algún tipo de aclamación pública. Este tipo de cartas significan además aventura, desafío, reubicación, un período de gran tensión y nerviosismo.

El número cinco representa la energía yang, la cual es volátil, móvil e impetuosa. Éste puede ser un tiempo de acciones apresuradas, aventura, emoción, liberación de restricciones, cambios importantes, incertidumbres y energías dispersas. Se favorecen la escritura, la publicidad, los viajes, la oratoria pública, el juego, la exploración, la comunicación y las ventas. Debido a la naturaleza inquieta de los cincos, ésta no es usualmente la época favorable para comprometerse por un largo período de tiempo.

Año personal: El cinco como año personal trae una liberación de las restricciones impuestas durante el año personal cuatro. El cinco marca un período de cambios significativos y manifestación interior. Esta época se caracteriza por viajes, libertad, nuevas relaciones, expresión artística, expansión en los negocios, embarazo, variedad, cambio, finanzas fluctuantes, actividad impulsiva y sucesos inusuales. A menudo este año personal finaliza con una nueva y excitante oportunidad en la carrera.

Cinco de Bastos
Una batalla fingida

🐾 **Al derecho:** Un desafío excitante.

🐭 **Frases y palabras claves:** Conflicto externo. Lucha. Rivalidad. La necesidad de probarse a sí mismo. Actividades sexuales. Competencia sana. Firmeza. Fe en las habilidades para competir. Actividad física. Deportes. Juegos de movimiento. Entrenamiento. Obstáculos. Tiempo para ejercicios vigorizantes. Éxito a través de un gran esfuerzo. Discusiones. Agitación. Autoduda. Peleas. Competencia. Problemas legales. Una pelea sin heridas. Reñir. Las artes marciales. Detalles molestos. Problemas inesperados. Un conflicto de intereses. La necesidad de establecer prioridades. Juegos de guerra. Testosterona. Las hormonas funcionando. Territorio. Planes de viaje retrasados.

👍 **Situación y consejo:** Tal vez tendrás que competir o enfrentar un gran desafío para conseguir lo que quieres. En este tiempo, evita la actividad pasiva. El éxito vendrá como resultado de tu firme esfuerzo por superar obstáculos y contratiempos. Algunas de tus luchas pueden ser por tu negativa de tener en cuenta el punto de vista de los demás. Tal vez estás dispersando tus energías en demasiadas direcciones a la vez. Si es así, necesitarás establecer prioridades para evitar el excesivo estrés.

El Cinco de Bastos sugiere que estarás involucrado en discusiones y rivalidades. También son posibles los problemas legales. Necesitarás manejar dificultades y molestias menores propias de una competencia. Si la pregunta

202

es acerca del amor, podrías competir con alguien más para ganar el cariño de la persona que amas. En lo referente a viajes, espera demoras o complicaciones en tus planes.

Esta carta puede simplemente indicar que tienes mucha energía acumulada para utilizar precisamente ahora. Tal vez necesitas una actividad para disiparla, algunos quizá desearán practicar karate o artes marciales.

☺ **Personas:** Competidores. Equipos de determinado deporte. Oponentes. Seguidores de las artes marciales. El individuo que busca la competencia.

○●○

𝕀 **Cinco de Bastos al revés:** Alivio después del conflicto.

𝕀 **Frases y palabras claves:** (Positivas) Competencia sana. Deportes. Paz. Armonía. La lucha ha finalizado. El final de un conflicto. Oportunidades. Cambios favorables. Una decisión legal conveniente (especialmente si aparecen en la lectura otras cartas positivas en este aspecto tales como la Justicia o el Juicio al derecho).

(Negativas) Conflicto interno. Falta de fe en las habilidades para competir. Tácticas deshonestas. Conflictos legales. Riñas. Estrés. Competencia desleal. Malicia. Antipatía. Contratiempos. Desacuerdos. Molestias menores. Problemas con los planes de viaje. Dificultades con los contratos. El sentirse cansado y abatido afecta la salud.

𝕀 **Situación y consejo:** En su aspecto positivo, el Cinco de Bastos al revés significa que la lucha ha finalizado y es tiempo de seguir adelante.

Por el lado negativo, representa competencia desleal, tácticas deshonestas, desafíos desfavorables y oposición con rencor. Usualmente, esta carta al derecho muestra competencia sana, y al revés todo lo contrario. Este Arcano Menor en su posición invertida tal vez te advierte de que la rutina diaria te produce un agotamiento que afecta directamente tu salud. ¿Has estado disipando tus energías en muchas direcciones? Éste es el momento de establecer prioridades y evitar al máximo el estrés.

☹ **Personas:** Enemigos secretos. Oponentes taimados.

CINCO DE PENTÁCULOS
Pobreza

✤ **Al derecho:** Desamparo.

✍ **Frases y palabras claves:** Pérdida. Decepción. Desgracia. Problemas. Desempleo. Trabajo informal arriesgado. Problemas económicos. Carencia de algo. Sentirse abandonado. Crisis financiera. Disminución de recursos. Talento no aprovechado. Dolor. Incertidumbre. Depresión. Privación. Tiempos difíciles. Liquidaciones legales. Falta de fe. Fracaso al seguir los valores espirituales. Soledad. Desesperación. Desmoralización. Sentirse ignorado. Problemas de salud. Necesidad de revalorar las cosas. El dinero no puede comprar tu felicidad.

☝ **Situación y consejo:** Es posible que te sientas abandonado, enfrentando una crisis económica en un período realmente difícil. Si te encuentras bien financieramente, te das cuenta de que el dinero no puede comprar el amor. Éste es el momento para que suprimas gastos innecesarios y otras situaciones limitantes de tu vida. Esta carta anuncia la posibilidad de que no estés haciendo uso apropiado de tus talentos. Respecto a una empresa, el Cinco de Pentáculos te advierte para que evites tomar riesgos, ya que el resultado más probable es la pérdida de dinero. Una situación legal puede afectarte económicamente. Tu preocupación por las dificultades prácticas de la vida te impiden dejarte guiar por un consejo espiritual. En lo que se refiere a una relación sentimental, no esperes que ésta sea duradera.

☺ **Personas:** El necesitado. El solitario. Aquellos que se encuentran abonados y con problemas.

●○○

⌂ **Cinco de Pentáculos al revés:** Fe restaurada.

✎ **Frases y palabras claves:** (Positivas) Un cambio positivo. Conocimiento espiritual. Renovación de la fe. Mejores condiciones de trabajo. Mejor salud. El fin de la pobreza y el desempleo.

(Negativas) Frustración. Adversidad. Desesperación. Problemas de dinero. Desempleo. Pobreza absoluta. Demasiadas privaciones.

☙ **Situación y consejo:** En su sentido positivo, el Cinco de Pentáculos al revés significa que la pobreza y las privaciones, mostradas por la misma carta en posición normal están a punto de terminar. Podrías mejorar tu salud y aliviar los problemas económicos y laborales.

Por el lado negativo, el problema financiero indicado por la carta del derecho aumenta y se vuelve crónico.

☹ **Personas:** Aquellos que superan tiempos difíciles.

CINCO DE ESPADAS
Victoria vana

♺ **Al derecho:** Energía negativa.

✎ **Frases y palabras claves:** Orgullo herido. Humillación. Burla. Falso orgullo. Ridiculez. Desconcierto. Astucia. Complot. Alboroto. Traición. Charla maliciosa. Una disputa. Una discusión. Hostilidad. Rencor. Sabotaje. Insensibilidad. Limitaciones. Pérdida. Romper las ataduras. Desgracia. Derrota. Desprestigio. Cobardía. Pensamiento negativo. Confusión de opiniones. Robo. No considerar las consecuencias. Manipulación. Egoísmo. Una actitud dominante. Desconsideración. Indiscreción. Culpa. Comportamiento destructivo. Venganza. Engaño. Un funeral. No es justo. Sólo importa si ganas o pierdes, no tu forma de jugar. Sé cuidadoso –podrías conseguir lo que quieres.

✍ **Situación y consejo:** El Cinco de Espadas anuncia que tú, o alguien de tu entorno, podrías estar actuando de manera negativa o destructiva. Tal vez tendrás que guardar tu orgullo y admitir tus limitaciones antes de proceder. Tu ego te puede estar impidiendo reconocer que has tomado más de lo que puedes manejar. Quizá culpas a los demás de tus propios errores.

206

Es tanto tu interés por ganar que ignoras las consecuencias de tu comportamiento. Podrías obtener algo que creías desear sólo para darte cuenta de que no cumple realmente tus expectativas. Las acciones de mala fe no producirán el resultado esperado. Tal vez estás escuchando las opiniones de demasiadas personas en lugar de sacar tus propias conclusiones. Necesitas sabiduría para aceptar las cosas que no puedes cambiar y reconocer la derrota antes de seguir adelante. Puedes haber ganado una batalla, ¿pero a qué coste? Mientras emerges victorioso, te preguntas a sí mismo, «¿Valió la pena?».

También deberías considerar que alguien cercano a ti tal vez no merece tu confianza. Podrías ser víctima de planes poco honestos o de comportamientos hipócritas. Alguien puede estar actuando en contra de tus intereses por envidia o rencor. Algunas cartas reales que aparecen en la lectura quizá suministren información adicional acerca de la persona que está saboteando tus proyectos o dañando tu reputación.

☺ **Personas:** Individuos que pierden prestigio. Perdedores resentidos. Charlas de mala fe. Saboteadores. Agitadores.

●○○

⚑ **Cinco de Espadas al revés:** Justificación. Degradación.

✒ **Frases y palabras claves:** (Positivas) Ser consciente de lo que está mal hecho. El fin de los chismes y difamaciones. Traición revelada.

(Negativas) Similar al significado de la carta en posición normal pero con una connotación más negativa. Pérdida. Fracaso. Intimidación. Manipulación. Humillación. Deshonestidad. Tácticas ilegales. Rencor. Decepción. Debilidad. Derrota. Injusticia. Egoísmo. Falso orgullo. Intriga. Desesperación. Un cambio hacia lo peor. Sospecha. Paranoia. Una actitud negativa. Enfocarse sólo en el deseo de ganar. ¡Es mío, todo es mío!

👎 **Situación y consejo:** En su aspecto positivo, el Cinco de Espadas al revés sugiere el fin de los ataques y difamaciones indicadas por la carta al derecho.

Por el lado negativo, este Arcano Menor en posición invertida muestra que estás frente a una situación en la que te sientes víctima, humillado y degradado. Tu autoestima puede estar muy baja debido a una dolorosa denigración o una triste derrota. Tal vez alguien está intimidándote o actuando con rencor y malicia en contra de tu integridad.

☹ **Personas:** Enemigos rencorosos. Intimidadores.

CINCO DE COPAS
Pérdida y decepción

♻ **Al derecho:** Luto.

🖎 **Frases y palabras claves:** Remordimiento. Autoculpa. Tristeza. Obsesión. Un final doloroso. Mala comunicación. Emociones en conflicto. Pérdida de confianza. Decepción emocional. Traición en el amor. Exagerado pesimismo. Ansiedad por la separación. Salvar lo que queda. Disminución del amor. Problemas matrimoniales o familiares. Tiempo de crisis en una relación amorosa. Rompimiento. Sentirse abandonado. Sentirse castigado o regañado. Separación. Divorcio. Aborto. Talentos inactivos. Algo se perdió, pero algo quedó. Lo que se hizo, hecho está.

👍 **Situación y consejo:** Has sufrido una pérdida o decepción. Tal vez te sientes traicionado o abandonado por alguien que amas. Sin embargo, no todo está perdido. Aún se puede salvar algo de la situación. Si estás comprometido en una relación en problemas, lo mejor es que rompas el lazo sentimental que sólo ha guiado a la decepción y el resentimiento. Debes enfrentar el dolor que esto produce para seguir adelante y además revisar tus prioridades emocionales.

☺ **Personas:** Aquel que se siente amargado, resentido o decepcionado. Una mujer que ha abortado. Un niño maltratado.

○●○○

🐦 **Cinco de Copas al revés:** El dolor está cesando.

🖎 **Frases y palabras claves:** (Positivas) Esperanza. El resurgimiento de un viejo amor. Buenas noticias. Expectativa. Aceptación. Nuevas relaciones. Oportunidad. Renovación de viejos vínculos. Tratar costructivamente los malentendidos. Recuperarse de heridas pasadas.

(Negativas) Un final doloroso. Tristeza. Pérdida inevitable. Remordimiento. Fin de una gran relación. Pérdida del amor.

✎ **Situación y consejo:** En su aspecto positivo, el Cinco de Copas al revés significa que ha terminado el dolor emocional indicado por la misma carta en posición normal. Hay una nueva luz en tu camino, ahora te recuperas de pérdidas y heridas del pasado. Alguien podría renovar su esperanza en el futuro. Una persona que amas puede aparecer nuevamente o un viejo amigo puede reingresar a tu entorno. Los cambios repentinos en tu vida sentimental pueden inquietarte. Éste es el momento de aclarar viejos malentendidos o aliviar sentimientos de dolor.

En su aspecto negativo, esta carta puede representar la necesidad de adaptarse al inminente desenlace de una importante relación. También puede simbolizar tristeza, soledad y dolor.

☹ **Personas:** Viejos amigos. Amores perdidos. Un antiguo amante.

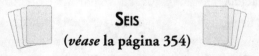

SEIS
(*véase* la página 354)

Frases y palabras claves: Armonía. Justicia. Equilibrio. Honestidad. Balance restaurado. Apreciación. Retribución. Valores. Los beneficios del comportamiento pasado.

> Dios vio que todo lo que había hecho era muy bueno y hubo tarde y mañana, el sexto día.
>
> Génesis

Arcano Mayor correspondiente: Los Enamorados.

Situación y consejo: El número seis se asocia con la cara de los Enamorados, el planeta Venus y los signos Tauro y Libra. Venus es un planeta de armonía, amor, romance, matrimonio, paz, belleza, lujos, artes, música, cooperación y equilibrio.

Un predominio de estas cartas en una lectura indica actividades que involucran relaciones personales, familia, hogar, seres amados, empresas creativas, educación, relaciones sentimentales y romance. El matrimonio puede estar en tus planes y son posibles los esfuerzos artísticos o creativos. Tal vez tengas la oportunidad de una mayor capacitación que favorezca tu carrera. No son probables los viajes en estos momentos.

El número seis representa una energía yin placentera, armoniosa, estable y pacífica. Los seis sugieren la necesidad de tener en cuenta los sentimientos y requerimientos de los demás, y favorecen el matrimonio y las sociedades. Es posible que el hogar, la familia, los niños y los ancianos necesiten tu atención. En relaciones personales es importante que haya tacto, entendimiento y perdón. Si has tenido problemas con una sociedad, éste es el momento de arreglar las diferencias.

Año personal: Como el año dos, el año personal seis es un período de condiciones estables, paz y armonía. El enfoque está ahora hacia deberes, relaciones, hogar, familia, obligaciones, preocupaciones entre padres e hijos, educación, problemas financieros, amor y matrimonio. En este año existe el peligro de que te involucres demasiado en los asuntos de las demás personas en lugar de ocuparte de tu propia situación.

SEIS DE BASTOS
Victoria

✍ **Al derecho:** Probabilidad de éxito.

✎ **Frases y palabras claves:** Triunfo. Realización. Aclamación. Apreciación. Justificación. Alcanzar un objetivo. Decisiones sabias. Éxito. Seguridad en sí mismo. Reconocimiento público. Buenas noticias. Diplomacia. Conquista. Logros. Resolución de problemas. Retribución. Satisfacción. Ascenso, honores. Ganar. Aplausos. Motivación.

✌ **Situación y consejo:** El Seis de Bastos es una carta de triunfo y victoria. Podrías recibir reconocimiento por tu trabajo o un ascenso en tu carrera. Si eres un estudiante, tal vez obtengas una beca o un honor académico. Alcanzarás el objetivo deseado y tus esfuerzos serán recompensados. Has ganado una batalla que te llevará a la victoria final que mereces. Hay posibilidad de viajes. Los problemas serán resueltos. Se lograrán acuerdos. En general, puedes esperar buenas noticias.

☺ **Personas:** Un vencedor. Alguien que es aclamado.

●●○

🏹 **Seis de Bastos al revés:** La victoria te es esquiva.

✎ **Frases y palabras claves:** Derrota. A la espera del éxito. No ganar. Fracaso. Pérdida. Aplazamiento. El triunfo te elude. Ganar una batalla, pero perder la guerra. La permanencia de un rival. Otra persona gana. No estás listo para el desafío. Infidelidad. Falta de comunicación. Malentendidos. Sentirse inferior. Mejor suerte la próxima vez. ¡No consigo respeto!

☝ **Situación y consejo:** Hay retraso en el dinero o el reconocimiento que has estado esperando, o tal vez no obtendrás nada. No eres apto para el desafío. Tal vez, no puedes llegar a un acuerdo necesario. Puede haber un malentendido o mala comunicación. Si la pregunta es acerca de un empleo, te demorarás en obtenerlo o el trabajo será para otra persona. En lo que se refiere a una relación, podrías sentir que no se satisfacen tus necesidades. Tal vez tu pareja no te trata con suficiente respeto y por ello te sientes inferior. El Seis de Bastos al revés a veces significa infidelidad en el matrimonio, pero que en realidad sólo tiene que ver con un pasatiempo u otro interés por parte de uno de los cónyuges.

SEIS DE PENTÁCULOS
Generosidad

🏹 **Al derecho:** Obtener lo que mereces.

✎ **Frases y palabras claves:** Ayudar a los demás. Una obra de caridad. Reembolso de deudas. Gratitud. Ganancia material. Manejo eficaz del dinero. Ofrecer tu talento, tiempo o dinero. Préstamos. Becas. Premios. Pagos extras. Riqueza compartida. Caridad. Regalos. Apreciación. Ayuda económica. Recibir dinero prestado. Tu trabajo dará resultado. Distribución equitativa de los bienes. Negocios financieros honestos. Disfrutar del trabajo realizado. Beneficios. Trasmitir conocimientos o habilidades a los demás. Dar consejos. Prosperidad compartida. Una oportunidad. Un ascenso. Una gratificación.

👍 **Situación y consejo:** El Seis de Pentáculos indica regalos, préstamos de dinero, o la posibilidad de participar en un negocio. Alguien que te debe dinero es probable que te lo pague ahora. Pronto recibirás ayuda económica, obtendrás lo que es legítimamente tuyo. También podrías estar en posición de ofrecer apoyo monetario o técnico a los demás. Es posible que un amigo te solicite un préstamo. Tal vez puedas ayudar a alguien a encontrar un empleo o a mejorar el estatus en la carrera de dicho individuo. Quizá estés empezando a ahorrar para la educación de tus hijos o para el desarrollo de tus futuros proyectos. Podrías ayudar a alguien a que desarrolle sus talentos. Existe la posibilidad que recibas un ascenso o una retribución económica. Éste es el momento para que seas generoso, hagas inversiones sólidas y compartas tus riquezas. Disfrutarás de ayudar a otras personas. Obtendrás lo que solicites.

☺ **Personas:** Un consejero. Un comprador. Un filántropo. Un buen inversionista. Aquel que presta dinero. El que ahorra para los tiempos difíciles. Un benefactor. Alguien que presta servicios. Los miembros de una sociedad de beneficencia.

○●○○

𓂃 **Seis de Pentáculos al revés:** Pérdida de bienes o propiedades. Un préstamo vencido.

𓂂 **Frases y palabras claves:** No desear compartir. Retirar un apoyo económico. Negocios deshonestos. Cuentas no pagadas. Alterar en forma deshonesta la contabilidad. Problemas de dinero. Codicia. Egoísmo. Avaricia. Iniquidad. Deudas pendientes. Gastos innecesarios. Pérdida a través de un robo. No recuperar el dinero prestado. Envidia. Falta de reconocimiento. Un porcentaje bajo de interés en una inversión. Excesivo interés personal. Falta de previsión. Imprudencia. Morder la mano de quien te alimenta. Falta de caridad. Transacciones ilegales de dinero. Dinero lavado. ¿Por qué debo dar algo?

𓂃 **Situación y consejo:** El Seis de Pentáculos al revés a menudo sugiere una pérdida de dinero o propiedades a causa del descuido, la deshonestidad o la imprudencia. Alguien podría negarse a pagar una deuda, o a retribuir un fondo es posible que un préstamo venza y te deje en aprietos económicos. Podrían desaparecer las fuentes de apoyo financiero. Tal vez no podrás obtener lo que es legalmente tuyo. A veces esta carta indica un robo. Un administrador de dinero podría estar involucrado en negocios poco éticos. Es posible que se presente una desgracia material como resultado de las acciones egoístas de otros. Este Arcano Menor también le muestra al consultante de la lec-

215

tura la falta de caridad y generosidad. Si tienes que ver con una transacción financiera, estate atento a los artificios poco honestos presentes en los acuerdos.

☹ **Personas:** Individuos que deben dinero. Mendigos. Ladrones. Lavadores de dinero. Administradores de dinero deshonestos. Avaros. Aquellos que dependen de los demás para las necesidades básicas. El hijo pródigo. Los que sólo gastan sus riquezas en sí mismos.

SEIS DE ESPADAS
Dejar atrás los problemas

🖐 **Al derecho:** Se avecinan tiempos mejores.

🖋 **Frases y palabras claves:** Alejarse del estrés y los problemas. Liberar la tensión. Una transición agradable. Una reconciliación. Tranquilidad y paz mental restauradas. Alivio después de un período difícil. Dejar atrás los conflictos o las dificultades. Nadar en dirección de la corriente. Viajes. Reubicación. Mudanza. Un viaje al extranjero. Tratar con personas de sitios distantes. Un cambio favorable. Romper las ataduras. Mayor conocimiento. Liberarse de una situación estresante. Una muerte que termina con un sufrimiento. Pasar de una situación destructiva a una costructiva. Lo peor ya pasó.

👍 **Situación y consejo:** Estás finalizando un período de preocupación, tensión y ansiedad. Estás entrando a una época más tranquila en la que se restaurará tu paz mental. A veces un viaje puede aliviar la presión y reintegra la ar-

216

monía y el equilibrio. Podrías tener la oportunidad de viajar, o recibir a un visitante que viene de muy lejos. Ahora, eres apto para un nuevo aprendizaje. Es el tiempo de examinar problemas del pasado para proyectar un mejor futuro. Puedes liberarte del sufrimiento gracias a un acontecimiento o a alguien cercano a ti. Podrás dejar atrás una situación destructiva.

☺ **Personas:** Viajeros. Pasajeros de un crucero. Aquellos que surgen luego de un período de sufrimiento. Personas de sitios lejanos. El que ayuda en tiempos difíciles.

◉◉○

🐦 **Seis de Espadas al revés:** Se avecinan tiempos difíciles.

🖎 **Frases y palabras claves:** Incapacidad para solucionar los problemas. Demora. Aplazamiento. Predominio de un pensamiento negativo. No aceptar la ayuda ofrecida. No poder liberarse de una situación preocupante. Ir contra la corriente. Falta de progreso. Sentirse estresado o atrapado. Estar a la espera. Un problema tras otro. Alivio fugaz. No poder dejar atrás el pasado. Rutina. Sentirse incapaz de ver una salida para tus actuales problemas. No enfrentar la realidad. Un viaje aplazado o cancelado. Un cambio en los planes de viaje. Retornar de un viaje. Enterrar la cabeza en la arena.

☝ **Situación y consejo:** Por mucho que lo has intentado, no has podido solucionar tus problemas. Te sientes incapaz de salir de tu difícil situación. Puedes haber buscado una salida apropiada a tus problemas pero, tal vez, has elegido la manera más fácil de hacerlo o simplemente has enterrado la cabeza en la arena. Necesitas enfrentar la realidad y encarar las dificultades. Deberás superar muchos obstáculos para poder estabilizar de nuevo tu vida. A veces esta carta puede significar literalmente un cambio en los planes de un viaje o su cancelación.

☹ **Personas:** Individuos que dejan todo para lo último. Perezosos. Aquellos que atraviesan tiempos: difíciles. Los que llegan de un viaje.

SEIS DE COPAS
Los maravillosos viejos tiempos

☙ **Al derecho:** Nostalgia.

☙ **Frases y palabras claves:** Inocencia. Recordar la infancia. Recordar acontecimientos de la niñez. Compartir. Una charla honesta. Encender de nuevo la llama del amor. Armonía restaurada. Pensar en los viejos tiempos. Un antiguo amor. Viejos amigos. Recuerdos alegres. Aniversarios. Renovación emocional. Desenterrar tesoros emocionales. Regalos. Sentimiento. Valores familiares. Disfrutar del hogar y la familia. Un viaje para visitar a los parientes. Una oferta de trabajo. Un cambio de residencia. Una herencia. Pasar tiempo junto a los hijos.

☙ **Situación y consejo:** Puedes tener la oportunidad de reanudar una vieja amistad. Tal vez acudirás a una reunión familiar o estudiantil. Alguien del pasado podría entrar de nuevo en tu vida. Tus pensamientos se dirigen a recuerdos de la niñez y a los aspectos importantes del inicio de tu vida hogareña. Se realizan algunos asuntos que tienen raíces en el pasado. El Seis de Copas a menudo indica que es bueno sumergirse en viejos recuerdos.

Un antiguo amor puede aparecer en escena. Un viejo amigo podría traer noticias que te guíen a una oferta de trabajo o a un cambio de residencia. Tal vez los niños jueguen un papel significativo en tu vida en estos momentos. Deberás revisar algunos aspectos de tu pasado, quizá mediante una charla honesta con un consejero de confianza. Tendrás la ocasión de usar talentos que no has utilizado por mucho tiempo.

☺ **Personas:** Viejos amigos. Aquellas personas que son como de la familia. Amigos de infancia. Hijos. Amantes de épocas anteriores. Individuos conectados a nuestro pasado.

●○○

⚐ **Seis de Copas al revés:** Aferrarse al pasado.

✎ **Frases y palabras claves:** Falta de voluntad o incapacidad para adaptarse a las circunstancias actuales. Vivir en el pasado. Nostalgia improductiva. Buscar formas viejas de seguridad. Vanidad. Sufrir por las reminiscencias. Los fantasmas del pasado moran en el presente. Esqueletos en el armario. Aferrarse a costumbres y creencias pasadas de moda. Falta de voluntad para intentar algo nuevo. La necesidad de mirar hacia el futuro. No quiero envejecer.

¡No confíes en el Futuro, aunque puede ser placentero!
¡Entierra el Pasado, ya no existe! ¡Actúa en el presente
vivo, con el corazón y al lado de Dios!

Henry Wadsworth Longfellow

🖐 **Situación y consejo:** Te retiene algún aspecto asociado con tu vida familiar o con antiguas relaciones. Podrías verte involucrado en un asunto del pasado. Puedes
estar sintiendo aún las repercusiones de una vieja relación
sentimental. Algo que has estado esperando, tal vez será
aplazado.

Necesitas renunciar a viejos vínculos personales o confe-
sar algunas imprudencias del pasado para estabilizar tu vida.
Los sentimientos y valores arraigados en tu familia y antiguas relaciones, podrían estar bloqueando tu progreso. Vivir
en las realizaciones del pasado es el obstáculo que te impide alcanzar nuevos objetivos. ¿Estás aferrándote a creencias
y valores pasados de moda? Es tiempo que vivas el aquí y
ahora, con los ojos puestos hacia el futuro. En esta época
es posible que tengas preocupaciones acerca de los hijos.

☹ **Personas:** Aquellos que viven en el pasado. Los que
no desean separarse de la familia. Viejos anticuados.

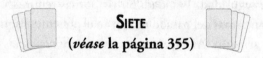

Siete
(*véase* la página 355)

Frases y palabras claves: Elección. Sabiduría. Destino.
Orden divino. Conciencia imparcial. La necesidad de tomar decisiones. Armonía disipada. Desarrollo espiritual.

Moralidad. Justicia divina. Misticismo. Magia. Cambio. Rebelión. Excentricidad. Intuición. Finalización de una fase o ciclo.

> Dios bendijo el séptimo día y lo hizo sagrado, pues en él descansó de todo el trabajo de la creación.
>
> Génesis

Arcano Mayor correspondiente: El Carro.

Situación y consejo: El número siete se asocia con la carta del Carro, el planeta Urano y el signo lunar Cáncer. Urano es un planeta de pensamiento abstracto, teoría, intelecto, análisis, astrología, avances técnicos, independencia y búsqueda imparcial de la verdad. Cáncer es un signo de agua relacionado con nuestra naturaleza sentimental. El planeta Neptuno, asociado con meditación y calma, es exaltado en Cáncer.

Un predominio de sietes en una lectura indica un acercamiento analítico original hacia el aprendizaje. Ahora cualquier viaje sería divertido y agradable. Se favorece el trabajo referente a ciencias, tecnología u ordenadores. Podrías tener la oportunidad de hacer un estudio sobre ocultismo, un escrito o una investigación. El enfoque aquí es hacia el autodescubrimiento independiente y el crecimiento interior. Las relaciones personales y profesionales son tomadas con un nuevo autoentendimiento.

El número siete representa una energía mental yang. Dios descansó el séptimo día, y los Sietes en una tirada de cartas a menudo señalan la necesidad de reposo, soledad, retiro, meditación y reflexión. De otra manera el resultado podría ser exceso de trabajo, nervios, tensión, sensación de restricción y preocupación. En estos momentos, se debe enfatizar el crecimiento espiritual y no las ambiciones materialistas. No es tiempo de acción, sino de meditación y reflexión.

Año personal: Debido a que el siete es un número espiritual, el año personal siete es un período de reflexión, descanso, meditación, retiro, búsqueda del alma, conciencia interior, reevaluación y desarrollo espiritual. Cualquier tipo de investigación o interés metafísico se favorece en esta época. Además es un tiempo ideal para usar el tarot con el fin de fomentar el entendimiento espiritual.

SIETE DE BASTOS
Mantenerse firme

✍ **Al derecho:** Una posición ventajosa. Una postura firme y autónoma.

✍ **Frases y palabras claves:** Mantenerse con firmeza frente a la oposición. Luchar para permanecer en la cima. Éxito en una empresa competitiva. Mantenerse firme. Conservar la posición. Tener ventaja. Valor. Fortaleza ante la adversidad. Mantener una posición superior. Confianza en sí mismo. Firmeza. Éxito en la competencia. Devoción. Desafío. Confrontación. Disputas. Oposición. Luchas. Una situación violenta. Conflicto. Un cambio de carrera. Fortaleza interior. Combatir exitosamente. Aprendizaje. Enseñanza. Escritura. Conferencia. Determinación. Perseverancia. Sentido del propósito. Perseverar, a pesar de las dificultades. Coger el toro por los cuernos. Tener ventaja en una situación. Prefiero luchar y no cambiar. Un día a la vez. Nosotros venceremos.

Aquí estoy. No puedo ser otro. Dios me ayuda. Amen.

Martin Luther

👍 **Situación y consejo:** Estás a punto de enfrentar una situación de conflicto, y tienes la capacidad de visualizar el asunto desde una perspectiva superior. Puedes sentirte presionado mientras sales de este período de confrontación, desafío y oposición. Necesitarás usar tu fortaleza y tu valor constantemente para encarar la competencia. Tienes puntos de ventaja, aunque puedes no darte cuenta de ello.

Tal vez un logro anterior te ha llevado a una situación de lucha. Para alcanzar el éxito tendrás que tomar una posición firme y defenderla. Si es necesario, podrás enfrentar las cosas sin ayuda. Tienes la destreza y tenacidad para enfrentar la competencia presente en tu vida personal o en los negocios.

No te rindas. Si haces el esfuerzo, saldrás victorioso. La mejor estrategia es manejar un problema a la vez. Tu arduo trabajo y concentración serán retribuidos. Éste es el momento para que seas especialmente observador. Si la pregunta es acerca de la carrera, esta carta indica que podrás hacer un movimiento favorable en ella. Podrías estar entrando a un período de nuevo aprendizaje. Es posible que te soliciten que enseñes o plasmes en un libro tus conocimientos.

☺ **Personas:** Aquellos que tienen ventaja. Los que se mantienen firmes en la lucha. Individuos que hacen que las cosas sucedan.

○●○○

🖑 **Siete de Bastos al revés:** Sentirse vulnerable.

🖎 **Frases y palabras claves:** Huir de la confrontación. Sentirse vulnerable o intimidado. Menos puntos a favor. Desventaja. Luchar en una batalla ya perdida. El otro equipo es el vencedor. Huir de los problemas. Falta de firmeza. Desconcierto. Actitud pasiva. Incertidumbre. Timidez. Vergüenza. Falta de confianza en sí mismo. No enfrentar el desafío. Ansiedad por una decisión. Temor al rechazo. Cobardía. Temor por el futuro. Oportunidades ignoradas. Problemas de salud. No coger el toro por los cuernos. Prefiero cambiar y no luchar. Es más lo que ladra que lo que muerde.

🖐 **Situación y consejo:** El Siete de Bastos al revés es una señal de que debes persistir en la búsqueda de tus objetivos a pesar de la adversidad. Puede triunfar si no abandonas la confrontación. Si renuncias ahora, perderás una gran oportunidad. El enfrentamiento que tanto temes probablemente no ocurrirá. Necesitas encarar tus problemas, no huir de ellos. Tu timidez y falta de confianza sólo empeorarán la situación.

¿Tienes miedo de que las personas se enfaden contigo si muestras una posición firme y radical, y temes lo que harán al respecto? A veces luchar de frente resuelve la situación. ¿Por qué no coger el toro por los cuernos y correr con él?

En una tirada de cartas negativa, el Siete de Bastos invertido sugiere vulnerabilidad y estar involucrado en una batalla perdida.

☹ **Personas:** Cobardes. Los que permiten que las cosas sucedan. Aquellos que están perdiendo una batalla.

Siete de Pentáculos
Perseverancia

✍ **Al derecho:** Crecimiento lento y estable. Obtener resultados de nuestras inversiones.

✍ **Frases y palabras claves:** (Positivas) Reevaluación de un proyecto que has estado desarrollando por algún tiempo. Esperar resultados. El arduo trabajo finalmente dará resultado. Paciencia. Esfuerzo persistente. Habilidades prácticas. Trabajar duro. Trabajo estabilizado. Un período de espera. Progreso lento pero estable. Detenerse para tomar una decisión. Tiempo para un cambio. Proyectos de largo alcance. Una tregua durante el desarrollo de una empresa. Reflejar lo que has conseguido. Período de valoración y planeamiento del futuro. Elegir entre riesgo o seguridad. Un cambio financiero favorable. Lentamente pero seguro.

(Negativas) Depresión. Sensación de fracaso. Sentir que todo el esfuerzo ha sido en vano. Fracaso de un proyecto. Un trabajo realizado que no arroja resultados. Bajar la guardia prematuramente. Algo se perdió. Fracaso al seguir una oportunidad favorable. Dificultad para quedar embarazada. Insatisfacción. Desequilibrio. Mal funcionamiento.

👍 **Situación y consejo:** En su aspecto positivo, el Siete de Pentáculos indica que puedes sentir que has perdido el tiempo en un proyecto, pero éste no es el caso. Has alcanzado un momento de entendimiento para hacer una pausa y valorar el desarrollo de una empresa o proyecto. Tu trabajo paciente está produciendo resultados lentos pero estables. Has logrado una situación de equilibrio, pero aún hay mucho por hacer y tu esfuerzo costante finalmente te llevará al éxito. Aunque aún no aprecies el resultado final, éste no es el momento de bajar la guardia. El Siete de Pentáculos te aconseja para que revalores y reevalúes tu progreso, decidas lo que necesitas para alcanzar tu objetivo y mantenga un esfuerzo firme hasta lograr el éxito.

Tu situación económica está mejorando. Al final, tu arduo trabajo será retribuido. Reflexiona con las siguientes palabras:

Dios bendijo el día séptimo y lo hizo sagrado, pues en él descansó de todo su trabajo de creación.

Génesis

En una tirada de cartas negativa, el Siete de Pentáculos disminuye su significado favorable. Puedes sentir que estás abandonando un proyecto que has desarrollado con firmeza por mucho tiempo. Debes darte cuenta de que todo el trabajo que has realizado no alcanzará su objetivo. Tal vez tengas problemas de salud a causa de una infección o desequilibrio metabólico.

☺ **Personas:** Un granjero. Un inversionista. Alguien que está planeando un proyecto. La tortuga (de la tortuga y la liebre). Trabajadores pacientes.

○○○

♄ **Siete de Pentáculos al revés:** Rendirse prematuramente.

✎ **Frases y palabras claves:** Ansiedad. Desilusión. Depresión. Pérdida. Desmoralización. Desesperación. Energía perdida. Malas inversiones. Estar en el punto muerto de un trabajo. Abatimiento. Avanzar rápidamente pero sin dirección. Desesperanza. Éxito desechado. Cese prematuro del esfuerzo. Falta de dinero. Preocupación por las finanzas. Quiebra. Apuestas perdidas. Elecciones difíciles. Miedo a la pobreza. Abandonar una empresa. Oportunidades no aprovechadas. Autocompasión. Impaciencia. Decisiones precipitadas. Falta de voluntad para ver las cosas con buena perspectiva. Esterilidad. Enfermedad. Mal funcionamiento. Infección. Desequilibrio. La paciencia es una virtud.

☞ **Situación y consejo:** Tal vez estás avanzando rápido pero sin dirección. Puedes haber renunciado prematuramente a un asunto a causa de la desesperación o el pesimismo. No hay duda de que te preocupa por la falta de dinero, y quizá has abandonado una empresa por problemas financieros. ¿Has comprado demasiadas cosas a crédito? ¿Te están abatiendo las cuentas que debes pagar? ¿Has llegado a un punto muerto en tu trabajo? ¿Estás considerando una mala inversión? Es importante que aprendas de tus errores, de tal forma que pueda mejorar la próxima vez. En tu estado de desmoralización, necesitas estar atento a problemas de salud ocasionados por infecciones o mal funcionamiento del organismo.

⊗ **Personas:** Los que renuncian a algo. Personas impacientes.

SIETE DE ESPADAS
Cautela

✥ **Al derecho:** Hacer lo inesperado.

✎ **Frases y palabras claves:** Astucia. Prudencia. Engaño. Ingenio. Escape. Duplicidad. Falta de sinceridad. Aprovecharse de alguien. Ideas acerca de viajes. Un cambio de carrera o trabajo. Mudarse a un nuevo sitio. La necesidad de ser prudente. Sabotaje. Tácticas evasivas o ilícitas. Diplomacia. Discreción. Acción indirecta. Precaución. Inteligencia en lugar de fuerza. Medios indirectos. La necesidad de consejo profesional. Una visión del mundo única. Actos deshonestos. Ilegalidad. Un robo. Una estafa. Sentirse timado. Mala suerte. Culpabilidad. Contratiempo. Traición. Acciones que llevan a la autoderrota. Un viaje corto. Huir. Una fuga. Ir hacia adelante. Ser tú mismo tu peor enemigo. Sentirse preocupado. Sentimientos de derrota y decepción.

👍 **Situación y consejo:** Tal vez te sientes estafado o preocupado acerca de algo que has hecho. Es posible que estés deseando escapar de todo esto, pero en realidad debes evitar cualquier acción de autoderrota. No te conviertas en tu peor enemigo. Necesitarás ser diplomático, astuto o evasivo para enfrentar la oposición y alcanzar tu objetivo. Sé consciente de que otros pueden tratar de perjudicarte o dañar tu reputación taimadamente, tal vez aprovechen que estás ocupado en otros asuntos, o quizá sean ellos los que se descuiden y sean atacados por tu parte.

Tu visión única acerca del mundo y tu habilidad para hacer lo inesperado salva la situación. Un plan que has realizado podría no funcionar como estaba destinado. Tal vez necesitarás consejo legal u otra ayuda profesional. Esta carta puede indicar estar involucrado en acciones ilícitas, clandestinas y disfrazadas. A veces representa un robo real (especialmente si otra carta de «decepción» –como por ejemplo la Luna– aparece en la tirada), pero lo más probable es que el daño que te han de causar sea verbal. Sé especialmente cuidadoso con lo que dices y estate muy atento a algo que pasará por escrito en este tiempo. Alguien podría estar oponiéndose a tu libertad e independencia intelectual. Esta carta puede indicar también que sigues adelante dejando atrás parte de tu vida.

☺ **Personas:** Una persona ingeniosa. Un ladrón. Un individuo astuto. Alguien que se mueve en la clandestinidad.

🔸 **Siete de Espadas al revés:** Apreciación.

🔸 **Frases y palabras claves:** (Positivas) Una disculpa. Un buen consejo. Crítica costructiva. Algo tuyo retorna. Actuar enfocados en nuestros propios intereses. Devolver bienes hurtados. Dar crédito cuando éste ya está vencido.

(Negativas) Indecisión. Pereza. Pesimismo. Un proyecto sin terminar. Oportunidades perdidas. Morar en los errores del pasado. Falta de habilidad o ingenio.

🔸 **Situación y consejo:** Si te han robado, el ladrón no podrá conservar los bienes hurtados. Si alguien se ha equivocado contigo, espera una disculpa. Deberías apreciar las críticas que recibas en estos momentos, pues es posible que sean costructivas. Si te despojaron de algo deshonestamente, podrías obtenerlo de nuevo ahora. Es probable que alguien te ofrezca ayuda o consejos útiles. Éste es el momento de mostrar tu ingenio si deseas alcanzar el éxito. Las acciones convencionales y sin imaginación no te llevarán a ningún lugar.

🔸 **Personas:** Ladrones incompetentes. Individuos torpes.

SIETE DE COPAS
Soñar despierto

🔸 **Al derecho:** Falta de enfoque. Una sensación de confusión.

✍ **Frases y palabras claves:** Ideas soñadoras. Fantasía. Vivir en nubes. Mala concentración. Incertidumbre. Una elección difícil. No pensar claramente. Demasiadas opciones. No poder decidir. Pensamiento confuso. Energías dispersas. Expectativas poco realistas. Estar en medio de muchas alternativas. Ilusión. Desorganización. Romanticismo. Las emociones dominan el pensamiento racional. Huir de las situaciones. Incapacidad para enfrentar las cosas. Visiones. Un gran sueño. Impresiones psíquicas. Falta de sentido práctico. Quimeras de la imaginación. Anhelos. Elecciones confusas. Deseos. Una imaginación difícil de controlar. Una decisión difícil. Uso excesivo de drogas o alcohol (especialmente si otra carta de «escapismo» –como la Luna– aparece en la tirada). Abuso. ¿Qué hice ahora? Castillos en el aire. ¿Qué quiero realmente? ¡No puede tenerlo todo!

👍 **Situación y consejo:** Tal vez te sientes confundido acerca de una decisión que debes tomar. Las opciones parecen ser numerosas o muy similares. No puedes obtener todo a la vez y no estás seguro de cuál camino elegir. Tu corazón lo impulsa a que sigas una dirección y tu razón lo guía hacia otra. Tal vez no estás apreciando los aspectos colaterales de cada opción. Deberías enfocarte y concentrarte en un solo objetivo para poder alcanzar el éxito. En estos momentos, el peor enemigo es tu pensamiento soñador.

Para lograr lo que tanto anhelas, debes tratar tus asuntos cuidadosamente para que tomes decisiones inteligentes y bien dirigidas. El Siete de Copas te advierte de que tu pensamiento es tal vez demasiado confuso para que puedas elegir sabiamente lo que debes hacer. Tus expectativas pueden ser poco realistas y tu imaginación funciona todo el tiempo. Deberías tomarte tu tiempo y buscar más información. Por otro lado, éste es el tiempo ideal para desarrollar proyectos creativos de cualquier tipo. A veces esta carta puede anunciar un gran sueño o una intuición psíquica. Si es así, asegúrate de escuchar tu voz interior.

☺ **Personas:** Visionarios. Soñadores. Aquellos que viven en las nubes. Artistas. Personas creativas. Los que tienen muchas opciones para elegir. Pensadores con ideas confusas.

○●○

⌂ **Siete de Copas al revés:** La niebla desaparece. Se renueva la persistencia.

✍ **Frases y palabras claves:** (Positivas) Una actitud realista. Determinación. La necesidad de tomar una decisión definitiva. Una buena elección. Tiempo para la acción. La razón supera el corazón. Claridad de pensamiento. Facilidad para tomar decisiones. Ver las cosas en forma realista. Al final la perseverancia triunfa. El éxito llega después. La necesidad de intentarlo de nuevo. En un día claro podrías tener una visión eterna. Si al comienzo no tienes éxito, inténtalo una y otra vez.

(Negativas) Usualmente el Siete de Copas invertido indica decisión y realismo, pero cuando se presenta una tirada de cartas negativa puede tener los siguientes significados: desilusión. Confusión total. Autodecepción. Ilusión. Salirse de la realidad. Fantasía. Oportunidad perdida. Fracaso inicial y la necesidad de intentarlo de nuevo. Falsas promesas. Temor al éxito.

☞ **Situación y consejo:** Tal vez estás meditando una decisión. Ha sido difícil escoger entre diversas opciones y puedes estar sintiéndote desilusionado. Quizá tus emociones han estado nublando el asunto, o es posible que estés dispersando tus energías en lugar de seguir un curso de acción definido. Tu primer intento para alcanzar un objetivo podría haber fracasado debido a que no actuaste sabiamente o con el enfoque apropiado. Ahora tienes la capacidad de ver los errores y fallos de intentos anteriores. Esto te permite establecer tu procedimiento más claramente para así alcanzar tu objetivo. Has superado tu confusión y adoptado una actitud más realista.

Debes darle perspectiva a los asuntos y ver claramente la realidad de la situación. Ahora puedes pensar objetivamente acerca de las opciones y tomar una decisión sabia y razonable. Tienes que enfocarte en lo esencial y perseverar en tus buenas ideas. El Siete de Copas al revés indica que, si estableces objetivos claros y específicos, tu arduo trabajo y estudio minucioso serán finalmente recompensados.

☹ **Personas:** Los que se esfuerzan para ver las cosas con claridad. Estudiantes diligentes. Realistas.

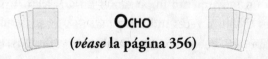

OCHO
(*véase* la página 356)

Frases y palabras claves: Poder. Éxito. Regeneración. Un nuevo sentido de dirección. Terminación de una etapa de un proyecto antes de seguir adelante. Establecer nuevas prioridades. Pasar a la nueva fase de un ciclo. Equilibrio. Estabilidad. Control. Reorganización. Empresa. Habilidad ejecutiva. Armonizar fuerzas opuestas.

Arcano Mayor correspondiente: La Fuerza (o la Justicia en algunas barajas).

Situación y consejo: El número ocho se asocia con la carta de la Fuerza de los Arcanos Mayores, el planeta Marte y el signo Capricornio, en el cual se exalta dicho astro. Marte, el Dios griego de la guerra, simboliza fortaleza, liderazgo, confianza personal, resistencia, actitud impulsiva, habilidad ejecutiva y dirección. Capricornio es un signo conocido por tener características como ambición, arduo trabajo, organización, autoridad, estructura, método, seriedad, perseverancia, estatus social y actitud práctica sobre las cosas.

Un predominio de Ochos en una lectura de cartas sugiere un enfoque hacia el karma, las estructuras de la vida, el dinero, las finanzas y la carrera. Se resalta lo relacionado con poder, reconocimiento, realización y el pago de deudas antiguas. Podrías tener un gran período de descanso o hacer un movimiento importante. En una lectura positiva, los Ochos a veces indican ganar una lotería o alguna otra apuesta. Pueden ocurrir cambios significativos en las relaciones. Podrías mudarte de tu casa o cambiar tus condiciones de vida. También son posibles mayores ingresos gracias a tu carrera y la aclamación pública. No son probables los viajes.

El ocho (que consta de dos cuatros) representa una energía yang asociada con poder personal, progreso, ganancia material y una decisiva, aunque táctica, ejecución de los planes personales. Al igual que el cuatro, el ocho es un número kármico que sugiere que ahora cosecharás lo que has sembrado. Además, como el cuatro, los ochos en una lectura de tarot pueden simbolizar negocios con bienes raíces y asuntos legales.

Año personal: El año personal número ocho es un período de progreso y poder en el mundo exterior. Se favorecen actividades en los negocios y sociedades, asuntos relacionados con propiedades y bienes raíces, contratos, ganancia material y asuntos legales. Éste es el momento de cosechar lo que sembraste desde el comienzo de este ciclo de nueve años. A menudo, este año está marcado por cambios de vivienda o por alteraciones en relaciones de mucho tiempo.

OCHO DE BASTOS
Velocidad

✤   **Al derecho:** Adelante a todo vapor.

✍   **Frases y palabras claves:** Cambio de acción. Movimiento hacia adelante. Progreso rápido. Un ritmo veloz. Resultados rápidos. Un viaje sin contratiempos. Actividad. Movimiento. El fin de las demoras. Urgencia. Excitación. Frenesí. Aceleración. Ideas nuevas. Una oferta de trabajo. El progreso después de retrasos. Rapidez para alcanzar objetivos. Comunicación. Noticias. Buenos mensajes. Un viaje. Vacaciones. Viajes de negocios. Viajes repentinos. Viajes por aire. Volar. Inspiraciones creativas. Productividad. Nuevos amigos. Una relación inesperada. Habilidad atlética. Ejercicio físico.

¡Todos los sistemas funcionan! ¡Todo funciona a mi manera!

👍 **Situación y consejo:** Todo funciona. Te mueves rápido, directamente hacia tus objetivos. Finaliza un período de estancamiento o retraso. Pronto aparecerán mensajes favorables y nuevas oportunidades. La emoción se siente en el aire, mientras tú avanzas hacia el progreso y lanzas nuevas iniciativas. Tu esfuerzo por darte a conocer tiene éxito. Estás lleno de energías y podrías empezar un programa de ejercicios para estar en forma físicamente. Tus experiencias también te sirven para ampliar tu mentalidad. Tal vez recibas un mensaje urgente. Es posible un viaje (probablemente por aire) o un cambio de residencia. Si tu pregunta es acerca del amor, el Ocho de Bastos sugiere una relación sentimental repentina y apasionada. Nuevos amigos entran en tu vida.

☺ **Personas:** Individuos que no se detienen.

◉○○

🖐 **Ocho de Bastos al revés:** Energía mal utilizada.

🖎 **Frases y palabras claves:** Demasiada velocidad. Peleas. Fuera de control. Ser muy agresivo. Actitud impulsiva. Inseguridad. Presión. Prisa. Decisiones mal consideradas. Acciones precipitadas. Un ritmo demasiado rápido. Robo. Oposición. Luchas. Pérdida del empleo. Una huelga. Noticias perturbadoras. Mala conversación. Malversación. Destitución. Expulsión. Forzar un asunto. Mensajes o noticias retrasadas. Un viaje aplazado o cancelado. Rompimiento de un compromiso. Problemas con el trasporte. Los planes no funcionan. Violencia potencial. La prisa ocasiona pérdidas. No puedo hacer frente a las cosas. Detened el mundo, yo quiero salir. ¿Cuál es tu prisa?

☞ **Situación y consejo:** Tal vez te sientes abatido por el ritmo rápido de los sucesos. Es posible que estés desperdiciando sus energías en direcciones desfavorables. Tus acciones apresuradas no te llevan a donde deseas estar. Ten cuidado de no forzar las cosas justo ahora, ya que puedes ocasionar una oposición violenta. Espera demoras. Tus planes pueden ser cancelados, especialmente si involucran viajes. Podría haber problemas con vuelos en avión u otros medios de trasporte.

☹ **Personas:** Los que avanzan demasiado rápido pero sin dirección. Personas agresivas.

OCHO DE PENTÁCULOS
Trabajo

✎ **Al derecho:** Aprendizaje.

✍ **Frases y palabras claves:** Talento. Educación. Entrenamiento de un oficio. Adiestramiento. Automejoramiento. Aprendizaje. Adquirir habilidades. Entusiasmo en el trabajo. Trabajar duro para perfeccionar una destreza. Programas de trabajo-estudio. Absorción y placer en el trabajo. Un nuevo empleo. Seguridad material. Buen uso de los talentos. Un ascenso o cambio de carrera. Un nuevo campo de acción. Esfuerzo aplicado. Un trabajo informal. Un pasatiempo satisfactorio. Trabajar en un proyecto. Habilidad en ordenadores. Preparación para el futuro. Ahorros. Mayor ganancia de dinero. Inversiones con cautela. Aprender a manejar el dinero. Ingresos gracias al uso de las habilidades. Prudencia. Diligencia. Dedicación. Perseverancia. Enseñar, aconsejar, servir de tutor, y trasmitir destrezas y conocimientos a los demás. Si vas a hacer un trabajo, hazlo bien.

👍 **Situación y consejo:** El Ocho de Pentáculos sugiere que tu trabajo será agradable y satisfactorio. Usarás tus habilidades sabiamente. Si estás comenzando un nuevo trabajo, te acoplará fácilmente y lo encontrarás absorbente. Tu corazón está puesto en tu oficio, y es posible que recibas un ascenso. Tienes la oportunidad de entrar en una fase de aprendizaje en la que desarrollarás tus talentos. Tu tiempo y esfuerzo darán resultado. Para algunos esta carta indica el inicio de una nueva carrera. Éste es el momento en el que debes aprender todo acerca de tu profesión. Realiza tus tareas, realiza cursos, acude a seminarios y lee libros referentes al área que has elegido. Podrías tener la oportunidad de trabajar con alguien que puede enseñarte métodos nuevos, o tal vez tú seas quien enseñe a los demás. Quizá no recibas mucha retribución económica ahora, pero las bases que has creado darán como resultado éxito en tu carrera posteriormente. El manejo inteligente del dinero es algo que necesitas aprender eficazmente. El Ocho de Pentáculos también simboliza adquirir la más reciente información acerca de tecnología moderna y ordenadores.

☺ **Personas:** Un aprendiz. Un buen trabajador. Un experto en ordenadores. Miembros de una sociedad comercial. Profesores, estudiantes, consejeros y tutores. Aquellos que entrenan a otras personas.

●○○

🐟 **Ocho de Pentáculos al revés:** Esquinas cortadas.

🐿 **Frases y palabras claves:** Estafa. Pretender saber más de lo que realmente sabes. Fraude. Impaciencia. El camino fácil. Mal uso de habilidades. Atajos. Mala calidad. Trabajo tedioso. Falta de concentración. Trabajo sin frutos. Falta de compromiso. Autocrítica. Deshonestidad. Negocios confusos. Falsa seguridad. Falta de voluntad para aprender. Fabricación rudimentaria. Comercialismo. Juegos ilegales. Poca retribución. Problemas en el ordenador. Falta de trabajo. Pérdida de un empleo. Desempleo. Sentirse sin derechos. Sentir ira por la falta de oportunidades. Lo que ellos no saben no los lastimará. Eso me tiene sin cuidado.

🐦 **Situación y consejo:** Tu impaciencia o deseo de seguir el camino fácil puede involucrarte en una situación laboral poco ética. Tal vez no estás satisfecho con tu trabajo o te encuentras desempleado actualmente. Quizá has perdido el empleo debido a que no estás trabajando con todo tu potencial. Es posible que estuvieras pretendiendo saber más de lo que realmente sabes. Si eres un estudiante, podrías estar haciendo trampa en tus exámenes.

En cualquier caso, los problemas relacionados con tu trabajo, o la carencia de éste, afecta tu mentalidad y tu comportamiento. ¿Te sientes aislado y molesto por la falta de oportunidades en tu vida? ¿Has seguido mucho la vía fácil, creando así productos de mala calidad? Puedes sufrir al pensar que tiene ciertos derechos y tener la creencia de que los demás deberían cumplir tus requerimientos. Considera el trabajo que haces. ¿Estás involucrado en prácticas de trabajo ilícitas o confusas? ¿Estás haciendo buen uso de tus habilidades y talentos? ¿Cómo te sientes respecto al esfuerzo que realizas en el trabajo? ¿Estás orgulloso de lo que produces a través de tus capacidades?

☹ **Personas:** Los que pretenden saber más de lo que realmente saben. Los que piensan que tienen derechos por el trabajo hecho por los demás en lugar de esforzarse por sí mismos. Incompetentes. Trabajadores deshonestos o perezosos. Estudiantes que hacen trampa en los exámenes. Malversadores. Artistas estafadores. Falsificadores, Timadores. Evasores de impuestos. Personas desempleadas. El que tiene desventajas en la sociedad.

OCHO DE ESPADAS
Restricción

↩ **Al derecho:** Sentirse atrapado.

🖎 **Frases y palabras claves:** Un ambiente opresivo. Desautorización. Obstrucción. Esclavitud. Restricción forzada. Un círculo vicioso. Falta de firmeza personal. Aislamiento. Temor a lo desconocido. Energía inhibida. Incapacidad para moverse. Cárcel intelectual. Atrapado por un vicio. Ocultarse de sí mismo. Falta de confianza en sí mismo para actuar. Una barrera. Problemas de comunicación. Interferencia. Decepción. Atrapado por el miedo. Estar en una situación difícil. Ansiedad. Preocupación. Censura. Dolor emocional. Tiempos difíciles. Accidentes. Muertes. Tristeza autoinducida. Confusión. Malentendidos. Indecisión. Parálisis. Temor a ejercer tu propio poder. Falta de fe en ti mismo. Sentimientos negativos que afectan la productividad. Enfermedad. Mal si lo haces y mal si no lo haces. No pases. Esto también pasará. Cuando digo «no» me siento culpable.

👆 **Situación y consejo:** Cualquiera que haya visto la obra existencialista traducida al español como *Sin salida,* entenderá de qué se trata esta carta. El Ocho de Espadas representa temor, obstrucción, limitación y restricción, que a menudo son autoinfundadas. Te sientes encajonado, atrapado; y sin poder moverte. Tal vez actúas como si fueras tú. mismo tu peor enemigo debido a que temes a lo desconocido y eres renuente a intentar algo nuevo o afirmarse a ti mismo. Tu habilidad para comunicarte podría verse afectada temporalmente. Es posible que estés atrapado en una situación difícil que parece no tener salida. Te sientes bloqueado y limitado por las circunstancias, pero las principales restricciones son causadas por tu negativa a ver la situación objetivamente. Debes enfrentar tus temores antes de tomar una decisión importante. Con valor podrás rebasar tus preocupaciones y resolver los problemas que te agobian. Si no puedes ver las cosas claramente, éste es el momento de buscar consejos sabios y tenerlos en cuenta. A veces las limitaciones simbolizadas por el Ocho de Espadas son el resultado de un accidente o una muerte.

☺ **Personas:** Alguien que se siente atrapado, restringido o inmerso en un vicio. Una persona ciega. Un prisionero. El que se siente limitado en una relación. El que avanza en círculo.

○●○

⚑ **Ocho de Espadas al revés:** Liberación.

✎ **Frases y palabras claves:** Remoción de un obstáculo. Un nuevo comienzo. Quitarse la venda de los ojos. Perforar el velo. Superar el temor. Liberarse de las restricciones. Alivio. Fin de la interferencia. El camino está libre. Autorización. Poder moverse de nuevo. Fe personal renovada. Productividad restaurada. Autoafirmación. Eres libre de irte. Puedes ver un camino para este asunto.

☞ **Situación y consejo:** Ahora puedes liberarte de las restricciones y enfrentar tus miedos y preocupaciones. Las presiones que soportas están a punto de terminarse. Eres capaz de ver más claramente tu entorno y manejar los factores que han estado obstruyendo tu progreso. Venciendo tus temores, estás libre para comenzar de nuevo. Los obstáculos han sido removidos y puedes seguir adelante. En este momento debes ser firme y no aceptar las limitaciones que los demás te imponen.

☹ **Personas:** Alguien que se ha liberado de restricciones o de una relación estresante. Un prisionero liberado.

OCHO DE COPAS
Un cambio en el corazón

✍ **Al derecho:** Decir adiós. Ponerse en camino.

✍ **Frases y palabras claves:** Partir. Alejarse. Un punto de cambio. Retirarse. Sentirse desilusionado con una situación pasada. Decepción. Dejar el pasado atrás. Liberarse de lazos emocionales. Mirarse interiormente. Darle la espalda a una situación difícil. La búsqueda del hombre por el conocimiento. Rechazo a un estilo de vida anticuado. Dirigir las energías hacia un nuevo interés. Alejarse de la casa. Buscar una nueva relación. Dejar atrás los asuntos emocionales. Un cambio de trabajo. La búsqueda por satisfacción espiritual. Una reubicación.

✍ **Situación y consejo:** Estás saliendo de una situación incómoda y te diriges hacia algo nuevo. Tal vez te has sentido decepcionado por algún tiempo con una antigua relación o circunstancia. Gradualmente te has dado cuenta de que no estás satisfecho y tus sentimientos han cambiado. Ahora quieres liberarte y experimentar algo diferente. Posiblemente buscas llenar un vacío en tu vida. Éste puede ser el momento para que rompas viejas ataduras emocionales y te ocupes de ti mismo. A menudo el

Ocho de Copas sugiere que los asuntos necesitarán un ciclo lunar (un mes) para resolverse. Son posibles los viajes o cambios de residencia.

Es tiempo de cambiar, ya que los viejos esquemas simplemente no funcionan. Reflexiona acerca de lo que has aprendido, pues has madurado emocionalmente y es el momento de buscar algo más satisfactorio. Busca mayor significado en tu vida. Mientras te alejas del pasado, una nueva relación te espera. Los libros antiguos dicen que esta carta significa la ayuda de una mujer rubia. ¿Quién sabe?

☺ **Personas:** Aquellos que se alejan de un lugar o una situación que no les satisface. Individuos que están en el camino de la búsqueda. Una mujer rubia servicial.

●○○

🖐 **Ocho de Copas al revés:** No querer partir.

🖎 **Frases y palabras claves:** (Positivas) Sentirse realizado y satisfecho. Aferrarse a una buena situación. Socializar. Una relación duradera. Un período difícil está finalizando. Satisfacción personal. Buscar la felicidad. Ir a una fiesta. Un nuevo romance. Coqueteo. Amistad. Reanudar una vieja relación.

(Negativas) Negarse a partir. Aferrarse al pasado. Temor a lo desconocido. Una decisión equivocada. Evadir el desarrollo personal. Fracaso al querer liberarse de antiguas relaciones. Aceptar la mediocridad. Búsqueda de un falso ideal. Abandonar una relación valiosa. Miedo a la intimidad. Darle la espalda a una relación emocional importante. Hacer un cambio por el cual te lamentarás posteriormente. El pasto es más verde al otro lado.

☞ **Situación y consejo:** En su posición normal, el Ocho de Copas te aconseja para que te alejes de una situación emocional que no te satisface y busques una mayor realización en tu vida. En su orientación invertida, esta carta puede indicarte que tus actuales relaciones son mejores de lo que crees o que te estás negando a seguir el consejo ofrecido por la carta al derecho. Deberías apreciar lo que tienes antes de desecharlo.

Tal vez tienes problemas para liberarte de una relación incómoda. ¿Estás a punto de caer en la mediocridad? Por otro lado, podrías estar dejando atrás una relación muy buena por alguna razón neurótica de tu parte. Es posible que no estés dando los pasos necesarios para alejarte de una situación problemática. Quizá un cambio que estás contemplando realizar puede no ser conveniente en estos momentos. Podrías lamentarte de dejar tu relación o situación actual.

En su aspecto positivo, el Ocho de Copas al revés significa que has logrado dejar atrás una difícil situación y estás listo para celebrar una nueva fase de tu vida. También anuncia a veces el inicio de una nueva relación sentimental o un cambio de residencia. En ocasiones, esta carta en su posición invertida representa algo tan concreto como una fiesta o aceptar una invitación social.

☹ **Personas:** Una mujer rubia maliciosa. Aquellos que están satisfechos con su situación actual.

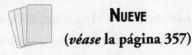

NUEVE
(*véase* la página 357)

Frases y palabras claves: Cerca del final. La última etapa. Realización. La terminación de un ciclo. Preparación para la transición. Sueños. Dar conclusión a los asuntos. Energía creativa. Compasión. Sabiduría. Entendimiento. Servicio. Misticismo. Valor. Maestría.

Arcano Mayor correspondiente: El Ermitaño.

Situación y consejo: El número nueve se asocia con la carta del Ermitaño, el planeta Neptuno y los signos Aries y Escorpión, que se rigen por Marte. Neptuno es un planeta de compasión, caridad, altruismo, misticismo, entendimiento y amor por el prójimo, pero también representa confusión, fantasía y autodecepción.

Un predominio de Nueves en una tirada de tarot sugiere la terminación de asuntos. Podrías estar alejándote del pasado para visualizar el futuro. Se favorecen las ventas. Son posibles los viajes. Puedes interesarte por causas humanitarias u obras de caridad.

El nueve representa una energía yang asociada con finalizaciones. El enfoque ahora es hacia la correcta terminación de un asunto. Éste no es el momento de hacer compromisos obligatorios ni de iniciar nuevas empresas.

Año personal: El año personal nueve marca el fin de un ciclo de nueve años. Es tiempo de conclusiones y finalizaciones. Algo se está terminando para abrir camino a un nuevo ciclo. Es posible que recibamos reconocimiento público durante este período. Éste es el momento de despejar el camino mientras nos preparamos a realizar nuevos cambios significativos en el verdadero año personal número uno. En general, ésta no es una época para iniciar compromisos serios o nuevas empresas.

NUEVE DE BASTOS
Fortaleza en reserva

♘ **Al derecho:** Defensa. Pararse firmemente.

✍ **Frases y palabras claves:** Defenderse por sí mismo. Activar nuestras defensas. Fortificación. Autoprotegerse. Un desafío final por superar. Cautela. Protección. Una actitud defensiva. Una costitución fuerte. Fortaleza para recuperarse después de una enfermedad. Un sistema inmunológico sano. Resistencia a una enfermedad o infección. Defender los derechos. Una posición estable y duradera. Otro problema por superar después de salir victorioso. Fortaleza interior. Determinación. Perseverancia. Demora necesaria. ¡En guardia! Si al principio no tienes éxito, inténtalo una y otra vez. Sal adelante solo. Si no está dañado, no lo arregles. No cambies de caballo a medio camino.

👍 **Situación y consejo:** El Nueve de Bastos indica la necesidad de que te defiendas por ti mismo. Has sido herido en el pasado y por consiguiente has asumido una actitud a la defensiva. Estás llamado a defender tus derechos, tu reputación o una decisión que has tomado. Aunque la situación parece difícil, estás parado en tierra firme. Una vez que superes este último desafío, estarás en el camino del éxito. Así que no te rindas. En estos momentos debes estar atento y mantenerte firme en lo que crees. Tienes una gran fortaleza en reserva para manejar cualquier problema. Este tiempo no es bueno para hacer cambios importantes en tu vida. Debes ser sabio para salir adelante exitosamente por ti mismo, pero necesitas solucionar un problema final antes de lograr tus objetivos. Tu posición es fuerte, y tienes el valor y la determinación para alcanzar tus metas en el momento indicado. Recuerda el lema de los Boy Scouts: «¡Siempre listo!».

En lecturas acerca de la salud, el Nueve de Bastos muestra una costitución fuerte, capaz de recuperarse de una enfermedad y ser inmune al ataque de organismos patológicos.

☺ **Personas:** Un protector. Una persona bien defendida. Personal militar. Aquel que lucha por sus derechos y su reputación.

●○○

🏳 **Nueve de Bastos al revés:** Estar mal de defensas. Sorprendido fuera de guardia.

🖎 **Frases y palabras claves:** Pérdida de derechos. Despreocupación. Una posición defensiva inapropiada. Debilidad. Cobardía. Enfermedad. Heridas. Malas defensas. Un sistema inmunológico débil. Inferioridad. Actitud poco práctica. No querer compromisos. Sospecha. Peligro. Excesiva defensa. Sentirse intimidado. Adversidad. Planes poco realistas. Pérdida. Un problema. Un obstáculo. Un impedimento. Falta de preparación. Una posición insostenible. Falta de iniciativa.

Fracaso al defenderse. Rechazo a tomar una posición firme. Obstinación. Inflexibilidad. Mala salud. Una posición difícil de defender. Pérdida del estatus. No estaba mirando. No estoy listo para el primer tiempo.

☞ **Situación y consejo:** Puedes ser sorprendido con la guardia baja por una situación que está fuera de tu alcance y más allá de tus capacidades para hacerle frente. Tal vez has subestimado la fortaleza de tus oponentes, y los desafíos que debes superar son más difíciles de lo esperado. Algo debe estar minando tu posición y tienes miedo de perder estatus por esta razón. ¿Te has limitado tú mismo adoptando una actitud defensiva inapropiada? ¿Tomaste partido en un asunto en el que no valía la pena luchar? Al parecer te encuentras mal de defensas. En lecturas sobre salud, indica posiblemente un sistema inmunológico debilitado y una menor resistencia a las enfermedades.

☹ **Personas:** Perdedores. Jugadores de segunda línea. Aquellos que tienen complejo de inferioridad. Pacientes con sistema inmunológico débil.

NUEVE DE PENTÁCULOS
Autodependencia

✍ **Al derecho:** Confiar en uno mismo. Ser autosuficiente.

✎ **Frases y palabras claves:** Automaestría. Realización. Ganancia. Deseo de seguridad económica. Dinero. Éxito. Comodidad material. Tiempo libre. Autovaloración. Resultados fructíferos. Bienestar. Riqueza en soledad. Éxito bien merecido. Suerte en asuntos relacionados con propiedades y bienes raíces. Herencia. Ingresos no ganados. Dividendos. Posesiones. Propiedad. Bienes raíces. Inversiones. Mejoramientos en tierras y propiedades. Redecoración. Seguridad material. Mayores ingresos. Satisfacción. Manejo sabio de los recursos. Autocontrol. El uso sabio de los talentos. Cuidarse muy bien a sí mismo. Beneficios materiales. La capacidad de estar solo. Amor por la naturaleza. Gusto por los animales. Disfrutar de los espacios abiertos. Jardinería. Preocupación por el ambiente. Soledad. Una sensación de vacío. El dinero no puede comprar el amor. Un jardín de placeres sensuales. Salva las ballenas. Puedo cuidarme solo.

✍ **Situación y consejo:** Esta carta representa una mujer disfrutando en soledad las cosas más sencillas de la vida, mientras observa su hermoso jardín. Ella está cosechando los beneficios originados por el uso sabio de sus talentos y recursos. Está sola, en paz consigo misma y con la naturaleza. Controla su pensamiento y su destino. Tiene un sentido de autovaloración y es capaz de manejar sus propios asuntos, pero al mismo tiempo siente que algo le falta.

El Nueve de Pentáculos indica un deseo por seguridad económica y promete comodidad física y beneficios materiales. También muestra un tiempo apropiado para el manejo de propiedades y bienes raíces. Las actividades al aire libre serán muy placenteras al igual que los planes para remodelar o decorar la casa. Psicológicamente, este Arcano Menor representa lo que el psicoanalista D. W. Winnicott llamó «la capacidad de estar solo..., una de las señales más importantes de madurez y desarrollo emocional». Cuando esta carta aparece en una lectura, deberíamos revisar la manera en que empleamos el tiempo cuando estamos solos.

☺ **Personas:** Una esposa. Una persona autosuficiente o con trabajo independiente. El que se preocupa por el medio ambiente y la protección de otras formas de vida. Un buen administrador de propiedades. Alguien que pasó mucho tiempo solo. Amantes de los animales. Personas con gracia, belleza, habilidades, y sentido para los negocios.

● ○ ○

🖎 **Nueve de Pentáculos al revés:** Éxito mal establecido.

🖎 **Frases y palabras claves:** Poco rendimiento financiero. Decisiones imprudentes. Dependencia. Pérdida. Privación. Derroche. Robo. Decisiones precipitadas. Acciones imprudentes. Sufrir las consecuencias de elecciones mal hechas. Enredos. Dinero ilícito. Contaminación. Problemas con las propiedades o bienes raíces. Reparaciones inesperadas. Contratiempos financieros. Problemas con animales o mascotas. El precio de la riqueza.

🖋 **Situación y consejo:** Ten cuidado de no hacer negocios turbios que comprometan tu integridad. Podría haber problemas relacionados con las propiedades. Tal vez una mascota necesite de tu atención.

☹ **Personas:** Aquellos que tienen cargo de conciencia. Malos administradores. Personas deshonestas.

NUEVE DE ESPADAS
La pesadilla

♘ **Al derecho:** Desesperación.

🗷 **Frases y palabras claves:** Noches tristes y de insomnio. Preocupación. Demasiado estrés. Premoniciones preocupantes. Amenazas. Culpa. Ansiedad. Dolor. Angustia. Tormento. Depresión. Sentirse inútil o abatido. Desmoralización. Falta de confianza en sí mismo. Muerte y melancolía. Agonía mental. Miseria. Crueldad. Rencor. Calumnia. Pena. Desesperanza. Tristeza. Períodos de llanto. Acusaciones. Una sensación de culpa. Enfermedad. Cirugía. Temores infundados. Una mujer que sufre. Problemas de salud de una mujer. Posibilidad de muerte. Nadie me ama. Toda la culpa fue mía. No estoy bien.

👍 **Situación y consejo:** El Nueve de Espadas es la carta de la pesadilla. Muestra una mujer sentada en la cama y sin poder dormir, tomando su cabeza en su desesperación. Su sueño puede en realidad ser perturbado mientras esté luchando en un asunto controvertido. El comportamiento rencoroso de alguien puede estar causándote dolor. Tal vez estás lleno de temores, culpas, dudas y preocupaciones, actitudes que en gran parte son infundadas.

Eres demasiado sensible a las críticas y ofensas de otras personas. Las dificultades que imaginas pueden no parecer tan agobiantes cuando se analizan claramente. Es posible que debas enfrentar una situación problemática o tomar una decisión difícil, pero lo más probable es que tu principal temor no se materialice. El sufrimiento que padeces es el resultado de circunstancias anteriores. A veces esta carta puede significar literalmente que una mujer cercana a ti está sufriendo mental o físicamente, y por eso necesita de tu ayuda.

☺ **Personas:** Una persona preocupada. Alguien que sufre de insomnio. Una persona enferma o a punto de ser intervenida quirúrgicamente.

○●○

♠ **Nueve de Espadas al revés:** La pesadilla ha terminado.

✎ **Frases y palabras claves:** (Positivas) Esperanza. Buenas noticias. Preocupaciones infundadas. Fe. Confianza. Proeza. Un destello de luz. Ayuda en el futuro próximo. El fin del sufrimiento. El período de estrés y preocupación ha terminado. Un nuevo amanecer. Sentirse útil de nuevo. Sueños placenteros. No hay nada de qué preocuparse. Hay luz al final del túnel. El tiempo cura todas las heridas. La pesadilla se acabó.

Mañana será otro día.

Scarlett O'Hara

(Negativas) Angustia. Aislamiento. Dolor persistente. Depresión. Confinamiento. Abatimiento. Calumnia. Rencor. Suicidio. Muerte. Tristeza. Institucionalización.

☞ **Situación y consejo:** En su aspecto positivo, la aparición del Nueve de Espadas al revés en una lectura indica muy a menudo que la pesadilla está finalizando. Tal vez estás sufriendo aún las consecuencias de una situación difícil, pero el dolor ya cesó. Sin embargo, tu imaginación está muy por encima de la realidad de las cosas. Te has perturbado a ti mismo innecesariamente, al preocuparte sin razón suficiente. Te has dejado apoderar de tus pensamientos negativos. El Nueve de Espadas invertido es una carta optimista, que aconseja tener fe en el futuro.

En el caso de una lectura negativa, puede simplemente reiterar el significado del resto de la tirada de cartas. Estás demasiado alterado por preocupaciones enfermizas y puedes estar bastante deprimido. Estás atravesando un período prolongado de dolor y desesperación. No obstante, esta carta con dicha orientación tiene un significado prometedor.

☺ **Personas:** (Positivas) Aquellos que han renovado su esperanza en el futuro. Los que han salido de una situación desesperante.

(Negativas) Personas acongojadas. Individuos que sufren de insomnio.

NUEVE DE COPAS
Deseo

♻ **Al derecho:** Deseos cumplidos.

✍ **Frases y palabras claves:** Diversión. Alegría. Placer. Gratificación. Comodidad. Salud. Felicidad. Abundancia. Ostentación. Satisfacción. Placer físico. Felicidad material. Un trabajo bien hecho. Bienestar económico. Extravagancia. Un sueño que se hace realidad. Un matrimonio deseado. Consigues lo que quieres. Bebed, comed y sed felices.

👍 **Situación y consejo:** Cuando aparece el Nueve de Copas, especialmente como carta de resultado, conseguirás lo que deseas. Esta carta promete beneficios materiales y lujos físicos, representa satisfacción y alegría, a veces indica ostentación o demasiada indulgencia. La aparición de este Arcano Menor puede sugerir el final de una fase importante de un proyecto y la necesidad de tomar unas vacaciones bien merecidas antes de seguir adelante. En lecturas referentes a matrimonio, significa que te casarás con la persona que quieres.

☺ **Personas:** Los que ven realizados sus deseos. Alguien que vive en medio de lujos. Una persona demasiado indulgente. El hada madrina.

●●○

🖐 **Nueve de Copas al revés:** Ostentación.

✍ **Frases y palabras claves:** No obtener lo que queremos. Deseos poco realistas. Demasiado de algo bueno. Hedonismo. Excesiva preocupación por el placer sensual. Complacencia. Vanidad. Un vicio exagerado. Extravagancia. Valores superficiales. Codicia. Superficialidad. Vacío. Pérdida económica. Privaciones. Falta de dinero. Buscar satisfacción con drogas y alcohol. Abuso de drogas. Glotonería. Abusar del cuerpo. La cultura del narcisismo. Masturbación. Relaciones superficiales. Falta de caridad. Abuso. Cuando lo tengas, lúcelo. Puedo obtener satisfacción. Somos hombres vacíos. Comed, bebed y divertíos, mañana podéis morir.

☞ **Situación y consejo:** Puedes descubrir que conseguir lo que quieres no es necesariamente bueno. A veces esta carta al revés puede indicar un problema de salud debido a un vicio por abusar de tu cuerpo. Tal vez eres muy presumido y complaciente para tu propio bien. Es posible que no consigas lo que quieres. La codicia puede ser un problema, y es probable una pérdida económica.

Tu excesiva preocupación por satisfacer tus deseos podría estar afectando tus relaciones personales. ¿Estás usando drogas o alcohol para llenar un vacío en tu vida personal? ¿Está tu actitud hedonista alejando a las personas que te aman? ¿Cierras los ojos ante la situación difícil de individuos menos afortunados que tú? ¿Tu tabla de valores gira en torno de tu autoestimulación? ¿Te importa alguien más fuera de ti mismo? ¿Cómo se adaptan las demás personas a tu vida?

☹ **Personas:** Presumidos. Narcisistas. *Playboys*. Hedonistas. Sensualistas.

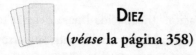

DIEZ
(*véase* la página 358)

Frases y palabras claves: El final. El fin de un ciclo. Sumatorio. Circunstancias concluidas. Terminación. Perfección. Permanencia. Regeneración. Trasformación. Renacimiento. Un grupo de personas. Una familia. Una comunidad. Tiempo para un nuevo comienzo. El fin de un ciclo y el comienzo de otro. Los primeros serán los últimos, y los últimos serán los primeros. Ahora has llegado bastante lejos.

Arcano Mayor correspondiente: La Rueda de la Fortuna.

Situación y consejo: El número diez se asocia con la carta de la Rueda de la Fortuna de los Arcanos Mayores y el planeta Plutón que gobierna Escorpión y la octava casa. Plutón es un planeta de muerte, nacimiento y trasformación, el proceso cíclico de la decadencia seguida de nuevo crecimiento. Al igual que la carta de la Rueda de la Fortuna, el planeta Plutón anuncia cambios importantes en la vida producidos por la acción del destino.

DIEZ DE BASTOS
El peso de la ambición

☝ **Al derecho:** El precio del éxito.

☟ **Frases y palabras claves:** Llevar una carga pesada. Estrés originado por el trabajo. Grandes responsabilidades. Determinación. Incapacidad para delegar tareas. Sobrecarga. Tener toda la responsabilidad. Inmerso en el trabajo. Presión. Soledad en la cima. Trabajo duro. Un proyecto exigente. Mejoramiento del estatus como resultado del arduo trabajo. Demasiadas horas extras. Una carga onerosa. Esforzarse por el éxito. Trabajo excesivo. Preocupación. Opresión. Fracaso al no alcanzar un objetivo ambicioso. Comportamiento obsesivo. Sólo trabajo, nada de juego. Morder más de lo que puede masticar. Maduración sentimental. Problemas de espalda. Problemas musculares y óseos. Problemas del corazón. Si lo quiero bien hecho, lo haré yo mismo. Tú hiciste la cama, ahora acuéstate en ella. Tus ojos son más grandes que tu estómago.

👍 **Situación y consejo:** Estás luchando por cumplir con tus muchos compromisos y responsabilidades. Tal vez es mucha la carga que debes soportar por manejar tantas cosas a la vez. Estás en el tramo final y te preguntas si tienes la suficiente energía para salir adelante. A pesar de lo pesado de la carga, tienes la suficiente fuerza para terminar tu tarea. Tu ambición por tener éxito y ser aclamado te estimula a seguir adelante. Sin embargo, debes darte cuenta de que no puedes hacerlo todo. Aprende a delegar responsabilidades y a no encargarte de más de lo que puedes manejar. Si no lo haces, algunos de tus planes no serán terminados.

Necesitas desarrollar una mejor apreciación de tus límites. Es posible que estés agobiado por el trabajo y sientas la presión de la carga que soportas. Un enfoque excesivo hacia las ambiciones de la carrera podría estar interfiriendo con otros aspectos de tu vida. El mundo seguirá girando sin ti. El trabajo excesivo puede guiarte a problemas de salud, especialmente con tu espalda, la columna vertebral, el corazón y el sistema muscular.

☺ **Personas:** Un peón. Alguien que soporta trabajo excesivo. Una persona extremadamente ambiciosa. Miembros de una unión laboral.

●○○

🖎 **Diez de Bastos al revés:** La carga es retirada.

🖎 **Frases y palabras claves:** (Positivas) Alivio del estrés y la presión. Liberar carga. Delegar responsabilidades sabiamente.

(Negativas) Mal uso de los talentos. Carga excesiva. Retrasos. Fracaso. Tener responsabilidades de otros. Ambición. El trabajo no será recompensado. Desconfianza. Cargas de trabajo injustas. Envidia. Decepción. Estafa. Obligaciones autoimpuestas. Ser llevado por el camino. Querer controlar demasiado las vidas de otras personas. Problemas de la espalda, el corazón, los músculos y los huesos.

🖎 **Situación y consejo:** En su aspecto positivo, el Diez de Bastos invertido significa liberarse de una carga pesada. Ahora te sientes menos presionado, menos estresado. Has podido delegar responsabilidades sabiamente para terminar el trabajo. Tu salud está mejorando desde que manejas tus responsabilidades más eficientemente. Finalmente, puedes de nuevo ponerle algo de diversión a tu vida.

En su aspecto negativo, te advierte de que recibirá poca retribución por tu arduo trabajo. Alguien puede haberte manipulado deshonestamente. Las responsabilidades que tienes asignadas han sido una carga por mucho tiempo. Tal vez no confías en que los demás hagan el trabajo correctamente y temes delegar responsabilidades. Podrías estar sufriendo las consecuencias de una desmedida ambición. Los problemas de salud podrían ser el resultado de una sobretensión física o emocional. Tiene el mismo significado que la carta al derecho pero con un sentido más negativo.

☹ **Personas:** Alguien que causa problemas o asigna cargas a los demás.

Diez de Pentáculos
Abundancia material

✎ **Al derecho:** Apoyo familiar.

✐ **Frases y palabras claves:** Fuertes lazos familiares. Tradición.

Comodidad. Dinero. Riqueza. Seguridad económica. Éxito. Seguridad. Estabilidad. Responsabilidad. Ayuda financiera. Consejo sabio. Acumulación de riqueza. Vínculos ancestrales. Linaje. Prosperidad. Un aumento de salario. Estabilidad financiera. Un hogar confortable. Felicidad. Propiedades. Compras o negocios importantes. Buenas inversiones. Preocupación por un pariente. Riqueza familiar. Herencia. Pensiones. Habilidades heredadas. Confianza. Reconocimiento. Reputación. Tener su propia familia. Transiciones importantes de la vida. Compromiso con una forma de vida tradicional. Un acontecimiento familiar como por ejemplo una boda o un nacimiento. Matrimonio por conveniencia económica. Un matrimonio arreglado. Corporaciones. Grandes negocios. Trabajo en el gobierno.

👍 **Situación y consejo:** El Diez de Pentáculos representa varias generaciones de una familia que disfrutan la seguridad de su hogar. Ésta es una carta positiva que sugiere seguridad financiera, herencias, inversiones beneficiosas, el paso de las tradiciones familiares, transiciones importantes de la vida, ventas exitosas, la salud de los miembros de la familia y el establecimiento de bases firmes para el hogar. En el trabajo todo funciona bien y es posible un aumento de salario. Podrías ser ayudado por una figura paternal, un amigo cercano, o un miembro de tu familia. Tal vez obtengas dinero por medio de una herencia o una pensión. Podrías estar haciendo planes para casarte o formar tu propia familia. De cualquier manera, el matrimonio está ligado a los requerimientos de tus parientes o a intereses económicos. Desearías legar a futuras generaciones lo que has ganado y aprendido. Es posible que obtengas un trabajo que involucra grandes corporaciones o el gobierno.

☺ **Personas:** Miembros de la familia. Una dinastía. Personas con gran poder económico.

🕊 **Diez de Pentáculos al revés:** Problemas familiares.

🐘 **Frases y palabras claves:** Pérdida financiera. Peleas. Desaprobación de los miembros de la familia. Problemas de dinero. Finanzas familiares inestables. Preocupación por una persona mayor. Enfermedad de un pariente. El peso de la riqueza. Problemas con una herencia. La familia tiene disputas por dinero. Problemas familiares. Un posible pleito. Una muerte en la familia. Problemas con grandes corporaciones o el gobierno. Reestructurar las finanzas.

☞ **Situación y consejo:** Puedes sentir que tu seguridad está amenazada. Éste no es el momento de asumir riesgos financieros. Es posible que tengas una oportunidad para aumentar tus ingresos por tu satisfactorio trabajo. El dinero puede escasear por un tiempo, y probablemente necesitarás reestructurar tus finanzas. Tal vez necesitarás vender algunos bienes para arreglar la situación. Podrías preocuparte por la salud o bienestar de tu padre o tu madre, o un pariente de edad avanzada.

Es probable que sientas el peso de las responsabilidades y los compromisos que tienes con las personas cercanas a ti. Podrían surgir problemas relacionados con herencias o pensiones. Es posible que se presenten peleas familiares debido a esto. Quizá tomes a mal las exigencias que tu familia te hace por tus planes de matrimonio y la elección de tu pareja. Puedes sentir que estás presionado a casarte por razones equivocadas. Un tratamiento inestable de las finanzas puede guiar a pérdidas. Podría haber problemas al negociar con grandes corporaciones o agencias del gobierno.

☹   **Personas:** Los que se sienten acosados por problemas familiares. Individuos con bastante actividad financiera.

DIEZ DE ESPADAS
Un final inevitable

🐍   **Al derecho:** Un puñal sobre la espalda. El fin de un ciclo.

🐍   **Frases y palabras claves:** Ruina. Fracaso. Derrota. Un decidido rompimiento. Un cambio forzado. Una decisión que altera tu vida. El fin de una situación. Pérdida de una ilusión. Separación. Dolor. Tiempo de partir. Robo. Pensamiento negativo. Angustia. Tristeza. Depresión: Pérdida. Devastación. Quiebra. Un asalto. Trastorno. Desastre. Enfermedad grave. Confrontar la mortalidad. Una situación peligrosa. Colapso. Desolación. Problemas. Riesgo. Posibles viajes (tal vez por agua). Corte o fisura por razones médicas. Infecciones. Investigaciones médicas.

👍   **Situación y consejo:** Tus planes no están funcionando. Has alcanzado los límites externos. Una situación o relación está a punto de terminar y puedes estar sintiéndote en el umbral de la depresión a causa de tus pérdidas. Has hecho todo lo que puedes y es el momento de hacer un cambio definitivo o sufrir las consecuencias. Esta etapa final está acompañada por un profundo sentimiento de vacío y tristeza. Tal vez te sientas emocionalmente aislado. El cambio ha sido forzado y por ello tienes poco que decir acerca del asunto. La pérdida puede estar relacionada con un asunto legal o de la carrera, una grave enfermedad o una separación de una persona importante en tu vida. ¿Te sientes tan presionado que requieres ayuda profesional?

Algo que ha finalizado podría aún preocuparte. Has perdido la batalla. No hay nada que puedas hacer para solucionar lo que está pasando en tu vida en estos momentos. Sólo recuerda que el amanecer prosigue a la noche. Debes dejar atrás las circunstancias actuales que te afectan y las falsas creencias para abrirse camino hacia el futuro. Al igual que la carta de la Torre, el Diez de Espadas puede indicar claridad repentina y la disipación de ideas erróneas. También sugiere viajes (especialmente por agua), relacionados con la separación representada por la carta.

☺ **Personas:** Aquellos que han sufrido una gran pérdida. Personas gravemente enfermas. Personas en peligro.

● ● ○

☙ **Diez de Espadas al revés:** Lo peor ya pasó.

☙ **Frases y palabras claves:** (Positivas) Un cambio positivo. Mejoramiento. Reducción de problemas. El final de un ciclo y un nuevo comienzo. Sobrevivir de una situación desastrosa. El poder de la oración. Aceptar ayuda de los demás. Pedir ayuda a un poder superior. Experiencias cercanas a la muerte. Volcar una amenaza seria en la vida. Luz al final de túnel. Noticias sobre agonía y muerte. Una necropsia. El retorno de los muertos. Lo peor ya pasó.

(Negativas) Cambios drásticos. Complicación de problemas crónicos. Enfermedades que amenazan la vida. Reaparición de dificultades pasadas. Trastornos. Muerte. Lo peor está por venir.

☞ **Situación y consejo:** Podrías recibir noticias acerca de una grave enfermedad o una muerte. La oración u orientación hacia un orden superior puede aliviar el dolor que ahora sientes. Estás emergiendo de un período de inestabilidad emocional, heridas y tristeza. Lo peor ha pasado y sus problemas comienzan a solucionarse. De tu reciente dolor surgirá algo valioso. Tiempos mejores se avecinan. Tú o alguien cercano a ti podrá superar una situación difícil.

☹ **Personas:** Sobrevivientes. Los que sufren por mucho tiempo. Personas con riesgo de morir. Aquellos que han tenido experiencias cercanas a la muerte.

DIEZ DE COPAS
Alegría

✑ **Al derecho:** Armonía en las relaciones personales.

✑ **Frases y palabras claves:** Felicidad duradera en las relaciones. Tranquilidad. Vanidad. Confianza. Simpatía. Bienestar compartido. Dar y recibir amor. Buenas relaciones entre padres e hijos. Realización. Felicidad. Estabilidad emocional. Seguridad. Prosperidad. Protección. Alegría.

Amor. Matrimonio. Amistad verdadera. Compañerismo. Compatibilidad. Una vida familiar armoniosa. Felicidad en el matrimonio. Estar unido a la familia y los amigos. Serenidad. Un amor que no se acaba. Felicidad espiritual. Realización de los deseos. Una ocasión feliz. Una celebración para dar gracias.

👍 **Situación y consejo:** El Diez de Copas es una carta extremadamente positiva para asuntos asociados con amor, emociones, valores, felicidad compartida, crecimiento espiritual y relaciones armoniosas. Anuncia afecto, alegría, bienestar y relaciones familiares estables. Tal vez pronto asistirás una reunión familiar o de amigos. Si la pregunta es acerca de matrimonio, la perspectiva es bastante buena. También puede haber una excelente oportunidad para viajar.

☺ **Personas:** Miembros de una familia feliz. Un grupo de amigos. Los seres amados.

● ○ ○

🕊 **Diez de Copas al revés:** Se acabó la alegría.

✎ **Frases y palabras claves:** Falta de armonía. Conflictos matrimoniales. Incompatibilidad. Pérdida. Tristeza. Descontento. Desacuerdos familiares. Depresión. Pesimismo. Disputas. Agravios. Sentimientos de dolor. Un conflicto de intereses. Problemas personales. Ser defraudado. Pérdida de la amistad. Vida familiar trastornada. La crisis de un adolescente afecta a la familia. Inestabilidad. Rebelión juvenil. Una vida familiar desordenada. Exigencias hechas por los hijos. Una celebración cancelada.

☝ **Situación y consejo:** Algo sucede y trastorna la situación. Tal vez una pelea o conflicto de intereses causados por problemas personales entre los miembros de la familia o amigos cercanos. Alguien podría originar un problema que afecta la vida familiar y la relación con los amigos íntimos. El Diez de Copas al revés puede anunciar el abandono del hogar de un hijo, forzando a sus padres a vivir en un hogar vacío.

☹ **Personas:** Un individuo problemático. Aquel que no comparte en una relación. Un hijo que abandona el hogar. Un hijo rebelde. El padre o la madre viviendo en soledad.

Capítulo 6
Cartas Reales o Personales

L as cartas Reales o Personales pueden representar a las personas que están alrededor de tu vida; los aspectos de tu carácter y personalidad; tu sentido de identidad y conocimiento interior; los papeles que desempeñas; acontecimientos o situaciones que han de ocurrir; períodos o estaciones del año; cualidades que deberías cultivar para manejar la situación; o, cuando están al revés, el lado oscuro de la personalidad de los individuos que trabajan en tu contra.

Estas cartas tienen dos interpretaciones fundamentales. Por un lado, simbolizan diversos aspectos de tu ser que son importantes en tu actual situación, pero también pueden representar otras personas. Las cartas Reales sugieren que tú haces preguntas sobre tus relaciones con los demás. Cuando aparecen muchas de ellas en una tirada del tarot, hay enredos con varias personas que tienen que ver con el asunto en cuestión.

Existen varios métodos para asignar las diversas cartas Reales a individuos en particular que se relacionan con la vida del consultante. Uno de ellos es fijar signos astrológicos para cada uno de los cuatro palos, y otro es destinar cartas a las personas de acuerdo a la edad y características físicas (*véase* la página 49). Los atributos físicos descritos en la tabla deben ser usados solamente como una guía. En este esquema, las Sotas representan niños, adolescentes y adultos muy jóvenes; los Caballeros simbolizan adultos de 20 a 40 años, o personas incluso mayores que son bastantes juveniles para su edad; las Reinas y los Reyes representan adultos maduros de más de 40 años, o adultos más jóvenes que son bastante maduros para su edad.

Cuando se atribuye un sexo específico a una carta Real –por ejemplo, femenino para la Reina o masculino para el Rey– hay varias posibles interpretaciones. Una puede ser que la figura de la carta indica una persona del mismo sexo, por ejemplo una Reina que representa una mujer fuerte que está influenciando al consultante. También es posible que la carta indique un aspecto de la personalidad del consultante, incluso si éste pertenece al sexo opuesto. Por ejemplo, los Caballeros a menudo se refieren literalmente a hombres, pero pueden simbolizar el rol de la mujer que tenga relación con la naturaleza del Caballero (en términos junguianos, el ánimus de la mujer, o sea, el aspecto masculino de su personalidad). Lo mismo se aplica para las Reinas, ya que los hombres también tienen atributos asociados con ellas (en términos junguianos, el ánima del hombre, o aspecto femenino de su personalidad).

Sotas

Princesas, pajes, hijas
(*véase* la página 359)

Frases y palabras claves: Cambio. Mensajes. Mensajeros. Comunicación. Noticias importantes. Llamadas telefónicas. Cartas. Información. Amigos. Niños. Adolescentes. Inmadurez. Hombres y mujeres bastante jóvenes (por encima de 20 años de edad). Inocencia juvenil. Flexibilidad. Movimiento. Un aspecto que emerge de su personalidad. Algo en proceso de formación. Nuevos comienzos de situaciones, o empresas que requieren acciones alternativas para poder desarrollarse.

Situación y consejo: Las Sotas a menudo se refieren al hecho de recibir información de cualquier forma. Sugieren la necesidad de más datos para tomar una decisión madura. Las sotas frecuentemente aparecen cuando haces preguntas acerca de un hijo, y una Sota en la lectura te indica que puedes estar pensando en él.

Sota de Bastos
Espíritu del cuerpo

✍ **Al derecho:** Acción osada. Vitalidad. Buenas noticias.

✍ **Frases y palabras claves:** Un mensaje importante y excitante. Valor. Osadía. Optimismo. Liderazgo. Iniciativa.

Extroversión. Ser el centro de atención. Energía. Entusiasmo. Competencia. Autopromoción. Vigor. Destreza atlética. Motivación. Potencial creativo. Inspiración. Fidelidad. Emoción. Respuesta rápida. Pasión. Despertar sexual. Un evento dinámico. Ideas nuevas. Tiempo para iniciar una empresa creativa. Un mensaje acerca de un empleo. Un mensaje de un amigo o pariente. Una carta o una llamada telefónica. Oportunidad para un nuevo desarrollo. Cambio de carrera. Un nuevo trabajo. Escritura creativa. Un mensajero que trae noticias estimulantes. Ejercicio físico. Una buena vida sexual. Esto podría ser el comienzo de algo grande.

☝ **Situación y consejo:** Noticias vigorizantes o nuevas oportunidades están por venir. La competencia está latente. Si has estado esperando una llamada para la presentación de una entrevista de trabajo, sé paciente que pronto llegará. Tienes energía, optimismo y entusiasmo. Podrías iniciar un curso de aprendizaje. Es posible un cambio de carrera o de trabajo. Si tu pregunta es acerca del amor, espera una ardiente y apasionada relación. Recibirás pronto una carta romántica además de experiencias sexuales satisfactorias. Éste es el momento de comenzar una nueva empresa. Son posibles nuevas amistades o nuevos romances. Te beneficiarás de una actividad atlética.

☺ **Personas:** Un mensajero con noticias estimulantes. El portador de buenas noticias. Aquel que promueve el optimismo y la motivación. Personas jóvenes valerosas y enérgicas. Jóvenes emprendedores. Un niño inquieto e inteligente. Un adolescente. Un amante joven y ardiente. Un escritor creativo. Una persona con inspiración. El que responde rápida y apasionadamente. Una pareja sexual activa. Personas simpáticas. Profesores. Vendedores. Actores. Políticos. Predicadores. Oradores con inspiración. Atletas. Instructores.

○●○○

♤ **Sota de Bastos al revés:** Malas noticias.

✍ **Frases y palabras claves:** Noticias preocupantes. Comunicaciones repentinas. Una carta de rechazo. Una respuesta corta. Una destitución repentina. Una decisión impulsiva. Un corazón roto. Información desagradable. Pérdida del trabajo. Sentirse exasperado por el inadecuado tratamiento de alguien. Buscar la atención equivocadamente. Falta de energía. Desmotivación. Obstáculos. Indecisión. Pensamiento confuso. Frustración sexual. Falta de confianza. Rumores. Sobreactuación. Arrogancia. Problemas en la vida sexual. Enfermedad. Me estás alterando mis nervios. Es difícil romper la relación.

☞ **Situación y consejo:** La Sota de Bastos al revés simboliza noticias preocupantes. Alguien puede estar haciendo comentarios poco éticos acerca de ti. Una decisión precipitada o repentina podría costernarte. Es posible que tú o alguien de tu entorno esté actuando como un niño impetuoso. Tal vez te sientes molesto por el pronto rechazo de alguien a una propuesta que te gustaría discutir más profundamente. Probablemente piensas que no eres tomado en serio.

Es posible un descenso en tu carrera o trabajo, y tu propia indecisión o falta de energía puede ser la causa. Algunos obstáculos podrían estar agotando tu potencia. Ten cuidado ahora con las personas que comparten tus confidencias, ya que alguien puede abusar de tu confianza y privacidad. En lo referente al amor, no esperes recibir buenas noticias. Los complejos sexuales pueden interferir en tus relaciones. Si eres un autor, la publicación de tus manuscritos puede ser rechazada.

☹ **Personas:** Una prima donna. Alguien que te hiere emocionalmente. El que requiere atención. El que habla mal de ti. Una persona impetuosa o insensible. Alguien que toma decisiones precipitadas. Aquel que trata de dominarte. Individuos que no son dignos de confianza. El portador de malas noticias. Una persona superficial, entrometida y poco seria. Alguien que no puede mantener secretos. El que tiene conflictos sexuales.

SOTA DE PENTÁCULOS
Dedicación

🖑 **Al derecho:** Una pequeña ganancia financiera. Educación.

🖎 **Frases y palabras claves:** Un mensaje escrito. Buenas noticias acerca de dinero y finanzas. Voluntad para aprender. Oportunidades académicas. Ir al colegio o la universidad con seriedad. Buscar un grado profesional. Un evento relacionado con el estudio. Progreso lento pero estable. Paciencia. Persistencia. Deber. Realismo. Economía. Bondad. Determinación. Respeto por las cosas materiales. Amor por la naturaleza. Entusiasmo por aprender. La formación de una base sólida. Desarrollo gradual. Mente abierta. Objetivos realistas. Información confiable. Estudio formal. Conocer los valores materiales. Habilidad en un trabajo específico. Destrezas técnicas. Iniciar una nueva empresa. Metodología. Oportunidad para incrementar los ingresos. Cambio favorable. Aprendizaje. Becas. Un mensaje que contiene información útil y práctica. Tareas. Documentos. Libros. Periódicos. Papeleos. Noticias acerca de los hijos. Contratos. Negociaciones.

👍 **Situación y consejo:** Pronto se te presentará una oportunidad para hacer dinero o involucrarte en una nueva empresa. Asegúrate de cumplir tus deberes y tareas para que puedas tener una posición de ventaja. Tus conocimientos serán reconocidos. Tu actitud minuciosa y práctica, además de tu arduo trabajo, darán resultado. Desde el comienzo el progreso será paulatino pero seguro. Es posible que recibas una carta o nota que alterará el curso de los acontecimientos. Si estás a punto de firmar un contrato, léelo cuidadosamente. Sé minucioso y diligente con las comunicaciones escritas. Podrías verte involucrado en cierto tipo de investigación relacionada con una detallada clasificación de grandes cantidades de documentos escritos. Tal vez te beneficiarás académicamente en esta época. Los Pentáculos indican la necesidad de tener en cuenta las carencias físicas y materiales.

☺ **Personas:** Jóvenes tranquilos, conscientes y analistas. Una persona con mente abierta. Estudiantes. Eruditos. Los que valoran las cosas buenas de la vida. Aquel que desea aprender. Un amante de los libros. Un individuo introvertido. Un amigo confiable. Alguien con quien puedes contar. Un trabajador enérgico. Una persona práctica, obediente y sensata. Alguien diligente y atento. Un amante por naturaleza. Un estudiante serio. Un investigador. Un trabajador diligente pero lento. Una persona joven que toma en serio el aprendizaje y los logros materiales. Una secretaria. Alguien relacionado con el comercio.

○○○

🜨 **Sota de Pentáculos al revés:** Rebelde sin causa.

🜍 **Frases y palabras claves:** Un gasto inesperado. Malas noticias. Una carta preocupante. Demora en las negociaciones. Mediocridad. Despreocupación. Ingratitud. Un reporte fiscal adverso. Problemas de dinero. Dificultades con un contrato. Mente limitada. No usar la lógica. Monotonía. Aburrimiento. Ignorancia. Rebeldía. Carencia de sentido común. Repetir errores del pasado. Investigación mediocre. Conocimiento superficial. Materialismo. Derroche. Extravagancia. Actitud variable. Pereza. Autocompasión. Resentimiento. Falta de apreciación. Egoísmo. Envidia. Ignorar información útil. Autocrítica. Preocupación por los detalles y los tecnicismos. Demasiada burocracia. Excesiva conformidad. Malas noticias acerca de un hijo. Incapacidad para aprender. Problemas académicos. Falta de educación. Una mala elección acerca de un asunto educacional. Un aborto. Una enfermedad.

🖐 **Situación y consejo:** Podrías tener dificultades como resultado de no leer cuidadosa y detalladamente un documento. Puede haber retrasos en la negociación de contratos, y noticias desfavorables que tienen que ver con las finanzas. Éste es el momento en el que debes usar tu inteligencia y sentido común para no cometer errores anteriores. Asegúrate de investigar los asuntos minuciosamente en lugar de confiar en un conocimiento superficial. Es posible que recibas una carta o una llamada telefónica que te causará preocupación. Es posible que padezcas un problema de salud, pero no de gravedad.

☹ **Personas:** Un hijo con problemas. Un joven con dificultades para aprender. Una persona ingrata. Un individuo resentido, envidioso y problemático. Un burócrata mezquino. Jóvenes de actitud variable. Los que tienen sólo conocimientos superficiales. Alguien demasiado aferrado a los lujos. Una persona que no lo aprecia. Individuos obsesivos y compulsivos. Jóvenes pródigos. Un niño enfermo. Los que rechazan un buen consejo.

SOTA DE ESPADAS
Ideas rápidas

🖐 **Al derecho:** Decisión. Noticias inesperadas o preocupantes.

🖐 **Frases y palabras claves:** Voluntad firme. Gran intelecto. Cambios excitantes. Una aguda perspicacia. Comunicación directa y enérgica. Curiosidad. Estimulación mental. Viajes. Información importante. Lógica. Honestidad. Resolución. Discreción. Crítica costructiva. Espionaje. Diplomacia. Buen sentido para los negocios. Destreza. Agilidad. Adaptabilidad. Habilidad para manejar asuntos delicados. Planes retrasados. Actitud defensiva. Una llamada telefónica. Un mensaje. Un documento importante. Un contrato o acuerdo. Consejo profesional. El inicio del pensamiento abstracto. Noticias acerca de conflictos, enfermedades o riñas. Un mensaje que anuncia cambio. Noticias preocupantes. Dilo como es. Llama espada a una espada. El que vacila pierde.

👍 **Situación y consejo:** Por el lado positivo, puedes encontrarte en una relación donde entran a escena la discreción, el análisis rápido y la decisión. Tu raciocinio imparcial puede ser favorable. Es posible que necesites solicitar consejo profesional que te ayudará a tomar decisiones correctas. Considera los asuntos antes de firmar cualquier contrato o acuerdo. Debes saber que te estás comprometiendo y que las consecuencias en el futuro pueden producirse por tus actuales resoluciones. El peligro es que puedes tener muchas cosas que manejar, dejando algunos proyectos sin terminar.

Por el lado negativo, podrías estar en una situación donde se involucran los chismes y rumores. Es posible que alguien esté diseminando una historia falsa acerca de ti, o puedes ser el objeto de un ataque verbal. El comportamiento de una persona joven podría molestarte. Es probable que pronto recibas noticias preocupantes. Tus planes pueden retrasarse. No entiendes bien las implicaciones de un contrato que estás a punto de firmar. Alguien que consideras amigo podría traicionarte.

☺ **Personas:** Un espía. Un joven precoz. Un niño astuto. Una persona enérgica. Un negociador. Un mediador. Aquel que puede resolver disputas racional e imparcialmente. Una persona a la defensiva. El que es mentalmente rápido y sutil. Un individuo calculador e interesado por los sentimientos de los demás. Un joven diplomático. Un consejero profesional. Aquellos que tienen destreza física y mental. Comunicadores. Científicos. Matemáticos. Lingüistas. Aviadores. Viajeros.

◉◉○

🔮 **Sota de Espadas al revés:** Hipocresía. Noticias perturbantes. Malicia.

✍ **Frases y palabras claves:** Chismes. Ataque verbal. Recelo. Espionaje. Chantaje. Mala salud. Problemas. Una enfermedad no grave. Engaños. Malentendidos. Sarcasmo. Cinismo. Un agravio. Crueldad. Agresividad. Antipatía. Comportamiento inesperado. Lo impredecible. Malas noticias. Eventos imprevistos que obligan a hacer un cambio de planes.

☞ **Situación y consejo:** Alguien puede estar usando métodos clandestinos para obtener o diseminar información. Una persona maliciosa tal vez te está espiando o trabaja en contra tuya. Problemas inesperados salen a la superficie. Es posible que recibas una promesa que no será cumplida posteriormente. Lee minuciosamente los documentos antes de firmar cualquier acuerdo o contrato. Son posibles las confusiones.

☹️ **Personas:** Un chismoso de doble faz. Alguien que despierta sospecha. Una persona a la que no importan los sentimientos de los demás. Un individuo frío y calculador. Un hipócrita. Un chantajista. Una persona maliciosa que riega rumores. Un delincuente juvenil. Una persona que no es digna de confianza. Un joven astuto. Aquel que se siente enfermo. Un joven que actúa impredeciblemente. Un espía. Alguien que actúa clandestinamente.

Sota de Copas
Surgimiento de nuevas emociones

✎ **Al derecho:** El comienzo de una amistad. Una invitación.

✎ **Frases y palabras claves:** Mayor sensibilidad emocional. Una invitación social. Amor. Calidez. Atracción. Comodidad. Amabilidad. El inicio de la creatividad. Una discusión acerca de sentimientos. Emociones tiernas. Una fase nueva en una relación. Imaginación creativa. Intuición. Imaginación. Inspiración. Introversión. Habilidad psíquica. Simpatía. Concentración. Inspiración de un amigo. Noticias acerca de un acontecimiento importante, tal vez un nacimiento o una boda. Una carta de amor. Nuevos sentimientos. Una nueva etapa del desarrollo emocional. El surgimiento de talentos ocultos. Habilidades artísticas. Un nuevo plan. Sensibilidad estética. Una buena idea. Un mensaje importante. Comenzar un nuevo proyecto. Contacto con un amigo. Gusto por trabajar en solitario. Enseñanza. Aprendizaje. Educación. Un hijo. Una persona homosexual.

👉 **Situación y consejo:** Es posible que pronto te enteres del nacimiento de un niño, los planes de una boda u otra noticia emocionalmente importante. Estás entrando en un período de nuevos sentimientos y cambios de actitud, una época de renacimiento emocional. Probablemente renueves un vínculo sentimental o inicies una nueva relación. Estás entrando en una nueva fase de desarrollo emocional, sensibilidad y madurez. Una persona joven sensible y objetiva puede sorprenderte con buenas noticias. Si estás comenzando un nuevo trabajo, es posible que te relaciones con la atención detallada de asuntos emocionales. Uno o más niños podrían ser parte importante de tu actual o futura vida. La Sota de Copas puede también representar una persona homosexual que influenciará la situación.

☺ **Personas:** Un niño afectuoso. Un joven amable y con aptitud artística. Una persona homosexual. Alguien que te ayuda o te brinda comodidades. Un artista. Un poeta. Un profesor. Un educador. Una persona útil y simpática. Un joven tranquilo, sensible, pensativo, introvertido, cooperador, soñador, ingenioso, psíquico, sentimental, o dependiente. Aquel que medita. Una persona joven amorosa, amable y pasiva. Un estudiante. Un entrenador. El que estudia y aprende por sí solo. Alguien que quiere aprender acerca de los asuntos emocionales. Un amigo joven.

🖐 **Sota de Copas al revés:** Frivolidad. Un hijo problemático.

🖎 **Frases y palabras claves:** Inmadurez emocional. Inseguridad. Tristeza. Vivir en un mundo de fantasía. Soñar despierto. Escapismo. Aislamiento. Superficialidad. Pereza. Retirarse. Irresponsabilidad. Promiscuidad. Falta de sentido común. Pensamiento confuso. Decepción revelada. Coqueteo. Fracaso en el planeamiento del futuro. Letargo. Inquietud. Un hijo triste. Una relación en decadencia. Disminución de las interacciones sociales.

👆 **Situación y consejo:** Tal vez estés preocupado por el bienestar emocional de un niño. Es posible que seas testigo de las consecuencias producidas por consentir a tu hijo, o por ser tú mismo un hijo consentido. Tu terquedad, falta de disciplina, pereza o despreocupación pueden causarte dificultades. Por alguna razón, no estás desarrollando tu potencial ni haciendo uso de tus talentos. Tu actitud arrogante es realmente un problema. Posiblemente estás perdiendo energía en sueños imposibles o viviendo en un mundo irreal. A veces, esta carta indica el escape de la realidad por medio de drogas o alcohol. Una relación podría estar llegando a su final, o es probable que tus actividades sociales estén disminuyendo.

☹ **Personas:** Un hijo consentido. Un adicto a las drogas o el alcohol. El que vive en un mundo de fantasías. Un soñador. Un visionario. Una persona con ideas confusas. Un joven frívolo e inmaduro. Un niño triste. Un mal estudiante. Un individuo marginado. El que no planea el futuro. Un individuo joven perturbado emocionalmente. Los que diseminan chismes para vengar sus sentimientos heridos. Personas perezosas y egoístas.

CABALLEROS
Príncipes, hijos
(*véase* la página 360)

Frases y palabras claves: Algo consecuente está a punto de ocurrir. Nuevas personas y experiencias entran en tu vida. El ir y venir de las cosas. Actividad. Energía. Fortaleza. Fuerza costructiva. Valor. Versatilidad. Movimiento. Empuje. Acción. Prisa. Preparación para la batalla. Personas jóvenes enérgicas. Adolescentes con madurez. Hombres de 18 a 35 años de edad. Figuras masculinas activas. Campeones. Un caballero en su brillante armadura. El deseo de conocimiento. Situaciones que involucran escuelas, colegios, o universidades.

CABALLERO DE BASTOS
Escape de las dificultades

✥ **Al derecho:** El cambio está latente. Energía creativa.

✥ **Frases y palabras claves:** Un evento importante relacionado con una empresa. Nuevas ideas y experiencias. Nuevas personas en tu entorno. No querer establecerse. Una visita importante. Un viaje de negocios. Movimiento perpetuo. Cambio de ambiente. Cambio de costumbres. Decisiones rápidas. Prisa. Aventura. Desafío. Ambición. Carisma. Energía. Deseo de diversión. Sentido del humor. Entusiasmo. Optimismo. Emoción. Generosidad. Amor por el deporte. Actividades atléticas. Confianza en sí mismo. Visión. Perspectiva. Una retirada repentina. Reubicación. Fuga. Movimiento. Alejarse. Un viaje. Un nuevo trabajo. Unas vacaciones. Aventuras sexuales.

👍 **Situación y consejo:** El cambio está latente. Un asunto de considerable importancia surge en tu vida. Puedes estar a punto de iniciar un proyecto creativo o un viaje largo, probablemente de negocios. La razón puede ser el deseo de alejarte de una persona o circunstancia que te presiona. Estás entrando o saliendo de una situación. Alguien de un lugar lejano podría ahora jugar un papel importante en tu vida. Tal vez estás cambiando de trabajo o residencia. Tu confianza en ti mismo y tu entusiasmo pueden ayudarte a alcanzar un objetivo importante. Es posible que alguien te suministre ideas útiles para los negocios. Si estás próximo a salir de vacaciones, disfrutarás de un período realmente placentero. Las relaciones románticas florecerán con la promesa de una emocionante vida sexual. Ahora estás lleno de energía y entusiasmo.

☺ **Personas:** Viajeros. Negociantes. Competidores. Individualistas. Personas activas, enérgicas y ardientes. Los que disfrutan estar vivos. Un hombre joven impetuoso que actúa rápida y decididamente. Aquel que no quiere establecerse. Los participantes de un debate. Alguien comprometido con nuevos proyectos. Individuos con buen sentido del humor. Una persona apresurada. Personas amantes de la diversión que tienen problemas consigo mismas por entregarse a muchas distracciones. Deportistas. Aquellos a los que les gusta ser desafiados. La liebre (de la tortuga y la liebre).

○○○

🖐 **Caballero de Bastos al revés:** Impaciencia.

🔖 **Frases y palabras claves:** Egoísmo. Indecisión. Inestabilidad. Oportunismo. Estrés. Cambios repentinos. Interrupciones. Demoras. Prisa. Actitud autoritaria. Discusión. Violencia. Falta de confianza. Falta de propósito. Imprudencia. Disputas. Falta de energía. Falta de dirección. Frustración. Depresión. Envidia. Promiscuidad. Un viaje retrasado. Un trabajo fluctuante. Problemas con una mudanza o reubicación. Ámalos y déjalos.

🖐 **Situación y consejo:** Tu prisa y falta de dirección pueden causarte problemas. Tal vez tu trabajo o sus otros proyectos no tienen la estabilidad necesaria. Es posible que te sientas presionado por los cambios abruptos que se presentan en tu vida. Un comportamiento irresponsable, dominante, agresivo e imprudente, sólo alejará a los que están a tu lado y empeorará la situación. Si preguntas acerca de una relación, tu posible pareja podría no desear comprometerse y tener nada más que un interés sexual.

☹ **Personas:** Un mentiroso. Un oportunista. Una persona atractiva pero no digna de confianza. Una persona joven conflictiva. Aquel que busca los problemas. Un fanático. Una persona promiscua. El que promete mucho pero no cumple. Personas irresponsables. Vagabundos. *Gigolós.*

CABALLERO DE PENTÁCULOS
Progreso lento y estable

✍ **Al derecho:** Progreso tangible.

✍ **Frases y palabras claves:** Un importante evento relacionado con intereses materiales. Nuevas personas. Nuevas experiencias. Mejores finanzas. Viajes de negocios. Acciones sensatas. Diligencia. Seriedad. Paciencia. Perseverancia. Medidas conservadoras. Fuentes inesperadas de dinero o ingresos. Sentido práctico. Convencionalismo. Sabia discriminación. Confiabilidad. Seguridad. Conocimientos prácticos. Atención a los detalles. Trabajo metódico. Cautela. Calma. Bondad. Fe. Lealtad. Consideración. Servicio. Orientación hacia el trabajo. Amor por los animales y la naturaleza. Un buen trabajador. Los planes bien hechos dan resultado. Disfrutar las cosas simples de la vida. Mis palabras son tan valiosas como el oro. Despacio pero seguro. El tiempo cura todas las heridas. Buenos linderos hacen buenos vecinos.

✍ **Situación y consejo:** Tal vez has consultado las cartas por asuntos relacionados con empleo, propiedades o seguridad financiera. Podrías estar a punto de obtener una inesperada fuente de prosperidad. El dinero puede venir de muchas partes. Una empresa de gran envergadura logrará un resultado positivo. El progreso lento pero estable asegura el éxito. Tu trabajo duro y diligente será recompensado. Un amigo leal podría ayudarte, o tal vez tú prestes servicio a los demás. Es posible que realices viajes de negocios. Los asuntos relacionados con propiedades y bienes raíces funcionan bien. Si tu pregunta es acerca de la formación de una familia, el Caballero de Pentáculos muestra el deseo y la capacidad para hacerlo. Si esta carta representa un aspecto de tu personalidad, deberías interesarte más por los resultados tangibles que por los sentimientos de los demás. En lo que se refiere al amor, puedes esperar una relación estable y segura con una pareja fiel.

☺ **Personas:** Individuos sensatos, conscientes y serios. Contadores. Administradores de dinero. Comerciantes. Mecánicos. Los que trabajan en industrias. Maquinistas. Ingenieros. Matemáticos. Los que viajan por asuntos de negocios. Propietarios de tierras. Una persona diligente que se acopla a cualquier situación. Individuos confiables, pacientes, convencionales y fuertes para el trabajo. Una persona metódica. Aquel que se enfoca en el trabajo y no tiene en cuenta sentimientos de los demás. Un amigo leal. El que persevera por alcanzar un objetivo. Un amante de la naturaleza y los animales. Un veterinario. Alguien que ama a los niños. El que carece de imaginación. Granjeros. Aquellos que disfrutan estar al aire libre. Amantes fieles.

🜄 **Caballero de Pentáculos al revés:** Inestabilidad financiera.

🖐 **Frases y palabras claves:** Codicia. Problemas de dinero. Retrasos en los negocios. Recibir un mal pago. Negocios deshonestos. Un punto muerto. Ser diligente pero lento. Falta de inspiración. Pereza. Holgazanería. Tedio. Despreocupación. Mezquindad. Irresponsabilidad. Derroche. Avaricia. Falta de planeamiento. Estancamientos. Falta de progreso. Prisa. Obstáculos. Impaciencia. Energías dispersas. Depresión. Insatisfacción. Apatía. Debilidad. Complacencia. Timidez. Excesivo conservatismo. Inercia. Rechazo a asumir riesgos. Negocios financieros no éticos.

🖐 **Situación y consejo:** No te sientes inspirado y has llegado a una especie de punto muerto. Tal vez estás siendo demasiado conservador, o estás aferrado a métodos que ya no se utilizan por no ser efectivos. Si tu pregunta es acerca de las finanzas, es posible que no estés recibiendo el pago adecuado, o tal vez pides muy poco por todo el trabajo que realizas. Tu apatía y depresión están impidiendo que disfrutes la vida.

☹ **Personas:** Los que son diligentes pero lentos. Personas con poco ingenio. Tramposos. Aquellos que realizan transacciones financieras deshonestas. Los que viven del trabajo de los demás o se niegan a trabajar. Una persona irresponsable que puede no cumplir con las deudas. El que es muy apresurado y comete errores. Una persona codiciosa y mezquina. Un individuo autocomplaciente y sin inspiración.

CABALLERO DE ESPADAS
Frecuentes altibajos

🐾 **Al derecho:** Franqueza. Cambios repentinos.

🐾 **Frases y palabras claves:** Una situación inesperada. Un evento importante relacionado con choques de opiniones. Nuevas personas. Nuevas experiencias. Acciones impulsivas. Soluciones rápidas. Estimulación mental. Liderazgo. Ambición. Confianza en sí mismo. Firmeza. Agresividad. Acción decidida. Persuasión. Ideas nuevas. Fuerza del intelecto. Desafíos mentales. Consejo profesional. Habilidad para resolver problemas analíticos. Dinamismo. Diversidad. Versatilidad. Energía mercuriana. Comunicación. Fortaleza. Uso de la fuerza. Virilidad. Galantería. Mentalidad única. Resolución. Protección durante tiempos difíciles.

👍 **Situación y consejo:** Podría presentarse una situación conflictiva con emoción y frenesí, sólo para pasar rápida y caóticamente por tu vida. Espera ser una persona activa que no te detienes. Las Espadas a menudo anuncian un período de lucha o competencia, en el cual debes tomar decisiones firmes y rápidas. Un joven fuerte y atento podría aparecer para ayudarte. Si te concentras lo suficiente, podrás ir directo a tu objetivo rápida y firmemente. Es el momento de usar la razón y no los sentimientos. Sé fuerte y decidido, y enfrenta las situaciones con una mentalidad segura. Un consejo profesional sensato puede marcar la diferencia entre el éxito y el fracaso. Las Espadas indican problemas emocionales y no prometen relaciones sentimentales satisfactorias. Esta carta también simboliza un comportamiento impulsivo o imprudente.

☺ **Personas:** Un campeón. Un líder. Una persona firme, fuerte y decidida. Aquel que obtiene lo que quiere. Un consejero profesional. Un hombre joven astuto. Abogados. Aquellos que están relacionados con asuntos legales. Ingenieros. Comunicadores. Personas involucradas en trabajos intelectuales. Economistas. Los que tienen pericia técnica. Una persona agresiva, autoritaria, dominante e impaciente. Un joven fuerte, atento, serio y útil. Un intelectual. Alguien que te enreda en un conflicto. Individuos brillantes y exitosos en los negocios, pero también algo egoístas y despiadados al ir tras tus objetivos. Una persona joven insensible. Individuos astutos y enérgicos. El que se deja llevar más por la razón que por los sentimientos.

○●○

✍ **Caballero de Espadas al revés:** Problemas. Una salida rápida.

✎ **Frases y palabras claves:** Contratiempos. Palabras hoscas. Comportamiento cruel. Presunción. Injusticia. Mal juicio. Actitud impulsiva. Excesiva prisa. Acciones precipitadas. Una desaparición repentina. Prejuicio. Riñas. Egoísmo. Impaciencia. Mal consejo. Imprudencia. Agresividad. Actitud autoritaria. Intolerancia. Mezquindad. Confrontación. Desacuerdo. Un ritmo demasiado rápido. Pensamiento confuso. Falta de enfoque. Un consejo inútil que no se ha pedido. Extravagancia. Sarcasmo.

Engaño. Fuerza excesiva. Violencia. Tratar de capturar moscas con vinagre en lugar de usar miel.

👇 **Situación y consejo:** Éste no es el momento para iniciar un nuevo proyecto. Alguien puede estar interrumpiendo activamente tus planes. Las palabras sarcásticas sólo sirven para alejar las personas cercanas a ti. Inesperadamente, una persona o situación puede desaparecer de tu entorno. Un hombre importante en tu vida puede marcharse de un momento a otro. Tal vez tu propio pensamiento es ahora confuso y careces de enfoque. Necesitas ser más paciente, de otra manera sólo conseguirás problemas. Evita palabras imprudentes y decisiones impulsivas. Alguien podría estar tratando de intimidarte por egoísmo, o tu propio comportamiento autoritario posiblemente ha originado las disputas.

☹ **Personas:** Un dictador. Una persona autoritaria. Un fanático. El que no tiene en cuenta las ideas de los demás. Un hombre que se marcha inesperadamente. Un agitador. Un hombre joven agresivo. Una persona inmadura e inestable. Un enemigo. Un chismoso. Alguien que interfiere en tus planes. Un sabelotodo. Un hombre joven testarudo, agresivo e irrespetuoso. Un individuo astuto y cauteloso. Una persona violenta.

CABALLERO DE COPAS
Nuevas relaciones

✋ **Al derecho:** Romance. Talento artístico.

✎ **Frases y palabras claves:** Un evento importante que tiene que ver con relaciones o intereses emocionales. Nuevas experiencias. Una invitación social. Pasar las vacaciones con unos amigos. Una propuesta. Una oferta. Una nueva oportunidad. Un nuevo amor. Seducción. Imaginación. Sensibilidad. Arte. Música. Baile. Sueños. Intuición. Amabilidad. Empatía. Simpatía. Seguir sus sueños. Interés por los menos afortunados. Actitud variable. Narcisismo. Una oferta tentadora. Idealismo utópico. Una propuesta de matrimonio.

☝ **Situación y consejo:** Tal vez encuentres a alguien de quien te puedes enamorar o a quien puedes hacerle conocer nuevas experiencias emocionales. Es posible que una persona te haga una oferta difícil de rechazar. Podrías encontrarte pasando las vacaciones junto a unos amigos. Probablemente recibirás una invitación o tendrás la oportunidad de entablar una nueva relación en el futuro próximo. Sé firme en tus ideas para que evites ser manipulado por los demás. Las mayores cualidades que posees en estos momentos son tu idealismo, tu amabilidad y tu sensibilidad.

☺ **Personas:** Hombres jóvenes románticos. Idealistas. Soñadores. Amantes. Personas intuitivas y artísticas. Bailarines. Músicos. Artistas. Psíquicos. Psicólogos. Terapeutas. Consejeros. Una persona pasiva que es fácilmente influenciada por los demás. Individuos de carácter emocional. Una persona romántica que trae amor a tu vida. Un seductor. Tu hombre o mujer ideal. Un hombre joven simpático e inteligente lleno de ideas y propuestas nuevas. Romeo y Julieta.

♧ **Caballero de Copas al revés:** La carta embustera.

♤ **Frases y palabras claves:** Desconfianza. Ilusión. Escapismo. Mentiras. Verdades a medias. Engaño. Irresponsabilidad. Historias arregladas. Fantasía. Decepción. Manipulación. Seducción. Fraude. Debilidad. Malversación. Inmadurez. Falta de sinceridad. Adulación. Imprecisión. Inestabilidad. Temor al compromiso. Inconsistencia. Pasividad. Excesivo narcisismo. Rasgos pasivo-agresivos. No decir completamente la verdad. Las cosas no son como parecen. Soñar con algo imposible.

☞ **Situación y consejo:** Tal vez recibas una oferta que parece demasiado buena para ser cierta. Es probable que alguien te esté mintiendo. Examina los detalles cuidadosamente. De otra manera, podrías arrepentirte de tu decisión. Evita ser pasivo y fácilmente influenciado por los demás. Recibe el consejo sensato de una tercera persona imparcial. Alguien a quien amas puede estar en desacuerdo contigo.

☹ **Personas:** Psicópatas. Personas débiles. Un amante que te engaña. Estafadores. Alguien que te engaña siendo deliberadamente ambiguo o no diciendo completamente la verdad. Un mentiroso. Individuos perezosos o inmaduros. Un romántico desesperado. Un narcisista. Un individuo pasivo-agresivo. Aquel que no tiene confianza en sí mismo y no asume responsabilidades por sus acciones. Alguien con un frágil sentido de identidad. Una persona que adula y da regalos a los demás.

REINAS
Madres
(*véase* la página 361)

Frases y palabras claves: Las Reinas representan tanto mujeres reales de tu vida actual como diferentes aspectos de tu personalidad. Son figuras de madres y simbolizan mujeres maduras con cierto tipo de autoridad o poder personal. También pueden representar hombres que comparten los rasgos demostrados por las Reinas, por ejemplo, creatividad, amor por la naturaleza, cuidado, amor a los niños, etc. Tienen menor probabilidad que las Sotas y los Caballeros para representar situaciones. Las Reinas pueden además indicar un nuevo nivel de conciencia o entendimiento. Muchas de ellas en una lectura posiblemente significarán encuentros o reuniones de muchas mujeres.

REINA DE BASTOS
Mujer con ambiciones

✍ **Al derecho:** Equilibrio entre los intereses familiares y los intereses profesionales.

✎ **Frases y palabras claves:** Reina del corazón y del hogar. Majestad. Ambición. Soberanía. El centro de la atención. Posición social. Popularidad. Gusto por el sexo. Autoafirmación. Demostración. Competencia. Aptitud de liderazgo. Buen sentido para los negocios. Versatilidad. Pasión. Energía interminable. Calidez. Vivacidad. Valor. Iniciativa. Confianza personal. Previsión. Una mujer madura y atractiva. El éxito de una empresa. Amor por el hogar. Independencia de pensamiento. Generosidad. Amor por la naturaleza. El poder del pensamiento positivo.

👍 **Situación y consejo:** Una mujer sensata y atractiva podría darte un buen consejo. La energía, independencia de pensamiento, amabilidad y generosidad de la Reina de Bastos promete un resultado exitoso para cualquier empresa que ella inicie, pues tiene una gran ambición y un enfoque firme hacia los negocios. Esta extrovertida Reina disfruta de competencia sana y con espíritu. Su aire de competencia y firmeza hace que los demás se unan a su causa.

☺ **Personas:** Mujeres empresarias. Mujeres orientadas a su carrera. Una mujer bien posicionada socialmente. Una supervisora o jefa. Una mujer madura y sensata. Una mujer al mando. Una protectora que defiende firmemente sus intereses y los de sus amigos. Una mujer vibrante, enérgica y amante de la diversión. Una mujer involucrada en muchos proyectos. Una esposa y madre dedicada. Una mujer casada de gran energía y entusiasmo que alterna exitosamente su hogar con otros intereses externos. Una mujer franca e ingeniosa, pero a veces mordaz y agresiva. Una mujer leal, generosa, confidente y competitiva que disfruta ser el centro de atención y también valora su vida familiar. Una mujer campesina.

🔥 **Reina de Bastos al revés:** El lado oscuro de lo femenino.

🖎 **Frases y palabras claves:** Egoísmo. Mentalidad cerrada. Ambición desenfrenada. Envidia. Competencia despiadada. Envidia. Manipulación. Seducción. Mentiras. Actitud dominante. Desorganización. Infidelidad. Desconfianza. Amargura. Rencor. Interferencia. Chantaje. Paranoia. Odio por la autoridad masculina. Neurosis. Feminismo fracasado. El fin justifica los medios.

👎 **Situación y consejo:** Una mujer neurótica e inflexible podría interferir con tus planes, insistiendo en sus ideas. Esta mujer ambiciosa usará cualquier medio a su disposición para conseguir lo que quiere. Es posible que tú, o alguien cercano a ti, recurras a un chantaje emocional para obstruir el esfuerzo de alguien por independizarse. Ten cuidado de no meterte donde no te corresponde. No trates de imponer tus ideas a los que están a tu alrededor.

☹ **Personas:** Una mujer temperamental e intransigente que quiere imponer sus ideas. Aquellos consumidos por los negocios. Una mujer dominante, estricta y posiblemente infiel. Alguien que interfiere en asuntos de los demás. Un entrometido. Un mal oyente. Los que creen siempre tener la razón. Personas moralistas que tratan de imponer sus valores a los demás.

REINA DE PENTÁCULOS
Administrador práctico

✤ **Al derecho:** Acciones sensatas.

✍ **Frases y palabras claves:** Organización. Fertilidad. Prosperidad. Sensualidad. Amor por la naturaleza. Hospitalidad. Astucia. Abundancia. Propiedad. Gusto por los lujos. Responsabilidad. Recursividad. Buen sentido para los negocios. Trabajo estable. Las cosas buenas de la vida. Seguridad. Creatividad. Riqueza. Sentido común. Confianza en sí mismo. Madurez emocional. Aprendizaje sólido. Bases firmes. Una casa hermosa o un ambiente agradable. Interesarse por las necesidades físicas y emocionales. Administración adecuada del dinero. El jardín de los placeres sensuales.

👍 **Situación y consejo:** Esta carta señala éxito en los negocios y asuntos financieros. Una acción práctica y sensata lleva a un progreso estable. La Reina de Pentáculos puede indicar fertilidad o un embarazo, abundancia material y placeres sensuales. Es posible que te relaciones con una mujer astuta en los negocios, o podrías aplicar medidas prácticas y conservadoras a tus propios asuntos.

☺ **Personas:** Una mujer de negocios. Un buen organizador. Una mujer voluptuosa. Una mujer rica, astuta y creativa. Un mecenas. Alguien que disfruta las cosas buenas de la vida. Una mujer práctica con perspicacia para los negocios. Un administrador de dinero sensato. Una persona que se interesa por el bienestar de los demás. Una mujer de negocios que alterna su tiempo con su hogar.

Una mujer que disfruta los lujos y tiene un buen sentido de los valores materiales. Aquel que trabaja duro por conseguir éxito material. Un amigo servicial. Un jugador de equipo. Una benefactora. Un filántropo. Un proveedor. Una mujer que ostenta su riqueza.

● ○ ○

🐦 **Reina de Pentáculos al revés:** Codicia.

🐍 **Frases y palabras claves:** Irresponsabilidad. Falta de sentido común. Estancamiento. Vacilación. Desconfianza. Recelo. Egoísmo. Mentalidad cerrada. Demasiado consumo. Glotonería. Problemas de dinero. Ostentación. Sobreestimarse. Pereza. Riesgo fiscal. Dependencia. Temor al fracaso. Inseguridad. Inestabilidad. Temores. Autodudas. Falta de motivación. Frustración sexual. Derroche. Mal manejo de dinero. Un vicio exagerado.

👎 **Situación y consejo:** Una mujer presumida e infeliz puede estar causando problemas. Tú o alguien de su entorno tal vez se preocupa más por las apariencias externas que por los verdaderos valores. La codicia o las irresponsabilidades fiscales podrían originar dificultades. Es posible que no tengas suficiente dinero para alcanzar tu objetivo. Tus propios temores y dudas pueden crearte una sensación de inseguridad que impide tu progreso.

☹ **Personas:** Una mujer mezquina. Una mujer insegura. Una persona temerosa. Un glotón. Alguien que recibe, pero ofrece muy poco como retribución. Una mujer deprimida y malhumorada. Mujeres perezosas, recelosas, sin motivación, inestables y que no cumplen sus responsabilidades. Una persona extravagante. Alguien sin sentido común. Una persona avara. Los que buscan estatus. Alguien con un gran conocimiento de los derechos y no de obligaciones. Una mujer ostentosa que alardea de su riqueza y se preocupa poco por el sufrimiento de los demás.

REINA DE ESPADAS
Inteligente y solitaria

🖐 **Al derecho:** Una mujer sola. La razón sobre los sentimientos.

🐾 **Frases y palabras claves:** Voluntad firme. Gran ingenio. Sarcasmo. Autonomía. Ambición. Un agudo intelecto. Habilidad analítica. Ser reservado. La razón domina los sentimientos. Percepción. Gran perspicacia. Juicio. Decisiones correctas. Comunicación. Enseñanza. Consejo profesional. Independencia. Mentalidad estable. Determinación. Una mente centrada en la realización profesional. Un buen consejo. Diplomacia. Astucia. Ayuda útil. Estar solo. Yo no nací ayer.

👍 **Situación y consejo:** Ésta es la carta donde la autonomía y la independencia son aspectos importantes. Éste es el momento en que te debes ocupar de ti mismo y establecer tus deseos y necesidades. Has aprendido a ser independiente durante períodos de soledad. Tu gran intelecto y sentido de justicia te han convertido en alguien útil. Estás mucho más interesado en tu carrera y tus ambiciones que en los asuntos emocionales. Tu agudo sentido de discriminación te ayuda a distinguir los valores vitales. Podrías entablar negocios con una mujer que ha conocido el dolor. Si preguntas acerca del amor, el panorama es poco prometedor en estos momentos. Esta carta indica que tu pensamiento frío y racional ha dominado tu expresión emocional.

☺ **Personas:** Una mujer que ha sufrido y ahora se mantiene lejos de todo. Un individuo calmado. Aquel que ha tenido una pérdida. Una mujer ingeniosa con un gran sentido de análisis. Una mujer profesional que puede luchar en tu nombre. Una consejera (doctora, abogada, etc.). Una maestra. Una mujer que sigue una carrera técnica. Un educador. Un periodista. Un juez. Una mujer divorciada, viuda o separada. Una mujer sin hijos. Una mujer que ha sentido el dolor, pero aún permanece fuerte. Una mujer intelectual que manipula situaciones a su favor. Una mujer fría, ambiciosa y decidida. Una mujer humanitaria, idealista y progresista. Aquel que valora el prestigio y el éxito. Una mujer con ambiciones profesionales que tiene poco interés por su vida sentimental.

○●○

🖐 **Reina de Espadas al revés:** Una mujer vulgar.

✎ **Frases y palabras claves:** Mal uso del lenguaje. Ignorar la ley. Información tergiversada. Sarcasmo. Intolerancia. Reclamos. Traición. Represalia. Manipulación. Resentimiento. Chantaje emocional. Desconfianza. Rigidez. Actitud inescrupulosa. Falta de perspectiva. Mezquindad. Excesiva intelectualidad. Mente cerrada.

Chisme. Mentiras maliciosas. Prejuicio. Ensueño. Rumores. Malas noticias. Venganza. Amargura. Pérdida. Frialdad. Dolor. Tristeza. Soledad. La tristeza ama la compañía.

> El cielo no tiene el furor del amor convertido en odio, ni el infierno la furia de una mujer despreciada.
>
> William Congreve, *The Mourning Bride* (1697)

☞ **Situación y consejo:** Es posible que una mujer dominante y vengativa esté secretamente tratando de desacreditarte, impidiéndote obtener la posición que deseas. No debes permitir ahora que los momentos difíciles te dejen resentido y desprovisto de emociones tiernas. Alguien que no tiene en cuenta tus derechos o sentimientos podría tratar de forzarte a hacer cosas a su manera. Tal vez estás sintiendo la cólera de una mujer a la que ofendiste o trataste injustamente.

☹ **Personas:** Una mujer enfadada que siente que fue tratada injustamente. Un chismoso. Una mujer vengativa, astuta y manipuladora que está en tu contra (a menudo secretamente). Una persona hostil y resentida debido al dolor o las pérdidas emocionales que ha padecido. Una mujer parcializada, propensa a diseminar rumores y contar secretos. Una persona no digna de confianza. Aquel que tergiversa la realidad a su favor. El que omite la ley. Un enemigo secreto astuto y con facilidad de palabra.

Reina de Copas
Una mujer humanitaria

🖖 **Al derecho:** Grandes sentimientos.

✎ **Frases y palabras claves:** Reina de las emociones. Sensibilidad. Intuición. Percepción. Una elección basada en sentimientos sinceros. Imaginación. Visiones. Sueños. Bondad. Habilidad psíquica. Empatía. El sexto sentido. Comprensión. Afecto. Reserva. Introspección. Creatividad artística. Amabilidad. Emociones. Misterio. Intereses ocultos. Profecía. Adivinación. Misticismo. Consejo. Amor por la música y el arte. Generosidad. Amor por el hogar y la familia. Un amigo afectuoso.

👍 **Situación y consejo:** La Reina de Copas sugiere la posibilidad que te mires interiormente y examines tus sentimientos respecto al asunto. Tus presentimientos son una guía confiable. Pon especial atención a los sueños y a las percepciones psíquicas. Un buen amigo puede acudir en tu ayuda, o tal vez tengas la oportunidad de mostrarle a alguien cuánto te importa. Tu madre natural o adoptiva puede jugar un papel importante en el futuro próximo.

☺ **Personas:** La madre. Personas con grandes sentimientos. Aquel que entiende tus sentimientos. Una mujer humanitaria, visionaria, artística, sentimental y con gran imaginación. Un amante de los animales. Una mujer relacionada con el misticismo. Una mujer que vive intensamente su mundo interior y el reino de la fantasía. Una mujer con gran percepción. Una mujer leal, apasionada y muy sentimental. Las Copas a menudo representan personas que pueden ser fácilmente influenciadas por los demás.

○○○

🐟 **Reina de Copas al revés:** Una mujer inestable.

🔖 **Frases y palabras claves:** Inestabilidad. Vanidad. Credulidad. Mal juicio. Exageración. Embellecimiento. Autoindulgencia. Pereza. Superficialidad. Autodecepción. Confusión. Indecisión. Soñar despierto. Actitud variable. Pensamiento negativo. Intereses morbosos. Perturbación emocional. Falsas expectativas. Carencia de lógica. Emociones fuera de control. Coqueteo. Infidelidad. Vivir fuera de la realidad. Falta de comprensión. Chisme. Irresponsabilidad. Dependencia. Perversidad. Histeria. Escapismo. Poco realismo. Abuso del alcohol o las drogas. Autosacrificio innecesario. Enfermedad mental. Vivir en un mundo de fantasía. Atracción fatal.

👎 **Situación y consejo:** Tal vez tus emociones están interfiriendo tu juicio. Es posible que no sepas cierta información o que alguien podría estar engañándote. Escoge cuidadosamente a tus consejeros. Si preguntas acerca del amor, es probable que te decepciones por la infidelidad de tu pareja. Podrías estar involucrado en una relación de codependencia. ¿Estás sacrificando innecesariamente tu vida por alguien que no te aprecia? ¿Le permites a los demás comportamientos adictivos? En una lectura de cartas negativa, la Reina de Copas invertida podría representar una atracción fatal.

☹ **Personas:** Mujeres que aman demasiado. Una persona atractiva pero entrometida. Los que se sacrifican innecesariamente por los demás. Un amante infiel. Una mujer histérica y bastante sentimental, cuyas actitudes cambian repentinamente. Un masoquista. Una personalidad inestable. Una mujer a quien no se le puede confiar un secreto. Una persona incomprensible. Una mujer perezosa y autoindulgente. Una mujer dominada por sus emociones que no utiliza su pensamiento racional.

REYES
Padres
(*véase* la página 362)

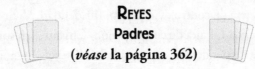

Frases y palabras claves: Los Reyes representan personas reales en tu vida o diferentes aspectos de tu personalidad. Son figuras de padres y usualmente simbolizan hombres maduros de rango, liderazgo y autoridad. Los Reyes sugieren menos situaciones que las Sotas y los Caballeros. Cuando indican aspectos de nuestra personalidad, reflejan nuestra fuerza de voluntad, iniciativa y habilidad para hacer las cosas. También pueden representar publicidad, reconocimiento público, honores, premios y celebraciones. Muchos Reyes en una lectura a veces indican reuniones de muchos hombres.

Rey de Bastos
Liderazgo

♘ **Al derecho:** Iniciativa.

🦎 **Frases y palabras claves:** Estar a cargo. Ingenio. Atractivo. Fortaleza. Inspiración. Motivación. Madurez. Actitud paternal. Inteligencia. Ambición. Decisión. Independencia. Valor. Entusiasmo. Amor por el desafío. Vivacidad. Deseo de emoción. Pasión. Lealtad. Actividad. Voz de mando. Carisma. Optimismo. Generosidad. Motivación. Creatividad. Profesionalismo. Competencia sana. Actitud impulsiva. Ingreso inesperado. Negociación.

👍 **Situación y consejo:** Podrías recibir consejo sabio de un hombre fuerte, maduro y generoso. En tus relaciones, podrás apreciar el punto de vista de tu pareja. Es posible que tengas la oportunidad de conocer personas interesantes. Ahora tienes la capacidad de negociar y mostrar tus ideas. Sin embargo, si tu trabajo es rutinario, es posible que te sientas mal. Acerca del amor, está listo para una aventura sexual.

☺ **Personas:** Un líder decidido. La persona a cargo de una empresa. Un padre y esposo dedicado. Un hombre maduro y generoso, que es leal y comprometido con una relación monógama y la vida familiar. Un comunicador experto. Un hombre de negocios seguro, algo impulsivo, y aferrado a su familia. Un hombre profesional honesto y digno de confianza. Alguien que puede ayudarte económicamente. Un empresario. Un hombre aventurero que inicia y se hace cargo de muchos proyectos. Una persona optimista, generosa, apasionada y amante de la diversión, que odia los detalles y tiende a actuar apresuradamente. Un amante viril y aventurero. Un buen negociante. Alguien que inspira a los demás para que sean creativos y alcancen objetivos. Mediadores. Periodistas. Oradores que se inspiran. Evangelizadores. Profesores. Predicadores. Jugadores. Vendedores. Personas que trabajan en publicidad.

●○○

♤   **Rey de Bastos al revés:** Intolerancia.

✍   **Frases y palabras claves:** Actitud autoritaria. Arrogancia. Mentiras. Hipocresía. Dogmatismo. Prejuicio. Intolerancia. Inflexibilidad. Oposición. Antagonismo. Desacuerdo. Controversia. Agresión. Actitud intransigente. Crueldad. Despotismo. Insensibilidad. Tiranía. Egoísmo. Recelo. Misoginia. Resentimiento por la autoridad femenina. Haz lo que digo, no lo que hago.

☝   **Situación y consejo:** Una persona arrogante por su autoridad podría tomar una postura intolerante o intransigente. Tal vez necesites ser firme y poner los pies sobre la tierra en lugar de hacer algo que sabes que está mal. También deberías considerar si estás siendo autócrata e insensible frente a los sentimientos de los demás. Éste también es el momento para que estés al acecho de artistas estafadores. Si todo luce demasiado bien para ser cierto, probablemente no es real.

☹   **Personas:** Una persona mentirosa o taimada. Un artista estafador. Una persona dogmática y autoritaria.

Un hombre testarudo. Un hombre parcializado que se opone a tus planes. Aquel al que no le interesan los sentimientos de los demás. Una persona que se concentra sólo en su imagen. Mercenarios. Evangelistas inescrupulosos. Algunos vendedores de coches usados.

REY DE PENTÁCULOS
Éxito mundano

☙ **Al derecho:** Seguridad mental. Consejo financiero sólido.

☙ **Frases y palabras claves:** Progreso estable. Ambición. Astucia. Actitud práctica. Habilidad para los negocios. Riqueza. Paciencia. Poder. Estabilidad. Confiabilidad. Compromiso. Satisfacción. Habilidad para organizar. Aclamación. Estatus. Disciplina. Control. Alegría. Amabilidad. Bondad. Calma. Amor por la naturaleza. Habilidad financiera. Liderazgo en la industria. Perspicacia matemática. Sentido común. Generosidad. Perseverancia. Resistencia. Trabajo arduo. Éxito ganado. Habilidad para administrar. Buen uso de la tierra. Mayores ingresos. Éxito profesional. Inversiones sólidas. Transacciones con bienes raíces. Propiedad. El éxito a través del esfuerzo persistente. Dinero en el banco. Protección. Charlas acerca del dinero.

☙ **Situación y consejo:** El rey de pentáculos sugiere compromisos en negocios y la organización de tus asuntos financieros. Ahora la seguridad presente y futura es una prioridad. Es posible que estés en lista para un ascenso o aumento de salario. Puedes tener éxito en empresas prácticas. Funcionan bien los asuntos relacionados con propiedades y bienes raíces. Tu paciencia, lealtad, honestidad y bondad serán recompensadas. Podrías recibir buenos consejos financieros. Una acción práctica y consciente te llevará al éxito.

☺ **Personas:** Un trabajador concienzudo. Un consejero financiero. Un líder en la industria. Ingenieros. Financieros. Matemáticos. Dueños de propiedades. Negociantes de bienes raíces. Hombres de negocios. Los que trabajan con tierras. Un padre dedicado que entiende a sus hijos. Un hombre metódico, responsable, estable, confiable, taciturno y conservador. Un buen administrador. Un hombre seguro financieramente, que está aferrado a su familia. Banqueros. Inversionistas. Comerciantes. Un buen administrador de dinero. Alguien hábil para las matemáticas. Un hombre ambicioso que trabajará arduamente por mucho tiempo, para alcanzar sus objetivos. Un patriarca. Un mecenas. Un hombre rico y generoso. Alguien que se preocupa por los asuntos financieros. Un proveedor. Un protector. Un amigo leal y honesto.

♘ **Rey de Pentáculos al revés:** Falta de sentido para los negocios. Vulgaridad.

✎ **Frases y palabras claves:** Materialismo. Preocupación por el dinero. Mezquindad. Fanatismo. Superficialidad. Insensibilidad. Codicia. Fraude. Falta de honestidad.

Deslealtad. Torpeza. Rudeza. Pornografía. Crudeza. Terquedad. Autocracia. Mala administración. Excesiva preocupación por los asuntos financieros. Situar el dinero y la carrera por encima de todo. Paranoia. Trabajo obsesivo. Desorganización. El dinero no puede comprar el amor. El fin justifica los medios. Todo tiene su precio.

☝ **Situación y consejo:** Es posible que tengas que relacionarte con un hombre mezquino, crudo, deshonesto, vulgar, intolerante o avaro. En tu propia vida deberías ser cuidadoso y no medir el éxito sólo en términos de dinero. El Rey de Pentáculos invertido también indica acciones deshonestas motivadas por la codicia y el materialismo. No deberías hacer comentarios crudos o vulgares que ofenden a las demás personas.

☹ **Personas:** Un tirano. Un dictador. El que maneja mal el dinero. El que hace todo por dinero. Una persona materialista, fanática, superficial y poco interesante. Un hombre machista. Un sexista fanático. Un hombre necesitado. Un hombre receloso y mezquino. Una persona autoindulgente. Alguien propenso a enfadarse. Un hombre demasiado preocupado por los asuntos financieros.

REY DE ESPADAS
Autoridad y mando

♘ **Al derecho:** Raciocinio. Consejos sabios.
✍ **Frases y palabras claves:** Verdad. Control. Juicio equilibrado. Una decisión honesta. Una mente analítica.

Profesionalismo. Inteligencia. Innovación. Ambición. Firmeza. Autoridad. Empuje. Gran perspicacia. Réplicas agudas. Objetividad. Raciocinio. Igualdad. Justicia. Ley y orden. Pericia. Encanto. Cooperativismo. Convicción. Prudencia. Buen consejo. Lógica. Pensamiento claro. Gran intelecto. El poder del análisis. Diplomacia. Grandes ideales. Fortaleza de carácter. Compromiso. Especialización. La razón sobre los sentimientos.

☝ **Situación y consejo:** Una decisión que has estado esperando será justa e imparcial. Un profesional inteligente podría darte consejos para ayudarte a desarrollar negocios firmes. Tal vez actúas de una manera fría e intelectual, excluyendo los sentimientos y el trato más humano con las demás personas. Ahora tienes la capacidad de ser muy original. Deseas romper el molde y liberarte de restricciones y convencionalismos. Necesitas definir si tus sentimientos están inactivos o sólo tienes miedo de entablar una relación íntima. Los demás pueden pensar que no tienes en cuenta sus opiniones.

☺ **Personas:** Una persona autónoma que toma a mal cualquier limitación impuesta por los demás. Una persona con don de mando. Un hombre de autoridad frío, analítico, distante, inteligente e independiente, que hace juicios equilibrados y da excelentes consejos. Aquel que no tiene en cuenta tus sentimientos. El que teme el contacto íntimo con otra persona. Alguien con título oficial. Militares. Políticos. Un líder. Una autoridad. Un abogado. Un doctor. Un juez. Un árbitro. Un especialista. Un oficial del gobierno. Un profesional. Un hombre que lucha por sus intereses. Una figura con autoridad, con reputación moral, pero poco interés por los sentimientos o problemas de las personas. Un hombre inteligente que disfruta aprendiendo y estudiando las verdades abstractas. Un hombre que mira antes de saltar. Alguien con aptitud para las ciencias sociales o el campo de la comunicación. El que puede ver una situación imparcialmente y sin sentimentalismos. Un padre. Un novio agresivo.

○●○

🖎 **El Rey de Espadas al revés:** Malicia premeditada.

🖎 **Frases y palabras claves:** Explotación. Una decisión injusta. Prejuicio. Sarcasmo. Egoísmo. Crueldad. Hipocresía. Mal juicio. Recelo. Acusación. Injusticia. Una actitud dominante. Falta de honestidad. Venganza. Excesiva cautela. Dureza. Severidad. Cinismo. Manipulación. Tiranía. Deseo de poder. Problemas legales. Intimidación. Sadismo. Violencia. Agresividad.

🖎 **Situación y consejo:** Tal vez estás siendo víctima de una injusticia. Posiblemente alguien te intimida o engaña a través de esquemas despiadados. Podrías estar explotando a otras personas. Tus comentarios sarcásticos pueden haber herido a alguien de tu entorno, o probablemente te han afectado las palabras de otra persona.

🙁 **Personas:** Sádicos. Un hombre despiadado, receloso, sarcástico y vengativo. Alguien corrompido por el poder. Una persona demasiado cautelosa. Un hombre de sangre fría, insensible, violento, traicionero, o injusto. Un fanático agresivo.

REY DE COPAS
Consejo sabio

✤ **Al derecho:** Compasión.

✍ **Frases y palabras claves:** Ayuda. Sentimientos. Imaginación. Respeto. Confianza. Consideración. Entendimiento. Responsabilidad. Confiabilidad. Secreto. Generosidad. Sabiduría. Cultura. Bondad. Riqueza de conocimiento. Profesionalismo. Dignidad. Reserva. Protección. Humanitarismo. Curación. Empatía. Buen consejo. Habilidades para negociar. Un buen oyente. Un buen amigo.

👍 **Situación y consejo:** Un hombre con cultura e inteligencia te escuchará y te ofrecerá consejos sabios. Tal vez te compadecerás de un amigo o un miembro de la familia. Estás involucrado en una situación en la cual el humanitarismo es lo más importante. Un hombre maduro y emocionalmente estable será muy comprensivo contigo. Tu padre, o padre sustituto, puede jugar un papel muy marcado en los acontecimientos venideros.

☺ **Personas:** El padre. Un hombre educado y culto. Una persona madura y emocionalmente estable. Un hombre maduro con quien es fácil hablar. Un profesional. Un consejero de confianza. Un hombre soltero. Los que desean tener responsabilidades extras. Hombres relacionados con la ley o la Iglesia. Un hombre digno, respetado, tranquilo, bondadoso, confiable y buen consejero. Un profesor. Alguien interesado en las artes y las ciencias. Un hombre involucrado en trabajos de ayuda a los demás.

Un hombre de ideas. Un doctor. Un juez o abogado. Un hombre de negocios. Un consejero. Un buen amigo. Un negociador. Un artista. Un hombre que entiende las motivaciones inconscientes. Un hombre ligado a su vida emocional.

○●○○

🐦 **Rey de Copas al revés:** Actitud negativa.

✍ **Frases y palabras claves:** Malos consejos. Inseguridad. Inmadurez. Comportamiento neurótico. Falsas apariencias. Sugerencias inútiles. Estafas. Pérdida. Juegos de poder. Decepción. Falta de honestidad. Fraude. Alianzas maliciosas. Mentiras. Manipulación. Autoindulgencia. Traición. Violencia. Desconfianza. Pereza. Debilidad. Egoísmo. Un fuerte y despiadado deseo de poder. Escapismo. Explotación sexual. Abuso de las drogas o el alcohol. Dependencia. Comportamiento adictivo. Narcisismo desenfrenado. Demasiado bueno para ser cierto.

☞ **Situación y consejo:** El consejo de un profesional de actitud demasiado cortés, puede no ser confiable. Alguien puede estar jugando con tus emociones para obtener beneficios egoístas. Existe el peligro que te conviertas en la víctima de un artista estafador o un plan de mala fe. Ten cuidado de un hombre elegante que tratará de timarte a través de un proyecto confuso.

☹ **Personas:** Una persona narcisista. Un manipulador. Un artista estafador. El que se preocupa sólo por sí mismo. Un hombre sin escrúpulos. Un hombre perezoso y autoindulgente. Los que juegan con las emociones de los demás para obtener beneficios egoístas. Una persona antisocial. Un parásito. Un hombre traicionero que te engaña y te denigra. Personas deshonestas. Un estafador. Aquellos que se aprovechan de las penas emocionales de los demás. Un adicto al alcohol o a las drogas. Un gigoló.

Apéndice A
Astrología y el tarot

unque el tarot y la astrología comparten muchas correspondencias, estas dos disciplinas del ocultismo son campos de estudio independiente. Muchos estudiantes pasan de la astrología al tarot y viceversa. Es importante recordar que no existe una correlación exacta entre los signos astrológicos y los símbolos del tarot. De hecho, las asociaciones existentes entre los Arcanos Mayores y las atribuciones astrológicas difieren según el autor.

Las asociaciones astrológicas dadas en este libro reflejan las comúnmente usadas entre los expertos del tarot modernos. Ten en cuenta que las cartas tienen significados por sí mismas, independientemente de la astrología. Arthur Edward Walte no podría haberlo dicho mejor cuando escribió en *The Pictorial Key to the Tarot*:

> El verdadero tarot es simbolismo; no expresa otro lenguaje ni ofrece otros signos. Dado el significado tácito de sus emblemas, se convierte en un tipo de alfabeto que posee indefinidas combinaciones y crea un sentido real.

Waite también enfatizó: «El tarot no es por atribución o cualquier otra razón, una derivación de cualquier otra escuela de ocultismo; no es alquimia, cabalismo, astrología o magia ceremonial». En lugar de lo anterior, Waite describió el tarot como «una presentación de ideas universales por medio de modelos universales».

El psicoanalista Carl Gustav Jung llamaría más tarde a estas ideas universales «arquetipos de la mente inconsciente». El poder del tarot se deriva de su capacidad para permitirnos experimentar facetas de nuestra vida como seres espirituales.

El lector debería tener en cuenta los vínculos entre la astrología y el tarot. Las cartas del tarot hablan por sí mismas, independientes de la astrología. Cada estudiante debe descubrir sus significados de nuevo. Si haces correlaciones astrológicas, entenderás mejor las cartas. De no ser así, simplemente ignora este apéndice.

Las tablas muestran una lista de los métodos populares para atribuir simbolismos astrológicos a las cartas del tarot. Hay diversos procedimientos para fijar signos y planetas a los Arcanos Menores. La mayoría involucran la sucesión de signos en un elemento (Fuego, Tierra, Aire, Agua) de acuerdo a su modalidad (cardinal, fijo o mutable). Examinar las tablas te permitirá ver los patrones usados para hacer tales asignaciones.

Direcciones de la brújula y las estaciones

Algunos autores derivan las direcciones de la brújula y las estaciones de simbolismos astrológicos. Las orientaciones usualmente asignadas a los palos son las siguientes:

Palo	Dirección	Elemento/estación
Copas	Norte	Agua (el signo Cáncer inicia el verano)
Pentáculos	Sur	Tierra (el signo Capricornio inicia el invierno)
Bastos	Este	Fuego (el signo Aries inicia la primavera)
Espadas	Oeste	Aire (el signo Libra inicia el otoño)

En hechicería, las direcciones de la brújula son asignadas a los elementos en forma diferente: Tierra es Norte, Fuego es Sur, Aire es Este, y Agua es Oeste. Yo uso las asignaciones astrológicas debido a que llegué al tarot partiendo de la astrología.

Un ejercicio útil en la astrología y el tarot

Los lectores versados en astrología, encontrarán en el siguiente ejercicio una excelente forma de familiarizarse con las cartas de los Arcanos Mayores. Obtén una copia de tu carta natal. Dirígete a la Tabla 1 y escribe el nombre del Triunfo o Arcano Mayor correspondiente a cada uno de los planetas. Luego anota el nombre del Arcano Mayor asociado a la cúspide de cada casa.

Separa todas las cartas de Arcanos Mayores (Triunfos) de tu baraja y sitúa cada una sobre tu horóscopo natal en las posiciones determinadas por el procedimiento anterior. Estudia los significados de los Triunfos, ya que se relacionan con los significados de las casas que las cartas ocupan en tu cuadro natal.

Tabla 1: Asociaciones astrológicas de los Arcanos Mayores

(Esta versión es popular en países de habla inglesa).

Numero	Carta	Asociación astrológica
0	El Loco	Urano
1	El Mago	Mercurio
2	La Sacerdotisa	Luna
3	La Emperatriz	Venus
4	El Emperador	Aries
5	El Sacerdote	Tauro
6	Los Enamorados	Géminis
7	El Carro	Cáncer
8	La Fuerza	Leo
9	El Ermitaño	Virgo
10	La Rueda de la Fortuna	Júpiter
11	La justicia	Libra

Numero	Carta	Asociación astrológica
12	El Colgado	Neptuno
13	La Muerte	Escorpión
14	La Templanza	Sagitario
15	El Diablo	Capricornio
16	La Torre	Marte
17	La Estrella	Acuario
18	La Luna	Piscis
19	El Sol	Sol
20	El Juicio	Plutón
21	El Mundo	Saturno

Tabla 2: Asociaciones astrológicas para los Arcanos Menores

El orden hermético del Amanecer de Oro, aunque de corta duración; fue una sociedad de ocultismo muy influyente. Se originó en Inglaterra a finales del siglo XIX y atrajo figuras tan importantes como el poeta William Butler Yeats, el mago Aleister Crowley y el inventor de la baraja de tarot más popular, Arthur Edward Waite. Los rituales y las enseñanza del Amanecer de Oro continúan influenciando hoy día a los practicantes de ocultismo y alta magia (para obtener más información acerca de esta escuela, véase *The Golden Dawn* por Regardie [Llewellyn, 1989]). A. T. Mann es un prominente erudito del tarot muy bien versado en astrología y ciencias de ocultismo.

Bastos	Amanecer de Oro	A. T. Mann
As	Raíz del Fuego	Poder del Fuego
2	Marte/Aries	Marte/Aries
3	Sol/Aries	Sol/Aries
4	Venus/Aries	Júpiter/Aries
5	Saturno/Leo	Sol/Leo
6	Júpiter/Leo	Júpiter/Leo
7	Marte/Leo	Marte/Leo
8	Mercurio/Sagitario	Júpiter/Sagitario
9	Luna/Sagitario	Marte/Sagitario
10	Saturno/Sagitario	Sol/Sagitario

Pentáculos	Amanecer de Oro	A. T. Mann
As	Raíz de la Tierra	Poder de la Tierra
2	Júpiter/Capricornio	Saturno/Capricornio
3	Marte/Capricornio	Venus/Capricornio
4	Sol/Capricornio	Mercurio/Capricornio
5	Mercurio/Tauro	Venus/Tauro
6	Luna/Tauro	Mercurio/Tauro
7	Saturno/Tauro	Saturno/Tauro
8	Sol/Virgo	Mercurio/Virgo
9	Venus/Virgo	Saturno/Virgo
10	Mercurio/Virgo	Venus/Virgo

Espadas	Amanecer de Oro	A. T. Mann
As	Raíz del Aire	Poder del Aire
2	Luna/Libra	Venus/Libra
3	Saturno/Libra	Urano/Libra
4	Júpiter/Libra	Mercurio/Libra
5	Venus/Acuario	Urano/Acuario
6	Mercurio/Acuario	Mercurio/Acuario
7	Luna/Acuario	Venus/Acuario
8	Júpiter/Géminis	Mercurio/Géminis
9	Marte/Géminis	Venus/Géminis
10	Sol/Géminis	Urano/Géminis

Copas	Amanecer de Oro	A. T. Mann
As	Raíz del Agua	Poder del Agua
2	Venus/Cáncer	Luna/Cáncer
3	Mercurio/Cáncer	Plutón/Cáncer
4	Luna/Cáncer	Neptuno/Cáncer
5	Marte/Escorpión	Plutón/Escorpión
6	Sol/Escorpión	Neptuno/Escorpión
7	Venus/Escorpión	Luna/Escorpión
8	Saturno/Piscis	Neptuno/Piscis
9	Júpiter/Piscis	Luna/Piscis
10	Marte/Piscis	Plutón/Piscis

Los decanatos son métodos para dividir cada signo del Zodíaco en tres segmentos iguales de diez grados. Cada decanato tiene una asociación planetaria o de signo. En astrología, siempre empezamos contando en los cero grados del signo Aries, el cual tiene tres decanatos (0-10, 10-20, 20-30 grados). Los expertos del tarot han usado al menos tres métodos diferentes para asociarlos con las reglas astrológicas. El más antiguo es asignar planetas a cada decanato en orden chaldeano, esto es, de manera inversa a la velocidad de movimiento de los astros. Los chaldeanos sólo conocían los siete planetas visibles que eran, desde el más lento hasta el más veloz, Saturno, Júpiter, Marte, el Sol, Venus, Mercurio, y la Luna. Debido a que Aries es regido por Marte, se le asigna el primer decanato, el segundo es para el Sol y el tercero para Venus, ya que estos dos son los que siguen el orden chaldeano.

Los hindúes usaban un sistema diferente para los decanos. Atribuían un signo en lugar de un planeta a cada uno de ellos. El primer decano de Aries pertenece a Aries. El segundo y tercer decano de Aries pertenecen a los otros dos signos de fuego (Leo y Sagitario) en el orden del Zodíaco. El mismo procedimiento se aplica para los demás signos. Hay cuatro elementos: Tierra, Aire, Fuego y Agua. Cada uno tiene tres signos, los cuales forman la base para las asignaciones de los decanatos:

Elemento	Signos
Tierra	Tauro, Virgo, Capricornio
Aire	Géminis, Libra, Acuario
Fuego	Aries, Leo, Sagitario
Agua	Cáncer, Escorpión, Piscis

Algunos autores del tarot llaman al As de cada palo la «raíz» del elemento, y comienzan por asignar decanatos en orden hindú, iniciando con el segundo decanato.

	Decanatos hindúes	Decanatos chaldeanos	Decanatos hindúes alternativos
Bastos			
As	Raíz del Fuego	Fuego	Aries/Aries
2	Aries/Aries	Marte	Aries/Leo
3	Aries/Leo	Sol	Aries/Sagitario
4	Aries/Sagitario	Venus	Leo/Leo
5	Leo/Leo	Saturno	Leo/Sagitario
6	Leo/Sagitario	Júpiter	Leo/Aries
7	Leo/Aries	Marte	Sagitario/Sagitario
8	Sagitario/Sagitario	Mercurio	Sagitario/Aries
9	Sagitario/Aries	Luna	Sagitario/Leo
10	Sagitario/Leo	Saturno	Sumario del fuego

	Decanatos hindúes	Decanatos chaldeanos	Decanatos hindúes alternativos
Pentáculos			
As	Raíz de la Tierra	Tierra	Capricornio/ Capricornio
2	Capricornio/ Capricornio	Júpiter	Capricornio/ Tauro
3	Capricornio/ Tauro	Marte	Capricornio/ Virgo
4	Capricornio/Virgo	Sol	Tauro/Tauro
5	Tauro/Tauro	Mercurio	Tauro/Virgo
6	Tauro/Virgo	Luna	Tauro/ Capricornio
7	Tauro/ Capricornio	Saturno	Virgo/Virgo
8	Virgo/Virgo	Sol	Virgo/ Capricornio
9	Virgo/Capricornio	Venus	Virgo/Tauro
10	Virgo/Tauro	Mercurio	Sumario de la tierra

	Decanatos hindúes	Decanatos chaldeanos	Decanatos hindúes alternativos
Espadas			
As	Raíz del Aire	Aire	Libra
2	Libra/Libra	Luna	Libra/ Acuario
3	Libra/Acuario	Saturno	Libra/Géminis
4	Libra/Géminis	Júpiter	Acuario/ Acuario
5	Acuario/Acuario	Venus	Acuario/ Géminis

	Decanatos hindúes	**Decanatos chaldeanos**	**Decanatos hindúes alternativos**
6	Acuario/Géminis	Mercurio	Acuario/Libra
7	Acuario/Libra	Luna	Géminis/Géminis
8	Géminis/Géminis	Júpiter	Géminis/Libra
9	Géminis/Libra	Marte	Géminis/Acuario
10	Géminis/Acuario	Sol	Sumario del aire

Copas			
As	Raíz del Agua	Agua	Cáncer/Cáncer
2	Cáncer/Cáncer	Venus	Cáncer/Escorpión
3	Cáncer/Escorpión	Mercurio	Cáncer/Piscis
4	Cáncer/Piscis	Luna	Escorpión/Escorpión
5	Escorpión/Escorpión	Marte	Escorpión/Piscis
6	Escorpión/Piscis	Sol	Escorpión/Cáncer
7	Escorpión/Cáncer	Venus	Piscis/Piscis
8	Piscis/Piscis	Saturno	Piscis/Cáncer
9	Piscis/Cáncer	Júpiter	Piscis/Escorpión
10	Piscis/Escorpión	Marte	Sumario del agua

Tabla 3: Asociaciones astrológicas alternativas para los Triunfos o Arcanos Mayores alternativos

(Esta versión es popular en Surdamérica)

Número	Carta	Asociación astrológica
0	El Loco	Neptuno (en lugar de Urano)
1	El Mago	Tauro (en lugar de Mercurio)
2	La Sacerdotisa	Cáncer (en lugar de la Luna)
3	La Emperatriz	Venus
4	El Emperador	Júpiter (en lugar de Aries)
5	El Sacerdote	Leo (en lugar de Tauro)
6	Los Enamorados	Géminis
7	El Carro	Capricornio (en lugar de Cáncer)
8	La Fuerza	Marte (en lugar de Leo)
9	El Ermitaño	Saturno (en lugar de Virgo)
10	La Rueda de la Fortuna	Sagitario (en lugar de Júpiter)
11	La justicia	Libra
12	El Colgado	Piscis (en lugar de Neptuno)
13	La Muerte	Plutón (en lugar de Escorpión)

Número	Carta	Asociación astrológica
14	La Templanza	Acuario (en lugar de Sagitario)
15	El Diablo	Escorpión (en lugar de Capricornio)
16	La Torre	Urano (en lugar de Marte)
17	La Estrella	Virgo (en lugar de Acuario)
18	La Luna	La Luna (en lugar de Piscis)
19	El Sol	El Sol
20	El Juicio	Mercurio (en lugar de Plutón)
21	El Mundo	Aries (en lugar de Saturno)

Apéndice B
Numerología y el tarot

En las más antiguas barajas del tarot, los veintidós Arcanos Mayores eran sólo cartas con ilustraciones alegóricas. Las dieciséis cartas Reales representan la Sota, el Caballero, la Reina, y el Rey de cada palo, y los cuarenta Arcanos Menores mostraban el número y palo de cada carta.

Debido a que en las barajas de tarot originales solamente aparecían números en las cartas de los Arcanos Menores, los significados adivinatorios en éstas se basaban en los simbolismos numerológicos de cada carta en combinación con el significado atribuido por su respectivo palo. El estudiante del tarot necesita saber algo acerca de numerología para apreciar el simbolismo de los Arcanos Menores.

El significado simbólico de los números tiene una larga historia en la filosofía occidental. Pitágoras, quien creó su famoso teorema de geometría en el siglo VI a. C., pensaba que los números eran la esencia de la existencia. Descubrió que la escala musical puede ser expresada en razones matemáticas, y describió la «música de las esferas» basándose en la idea de que las proporciones armónicas entre los cuerpos celestes producen música mientras los planetas se mueven a través del espacio. La numerología pitagoriana guio al invento de la teoría astrológica de los aspectos (cuadrados, trinos, aposiciones) durante el período helenístico, que luego condujo a la formación de la astrología occidental moderna. La teoría de los números de Pitágoras se convirtió en la base de muchos sistemas adivinatorios occidentales, incluyendo el tarot moderno.

De acuerdo a Barbara Walker, el número de cartas del tarot en una baraja estándar –setenta y ocho– probablemente se deriva de la adivinación numerológica. Hay veintiún diferentes combinaciones posibles al tirar dos dados y hay veintiuna cartas de Arcanos Mayores numeradas. La carta del Loco posee el número cero y puede haber sido añadido posteriormente a los veintiún Triunfos originales. Hay sesenta y seis posibles combinaciones en la tirada de tres dados, la misma cantidad de cartas de Arcanos Menores. Además, la suma de los números del uno al doce (para los doce signos del Zodíaco) es 78, esto es, $1+2+3+4+5+6+7+8+9+10+11+12=78$. Tales correspondencias numerológicas fueron observadas por los primeros ocultistas que influyeron en la creación y el desarrollo de la baraja de tarot tradicional.

Este capítulo describirá el significado simbólico de cada dígito desde el 0 hasta el 9, debido a que se usan en el tarot. Adicionalmente, discutiré ideas relacionadas con el número del «camino de la vida» o de la «fuerza vital» y lo útil que es calcular el número del «año personal».

Los números claves usados en numerología son los diez dígitos (0, 1, 2, 3, 4, 5, 6, 7, 8, 9) y los números maestros (11 y 22). Estos conceptos son de ayuda para la delineación del tarot y otras disciplinas de adivinación. Familiarizarse con el camino de la vida y los números de año personal te dará un mayor conocimiento del significado de los Arcanos Menores del tarot.

El número del camino de la vida, de la fuerza vital o del destino

El número del camino de la vida es derivado de la fecha exacta de nacimiento. Para obtenerlo, suma los números correspondientes a tu día, mes y año de nacimiento. Suma los dígitos del resultado anterior hasta que obtengas un número maestro (11 o 22) o un sólo dígito (del 0 al 9). Ése será el número del destino que te corresponde. Está relacionado con la esencia de tu ser y las principales lecciones que debes aprender en esta vida.

Veamos el ejemplo de un hombre joven nacido el 8 de mayo de 1981. Primero, sumemos los números correspondientes a esta fecha:

Día	8
Mes (mayo)=	5
Año de nacimiento	1981
Suma	1994

Ahora realicemos la suma de los dígitos del resultado anterior: 1+9+9+4=23. Ya que el 23 no es un número maestro, ni un solo dígito, sumemos los dígitos nuevamente: 2+3=5.

El número del destino o camino de la vida de este hombre es el 5. Necesitará aprender a usar su libertad costructivamente durante su vida. Ahora, sigue el mismo procedimiento y calcula el número del destino que te corresponde a ti.

El número del año personal

El cálculo del número del año personal es similar al realizado para obtener el número del destino. La única diferencia es que usa la fecha del año actual en lugar del verdadero año de nacimiento. El número del año personal te muestra el significado numerológico del año actual en tu vida.

Por ejemplo, supongamos que naciste el 31 de mayo de 1951 y el año actual es 1995. Para obtener el número del año personal actual, suma los números de tu día y mes de nacimiento con el número correspondiente al año actual. Obtendrás lo siguiente:

Día	31
Mes (mayo)=	5
Año actual	1995
Suma	2031

Ahora suma todos los dígitos de 2031: 2+0+3+1=6.

El número del año personal para 1995 sería el 6. Aprenderás que el 6 se caracteriza por un enfoque al hogar, la familia, las relaciones íntimas y el matrimonio. Conocer tu año personal te ayudará a tener una perspectiva del desarrollo del año actual.

En una lectura de tarot, un predomino del 6 en las cartas, arrojará un significado similar.

Significado numerológico de los dígitos y números maestros

Si entiendes el significado numerológico de los números de los Arcanos Menores, podrás utilizar más productivamente el tarot. Esta sección mostrará los significados tradicionales de los diez dígitos y de los dos números maestros 11 y 22. A continuación encontrarás el significado de los números del destino y el año personal. Relaciona las indicaciones dadas con la experiencia de tu vida. Calcula los números del año personal para otras épocas importantes de tu existencia. ¿Cómo se relaciona tales números con lo ocurrido durante esos años?

Cero: Es el número de la nada y la potencialidad. Los antiguos numerólogos consideraban el círculo como la forma perfecta. Cero es el símbolo del huevo cósmico, del arquetipo femenino del origen de la vida y de la inmortalidad. El cero precede todos los números y simboliza el

ciclo continuo de la existencia: nacimiento, muerte y renacimiento. Tu edad es exactamente cero cuando empiezas a
emerger de la matriz. Un círculo no tiene principio ni fin.
Cero representa infinito, potencialidad pura y libertad ili-
mitada. Un círculo con un punto en el centro es un símbolo del Sol, que para los astrólogos equivale al núcleo de la
personalidad. Jung consideraba las figuras circulares como
expresiones arquetípicas del ser. El Loco es la única carta
del tarot que posee el cero, el cual no puede aparecer como
número de año personal o número del destino.

Uno: Yo soy. Uno es el número que representa el inicio de
un ciclo, singularidad, nuevas acciones, originalidad, progreso, ambición, valor, cambios excitantes, sembrar el
comienzo de una empresa, tener bebés, fortaleza interior,
convicción, decisión, confianza personal, liderazgo, energía agresiva, independencia e individualidad. En geometría, el uno corresponde a un solo punto –la primera idea
de que algo existe–. Los Ases de los Arcanos Menores poseen este número y las semillas o los puntos de partida de
cada uno de los cuatro palos. Estos cuatro Ases son las
fuerzas iniciales de sus elementos correspondientes (Fuego, Tierra, Aire, Agua). Las cartas de los Arcanos Mayores relacionadas con este número son el Mago (I), la Rueda
de la Fortuna (X), y el Sol (XIX). El uno se asocia astrológicamente con el Sol.

Dos: Somos. Dos es un número que indica equilibrio, elección, armonía, moderación, par de contrarios, dualidad,

polaridad, compañerismo, amistad, relaciones, actividades en grupo, reflexión, desarrollo, afecto, afirmación, paciencia, cuidar el jardín, emprender una nueva dirección, cooperación, diplomacia, tacto, persuasión, comprensión, devoción y trabajar junto a los demás. En geometría, dos puntos determinan una línea. Las cartas con este número dan dirección a las semillas plantadas por los Ases. Las cartas de Arcanos Mayores correspondientes al número dos son la Sacerdotisa (II), la justicia (XI) y el juicio (XX). Astrológicamente, el dos se asocia usualmente con la Luna.

Tres: Creamos. Luego de la asociación dada por el dos, vienen la descendencia, nacimientos, hijos, nuevos planes y empresas creativas. El tres es el número que indica alegría, procreación, paternidad, terminación, recreación, romance, viajes, placer, felicidad, entusiasmo, planeamiento, preparación, optimismo, imaginación, diversión, entretenimiento, arte, talento, creatividad, beneficios y resultados de las sociedades, adaptabilidad y autoexpresión. A veces el tres significa la muerte que abre el camino a una nueva vida. En geometría, tres puntos determinan un plano. Extienden la dirección establecida por los números dos y dan una perspectiva más amplia. Las cartas de Arcanos Mayores correspondientes son la Emperatriz (III), el Colgado (XII), y el Mundo (XXI). Astrológicamente, el tres se asocia frecuentemente con Júpiter.

Cuatro: Este número representa las estructuras de la realidad. Las cuatro dimensiones del mundo son largo, ancho, alto y tiempo. Una mesa tiene cuatro patas. Una brújula tiene cuatro direcciones. El cuatro sugiere el establecimiento de bases en el mundo material. Lleva a la realidad los planes hechos por los treses. El cuatro se relaciona con negocios, seguridad, costrucción, asuntos ligados a propiedades y bienes raíces, organización, rutina, perseverancia, disciplina, eficiencia, memoria, voluntad, esfuerzo, energía, desafío, arduo trabajo, orden lógico, razón, estabilidad, método, restricciones, limitaciones, exactitud, sistematización, clasificación, productividad, administración, pragmatismo, servicio y bases firmes. Es un número de solidez y realidad además de persistencia. Se refiere también a poder temporal, los padres y figuras de autoridad. En la astrología, el cuarto armónico representa las consecuencias de nuestras acciones y sus impactos en el mundo material. Las cartas de Arcanos Mayores correspondientes son el Emperador (IV) y la Muerte (XIII). Astrológicamente, el cuatro se asocia usualmente con Urano.

Cinco: Este número desafía e interrumpe la solidez del cuatro. El cinco es un número de crisis y modificación. Significa adaptación, aventura, desafío, competencia, trastorno, viajes, libertad, actividad, horizontes más amplios, nuevas oportunidades, recursividad, autopromoción, romance, emoción, tomar riesgos, decidir con base en una nueva dirección, variedad, progreso, versatilidad, avance profesional, nuevas actividades, socialización, poseer muchas habilidades y cambio. El cinco anuncia cambios o modificaciones importantes en la familia, el hogar o la carrera. Soluciones creativas pueden emerger de períodos de inestabilidad e inquietud del desarrollo de su vida. En la astrología, el quinto armónico se relaciona con la búsqueda de orden y forma para salir del caos. Las cartas de Arcanos Mayores correspondientes al cinco son el Sacerdote (V), y la Templanza (XIV). Astrológicamente, se asocia usualmente con Mercurio.

Seis: Es el número de la armonía restaurada después del trastorno ocasionado por el cinco. El seis es la calma después de la tormenta creada por los cincos. Es un número que indica paz, calma, alegría, autoaceptación, cooperación, satisfacción, armonía de contrarios, regularidad, equilibrio y la lucha por la perfección. El seis se relaciona con hogar, familia, deberes, amistad, amor, paciencia, justicia, reconciliación, matrimonio, responsabilidades familiares, remodelación, obligaciones en el hogar, ayuda y responsabilidad. En astrología, el sexto armónico representa la expresión de la alegría, el afecto y la vitalidad. Las cartas de Arcanos Mayores correspondientes son los Enamorados (VI) y el Diablo (XV). Astrológicamente, el número seis se asocia usualmente con Venus.

Siete: Es un número espiritual. Se refiere a respiro, introspección, contemplación, evaluación, desarrollo del alma, esperar el momento adecuado, meditar decisiones, analizar opciones, actividades intelectuales, estudio, meditación, análisis, investigación, objetividad, especialización, soluciones inusuales, entendimiento, razonamiento, planeamiento, espera paciente, soledad, sabiduría, estudios de ocultismo, conciencia espiritual, verdad, intuición, filosofía y asuntos técnicos y científicos. Como los cincos, los sietes tienden a interrumpir la armonía de los seises y traen a la vida mayor variedad, actividad, expansión, imaginación y experiencia.

Las cartas de los Arcanos Mayores correspondientes al siete son el Carro (VII), y la Torre (XVI). Astrológicamente, se asocia a menudo con Neptuno.

Ocho: Al igual que el cuatro, el ocho es un número de orden, reconocimiento, poder, regeneración, dinero, progreso, éxito mundano, avance, organización, patrones estructurados, estabilidad financiera, oportunidad, estatus, trabajo, habilidad ejecutiva, juicio sólido, capacidad, autoridad, satisfacción material, perspicacia para los negocios, establecimiento de prioridades y realización en el mundo material. En geometría, ocho puntos pueden determinar un cubo sólido. Los Arcanos Mayores correspondientes son la Fuerza (VIII) y la Estrella (XVIII). Astrológicamente, el número ocho se asocia usualmente con Saturno.

Nueve: Como el último dígito, el nueve representa el final de un ciclo o fase de la vida y la preparación para iniciar una nueva etapa de la existencia. Sugiere la integración final de las ocho anteriores fases del ciclo. El nueve indica terminación, perfección, purificación, objetividad, realización, transición, conclusión, fin, compasión, pérdida de un aspecto de la vida para abrir el camino a un nuevo ciclo, finalizar asuntos, perdón, caridad, enseñanza, consejo, dar sin interés, hermandad, ideales humanitarios y liberación. En la astrología, el noveno armónico se relaciona con sabiduría, ideales y conocimiento espiritual. Los Arcanos Mayores correspondientes son el Ermitaño (IX) y la Luna (XVIII). Astrológicamente, el número nueve se asocia frecuentemente con Marte.

Diez: Es el punto de transición de un ciclo a otro. Diez es el número que indica terminación y desenlace final. En numerología, 10 se reduce a $1+0=1$, el comienzo de un nuevo ciclo, el inicio de otra vuelta de la Rueda de la Fortuna. El Arcano Mayor correspondiente es la Rueda de la Fortuna.

Once: Es un número maestro que simboliza conocimiento, entendimiento espiritual, inspiración, conciencia, revelación; iluminación, intuición, creatividad, idealismo, enseñanza, sabiduría y compasión. En numerología, 11 se reduce a $1+1=2$; y el número maestro 11 es una octava mayor de dos. El Arcano Mayor correspondiente es la Justicia. Sin embargo, la Fuerza es la carta número once en algunas barajas de tarot. Astrológicamente, este número se asocia con Plutón.

Veintidós: Es también un número maestro, y representa autodisciplina y gran maestría con conciencia espiritual.

Hay veintidós Arcanos Mayores en el tarot. Veintidós es el número del costructor diestro que alcanza éxito material a gran escala, para beneficiar la humanidad. En numerología, 22 se reduce a 2+2=4, y el número maestro 22 es una octava mayor de cuatro. El Arcano Mayor correspondiente es el Loco (también cero). El ciclo termina donde empezó.

La siguiente lista resume algunas asociaciones comúnmente usadas entre la numerología y la astrología:

1 Sol
2 Luna
3 Júpiter
4 Urano
5 Mercurio
6 Venus
7 Neptuno
8 Saturno
9 Marte
11 Plutón

Apéndice C
Las cartas

El Loco

El Mago

La Sacerdotisa

La Emperatriz

El Emperador

El Sacerdote

Los Enamorados

El Carro

La Fuerza

8 Jun 8

El Ermitaño

La Rueda de la Fortuna

10 10

La Justicia

11 11

El Colgado

La Muerte

14 La Templanza 14

El Diablo

16 La Torre 16

17 La Estrella 17

18 La Luna 18

19 El Sol 19

348

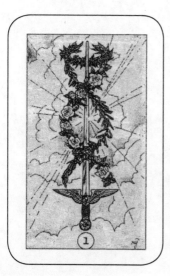

Sota de Bastos

Sota de Pentáculos

Sota de Espadas

Sota de Copas

Caballo de Bastos

Caballo de Pentáculos

Caballo de Espadas

Caballo de Copas

Reina de Bastos

Reina de Pentáculos

Reina de Espadas

Reina de Copas

Rey de Bastos

Rey de Pentáculos

Rey de Espadas

Rey de Copas

Índice

P. D. Ouspensky nos ha dejado en este pequeño libro una magnífica y personal visión del Tarot. Para familiarizarse con el Tarot y
su apasionante simbolismo, este autor opina que «es preciso comprender las ideas básicas de la Cábala y la alquimia, ya que el Tarot
representa, según la opinión de muchos comentaristas, un resumen de las ciencias herméticas: la Cábala, la alquimia, la astrología y la magia con sus variadas divisiones». Según él, el Tarot es el
más sintético y uno de los más interesantes métodos para desarrollar «el sentido de los símbolos».

Del mismo modo que muchos consideran el viaje de El Loco a través de los arcanos mayores del tarot como simbólico del viaje del alma hacia la iluminación, también son muchos los que están convencidos de que el alma se reencarna una y otra vez para aprender lecciones importantes y equilibrar las deudas kármicas. Gracias a este simbolismo profundamente psicológico y espiritual, el tarot se convierte en una herramienta ideal para explorar los misterios del karma y de la reencarnación.

Tarot kármico y de las vidas pasadas es el primer libro que ofrece tiradas específicas que responden a las preguntas kármicas que pasan de una vida a otra.

- Vea cómo ha progresado una relación en la vida actual.
- Descubra qué vidas pasadas ejercen la influencia más fuerte sobre su vida actual.
- Explore los incidentes de su vida actual que puedan haber creado un karma no resuelto.
- Descubra las alternativas kármicas que puedan afectar a sus vidas futuras.

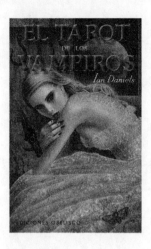

Aquí comienza un viaje por el mundo extático de los Vampiros que te revelará verdades ocultas. Entre imágenes misteriosamente seductoras de serpientes enrolladas, largos cuellos desnudos y ojos brillantes llenos de fuego, descenderás a las sombras más profundas: sólo entonces te elevarás hacia la luz radiante de lo Divino. Con el libro que tienes entre tus manos descubrirás una forma extraordinaria de utilizar *El Tarot de los Vampiros* y enriquecer tu mundo espiritual con las profundas interpretaciones de las 78 cartas, las directrices y los consejos que incluye. Sin duda, es ésta una lectura apasionante. El libro te ofrece también la posibilidad de llevar a cabo tiradas únicas, ejercicios para potenciar la intuición y la comprensión, así como instrucciones para generar tu propio perfil vampírico.

El hombre siempre ha sido atraído por la idea de prever los acontecimientos futuros y dominar su destino. Hoy en día, cuando la teoría de la reencarnación está de nuevo en auge en nuestra cultura occidental, al mismo tiempo que el revolucionario concepto de «evolución de la conciencia», aparece esta obra basada en la sabiduría esotérica y ancestral del Tarot, que descifra, en su significado simbólico, las herramientas necesarias para obtener respuestas sobre nuestra salud, sexualidad y reencarnación anterior. Enlazando los mitos de las primeras civilizaciones, que nos hablan del origen del ser humano, su rumbo y destino, la autora da a conocer numerosas lecturas del Tarot, incluidos el análisis del Karma y los datos cruciales de la vida anterior, y te enseña a analizar la predicción como medio de prevención de los acontecimientos futuros que, en la mayoría de los casos, además de prever se pueden mejorar. Una obra imprescindible en la biblioteca de todo aficionado al Tarot.

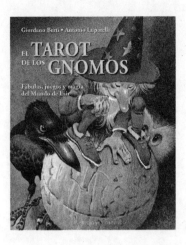

En los confines del planeta Tierra, en el Mundo de Esir, vivía un gnomo llamado Sichen que un día decidió ir en busca del paraíso de los gnomos.

Esta escapada marcaría el inicio de las aventuras de Sichen, su trágica historia de amor con la princesa Ur, el aprendizaje mágico junto a un anciano adivino y el descenso que hizo al terrible Mundo de Sitrara hasta convertirse en el gran mago del país de los Gnomos.

Lo que Sichen aprendió en su mágico peregrinar ha quedado plasmado en este extraordinario libro y, sobre todo, en los juegos que propone. Son juegos de azar, de habilidad y fantasía que conducirán a sus participantes hasta el extraordinario mundo de Esir, donde las ilusiones se convierten en realidad y los sueños gobiernan el orden de las cosas.

La mayoría de libros para la enseñanza del tarot exigen que el lector memorice las palabras clave de cada carta. Con 78 cartas y múltiples palabras clave para cada una de ellas, esto supone tener que memorizar cientos de significados, todo un desafío para quienes nunca han tenido antes en sus manos un mazo de cartas del tarot. Donald Tyson libera a los principiantes de esa carga al ofrecer un enfoque totalmente nuevo, fácil y efectivo de leer el tarot. La clave para este sistema único es la frase del tarot, en la que el significado complejo de una carta queda reducido a tres elementos: identidad, acción y dirección. Estos elementos se corresponden con un nombre, un verbo y un adverbio, que forman una frase sencilla y ofrecen un significado escueto para cada carta.

Con este libro aprenderá a interpretar los significados colectivos de conjuntos de tres cartas, dentro de una variedad de tiradas pensadas para contestar cualquier pregunta. Un cuadro rápido de referencia, que incluye significados de la tirada inversa, le evita el problema de tener que revisar todo el libro cuando se encuentre en medio de una lectura. Este método flexible, rápido y divertido está concebido a prueba de fallos y puede aplicarse en cualquier mazo de cartas del tarot.

A lo largo de los siglos, los secretos del Tarot han constituido un compendio de sabiduría esotérica sobre los más diversos asuntos terrenales y celestiales. El Tarot ocupa un lugar de preferencia como fuente de conocimiento sobre el destino de los hombres siendo un instrumento valiosísimo para revelar su futuro y comprender su pasado y su presente.

Con claridad expositiva y concisión conceptual este *gran libro del tarot* explica sus remotos orígenes y los distintos métodos de lectura de las cartas. Incluye numerosos ejemplos e ilustraciones precisas para la lectura del tarot que hacen de él un libro práctico, ameno, útil, y completo.

Los antiguos egipcios recibieron del dios Thot el libro sagrado de las 78 láminas de oro que contenía los secretos de la humanidad y de los dioses. Este legado, según cuenta la leyenda, fue celosamente guardado en una caja y arrojado al fondo del río Nilo.

A lo largo de los siglos nos han llegado referencias y fragmentos de este libro, guardián de los secretos de la humanidad y la divinidad, a través de escritos de los antiguos griegos, la cábala hebrea y los estudiosos del siglo XVII. Las similitudes del Tarot traído a Occidente por los gitanos –pueblo nómada que moró alguna vez en Egipto– nos demuestran que el Tarot Egipcio es el origen y la fuente de todos los tarots.

Con esta obra, la autora, Margarita Arnal, nos descubre el significado de las cartas del Tarot Egipcio y nos enseña a utilizarlas para conocer el pasado, consultar el presente y presentir el futuro.